Patrick Klein

Nibelungenblut

Siegfried-Saga

Band 1: Siegfried und der Drache

EK-2 Militär

Ihre Zufriedenheit ist unser Ziel!

Liebe Leser, liebe Leserinnen,

zunächst möchten wir uns herzlich bei Ihnen dafür bedanken, dass Sie dieses Buch erworben haben. Wir sind ein kleines Familienunternehmen aus Duisburg und freuen uns riesig über jeden einzelnen Verkauf!

Mit unserem Label *EK-2 Militär* möchten wir militärische und militärgeschichtliche Themen sichtbarer machen und Leserinnen und Leser begeistern.

Vor allem aber möchten wir, dass jedes unserer Bücher **Ihnen ein einzigartiges und erfreuliches Leseerlebnis** bietet. Daher liegt uns Ihre Meinung ganz besonders am Herzen!

Wir freuen uns über Ihr Feedback zu unserem Buch. Haben Sie Anmerkungen? Kritik? Bitte lassen Sie es uns wissen. Ihre Rückmeldung ist wertvoll für uns, damit wir in Zukunft noch bessere Bücher für Sie machen können.

Schreiben Sie uns: info@ek2-publishing.com

Nun wünschen wir Ihnen ein angenehmes Leseerlebnis!

Moni, Jill & Heiko von EK-2 Publishing

Alles Fertige, Vollkommene wird angestaunt, alles Werdende unterschätzt.

- Friedrich Nietzsche

INHALT

PROLOG

Nichts im Leben schenkt einem Menschen so viel wie echte Freundschaft und wahre Liebe. Ich bin ein glücklicher Mann, denn ich durfte beides erfahren. Aber ich bin auch ein trauriger Mann. Denn beides habe ich für immer verloren. Und die Erinnerung daran kehrt jetzt, da ich alt bin und mein Leben mehr aus Erinnerungen denn aus Erlebnissen besteht, jeden Tag bei zahlreichen Anlässen zurück.

Bereits beim Erwachen beginnt es. Ja, das Erwachen selbst scheint so ein Anlass zu sein.

Wenn die Hähne des Caesarodunum den Tag ankündigen und erste Sonnenstrahlen durch die kleinen unverglasten Fenster in meine Kammer dringen, wende ich mein Haupt ab vom Licht in der Hoffnung, noch etwas Schlaf zu finden, bevor der Kämmerer mit der Glocke durch die Gänge läuft. Langsam, ganz langsam wende ich mich um. Ich gehe sehr behutsam vor. Denn insgeheim weiß ich: Jede Bewegung lässt das Stroh unter mir rascheln und lässt mich an ihn denken.

An ihn, der nie den unehrenhaften Strohtot sterben wollte, der darin besteht, als alter Mann auf einer Bettstatt aus Stroh allmählich zu verdorren, anstatt als Krieger tapfer im Kampfe zu fallen.

Der Strohtot scheint das Schicksal zu sein, das unser Herr für mich vorgesehen hat. Aber ich will nicht hadern. Ich will vielmehr dankbar sein. Denn der Herr hat meine letzten Tage auf dieser Welt zugleich mit einer Aufgabe gesegnet. Und er gab mir selbst in meinem hohen Alter und trotz aller mit diesem einhergehenden Gebrechen noch die notwendige körperliche Kraft, diese Aufgabe zu erfüllen. So mag ich fast glauben, er sei damit einverstanden, was ich tue.

Aber kann das sein? Kann der christliche Gott, kann unser Herr und Vater damit einverstanden sein, ja mehr noch: kann er sogar wollen, dass ich es mir zu meiner letzten Lebensaufgabe gemacht habe, die Geschichte eines Heiden zu erzählen?

Es ist eine schreckliche, eine blutige Geschichte - voller dunkler Geheimnisse, voller Verrat und voll der alten, heidnischen Bräuche und Götter. Kann unser Herr wollen, dass diese Geschichte erzählt wird?

Nun, ich maße mir nicht an, unseren Herrn ergründen zu können. Ich hoffe nur, dass er mir verzeiht, was ich tue, falls ich wider seinen Willen handle. Aber ich glaube erkannt zu haben, das ich eine Geschichte in mir trage, die erzählt werden muss. Verstößt sie auch gegen sämtliche Werte unserer Zeit sowie gegen alle Gebote der Heiligen Schrift und unserer geliebten Mutter Kirche, so drängt mich doch eine innere Stimme ganz deutlich, ganz vernehmbar dazu, jeden Tag die Schreibstube unseres kleinen Klosters Marmoutier aufzusuchen und meine Erinnerungen in Schrift zu bannen. Denn diese Geschichte ist wahr. Sie ist wirklich geschehen. Und alles, was wirklich geschehen ist - sei es auch noch so befremdlich oder grausam, ist auch von Gott zugelassen. Den Grund dafür mögen wir Menschen mit unserem auf das Irdische begrenzten Geiste nicht immer oder nur teilweise erfassen können, trotzdem gibt es ihn, den Grund. Denn nichts geschieht unter Gottes Macht ohne Grund. Und so darf ich vermuten, das es auch einen Grund für die Ereignisse gab, die ich niederschreibe.

Außerdem ist es nur allzu bezeichnend für die Pläne, die der geliebte Herr für mich bereithält. Obwohl ich der Ziehsohn und Nachfolger des heiligen und berühmten Martinus von Caesarodunum bin, den man heute immer häufiger Martinus von Tours nennt, schien unser geliebter Herr ganz offenbar zu Scherzen aufgelegt, da er in seiner unergründlichen Weisheit den Verlauf meines Lebens festlegte. Denn während etwa mein Ordensbruder, der selige und hochgeachtete Sulpicius Severus, das Leben des Heiligen Martinus niederschreiben durfte, hat der Herr mir die Aufgabe zugedacht das Leben eines Heiden, eines Barbaren aus dem wilden Germanien noch dazu, zu verewigen. Ja, unser geliebter Herr liebt zuweilen das Absurde.

Aber es wird Zeit, das ich mich vorstelle. Mein Name ist Brictius von Caesarodunum. Das Caesarodunum, meinen Heimatort, nennt man heute in der Volkssprache häufig Tours. Auch ich habe mich schon fast an den neuen Namen gewöhnt und benutze ihn jetzt oft. Im Jahre des Herrn 397 wurde ich zum Bischof und damit Amtsnachfolger des heiligen und unerreichten Martinus ernannt und bekleide dieses heilige Amt seither. Nun ja, zumindest trifft das zu, wenn man über einige recht eigentlich nicht erwähnenswerte unselige Kapriolen der Tourser Bürger hinwegsieht. Diese Kapriolen werde ich zu gegebener Zeit auch in dieser Schrift noch gebührend würdigen - wenn dies auch, wie der geneigte und historisch beschlagene Leser sicherlich weiß, bereits längst durch den seligen Sulpicius Severus, in nachgerade sündiger Fülle geschehen ist.

Ist es recht, was ich tue? Nun, diese Frage musste sich Sulpicius nicht stellen. Aber ich stelle sie mir. Auch wenn der kenntnisreiche Leser des seligen Sulpicius vielleicht vermuten wird, dass ich dergleichen niemals tue. Ich stelle mir diese Frage ständig und bei jeder wichtigen Entscheidung, die ich zu treffen habe. Vielleicht ist gerade das der Grund dafür, das ich hin und wieder zu einer anderen Antwort komme als die meisten anderen Menschen. Ich stellte sie mir auch damals, als mir der Herr die Liebe meiner Sigune als Geschenk darbot. Ja, und ich kam zu dem Schluss, das auch ein Bischof die Geschenke nicht ablehnen darf, die ihm der Herr selbst macht. Die Tourser Bürger sahen das bekanntlich etwas anders, aber dazu komme ich noch. Jedenfalls stelle ich mir auch jetzt die Frage, ob ich recht handle. Und wie damals komme ich zu dem Schluss, das ich in Gottes Sinne handle. Der Herr hat mich schließlich nicht umsonst zum Zeugen bedeutungsvoller Ereignisse gemacht. Es wäre allzu selbstsüchtig, wenn ich die gewonnenen Erkenntnisse und Erfahrungen mit ins Himmelreich nähme, das mir der Herr trotz all meiner Verfehlungen nicht verwehren möge. Also will ich sie erzählen, die schreckliche, blutige, aber auch wunderbare und berührende Geschichte eines heidnischen Kriegsherrn. Es ist die Geschichte eines Mannes aus dem Land der Germanen, eines Gau- und Stammesfürsten. Eines Heiden, der mir zum teuren Freund wurde. Ja, es ist auch die Geschichte, wie ich wahre Liebe und echte Freundschaft erfuhr. Vor allem aber ist es die Geschichte von Siegfried, Sohn des Gaufürsten Siegmund und seiner Frau Jordi. Von Siegfried, dem Herzog der Nibelungen. Von Siegfried, dem Drachentöter.

ERSTE BEGEGNUNGEN

Es war nicht ganz leicht gewesen, mich in meine neue Rolle einzufinden. Nachdem mich die geistig umnachtete Bürgerschar von Tours wie einen räudigen Hund aus der Stadt gejagt hatte, suchte ich Rat bei unserem Heiligen Vater in Rom, seiner Heiligkeit Papst Coelestin I. Dieser entsandte mich zurück in den Norden. Allerdings nicht zurück in die Heimat, sondern in die schlimmste Region jenseits der Hölle, die sich ein anständiger und gläubiger Christ vorstellen konnte. Er schickte mich mitten ins wilde, heidnische Germanien.

Meine flammende Gegenrede, mein Protest, ja mein Flehen – für all das war der Heilige Vater in seiner unermesslichen Weisheit nicht empfänglich. Er hatte mit Gottes Segen eine Entscheidung getroffen. Und wer war ich, ein unbedeutender Bischof aus dem Norden, diese Entscheidung anzuzweifeln? Zwar bildete ich mir ein, erkannt zu haben, dass das geplante Unterfangen nicht nur aberwitzig, sondern darüber hinaus ziemlich gefährlich sein würde. Aber es half nichts. Seine Heiligkeit hatte entschieden. Ich würde den Danuvius überqueren und auf der dunklen Seite des Rhenus', den man dort als Rhing kennt, meine Dienste dem Stammesfürsten Schilbung, Oberhaupt der Nibelungen, angedeihen lassen.

Schilbung wollte sich dem Willen des aufstrebenden weströmischen Feldherren Flavius Aetius beugen und einen Friedensvertrag mit Rom schließen. Dieser wiederum versprach Schilbung im Gegenzug den Schutz seines Stammes und seiner Gebiete vor den immer weiter in germanische Gaue vorstrebenden Hunnen. Die Bedingung für diesen Friedenspakt war allerdings, das Schilbung und die Seinen das Christentum zur ersten und einzigen Religion ihres Stammes machten. Und da kam ich ins Spiel: Brictius, Bischof von Tours, Nachfolger des Heiligen Martinus von Tours. Weil Schilbung selbst nichts vom Christentum wusste und auch sonst keine besonders christliche Gesinnung zeigte, brauchte er einen Lehrer. Jemanden, der die Flamme der Liebe unseres Herrn Jesus Christus in die Dunkelheit des germanischen Urwaldes trug.

Das war nun seit einigen Monden meine neue Rolle. Ich war ein Lehrer, ein Botschafter Jesu, ein Missionar Christi – von vielen verlacht, von manchen verachtet, und von einigen, die spürten, dass ihre Kultur und ihr Glaube vor einem tiefgreifenden Wandel standen, sogar gehasst.

Schilbung, ein großer, breitschultriger Mann mit einem breiten Gesicht, das ein fast schwarzer Bart und ebenso schwarze Augenbraue nahezu vollständig bedeckten, hatte mich vom ersten Tage an freundlich aufgenommen. Mir fehlte es an nichts. Die Unterbringung in einer Holzhütte am Rande der Hauptsiedlung der Nibelungen war zwar einfach. Aber es war alles da, was ich zum Leben brauchte. Sklaven sorgten beständig dafür, das ich weder Hunger noch Durst litt, und im Winter versorgten sie mich mit Holz für die Feuerstelle in der Mitte der Hütte.

Obwohl es mir verhältnismäßig gut ging, ja man kann sogar sagen: obwohl es mir besser als vielen anderen Menschen ging, die in der Siedlung lebten, so spürte ich doch sehr deutlich, das meine Anwesenheit mehr geduldet als gewollt wurde.

Schilbung selbst schien über meine zauderhaften Versuche, ihn oder seine Stammesmitglieder mit dem christlichen Glauben vertraut zu machen, nicht wirklich erfreut zu sein. Er ertrug sie pflichtbewusst und mit regelmäßigen Hinweisen auf die knapp bemessene Zeit eines Stammesherzogs und Gaufürsten.

Schilbung war kein besonders weiser Herrscher, wie ich mir erlaube zu berichten. Er ging die Dinge stets mit dem Blick für den Weg des geringsten Widerstands an. Trotzdem war er beliebt und innerhalb seines Stammes recht eigentlich unumstritten.

Anders lagen die Dinge bei Nilbung, seinem Bruder. Nilbung hatte ebenso wie sein Bruder dunkles Haar und trug einen langen, dunklen Bart. Wies das Gesicht des Herzogs jedoch eher rundliche, gemütliche Züge auf, so war das Gesicht des Bruders kantig und hart. Nilbung war, wie ich noch herausfinden sollte, der verlängerte, gewalttätige Arm seines Bruders. Während Schilbung es liebte, sich seinem Stamm als gütiges und gerechtes Oberhaupt zu zeigen, sorgte Nilbung dafür, das die freien Stammesmitglieder ihrem Herzog und Fürsten auch dann folgten, wenn er sie mit guter Rede nicht überzeugen konnte.

Ich kann mich noch sehr gut an meine erste wirkliche Unterredung mit Schilbung erinnern. Es war kurz nach meiner Ankunft in seinem Gau. Er hatte mich nach einigen Tagen der Eingewöhnung zu sich in das große Langhaus inmitten der Siedlung gerufen, in dem er mit seiner Frau Sunna, seinen drei Haussklavinnen und einigen Tieren lebte.

„Da bist du ja, mein Lieber", lachte Schilbung. Er saß auf einem großen, mit Hirschfellen verkleideten Holzstuhl, der auf einem kniehohen Podest am Ende einer Eichenholztafel stand. Er breitete seine langen Arme aus und wies mit dem Kinn auf eine der Bänke nahe dem Podest.

Im Raum brannte ein Feuer und hüllte den Fürsten wie alles im Haus Befindliche ein in einen flimmernden Grauschleier.

„Setz dich, Brictius."

„Seid gegrüßt, edler Herzog und Gaufürst Schilbung", sagte ich. „Gelobt sei unser Herr, Jesus Christus."

„Wer? Ach, ja dein Gott! Sicher. Er sei gelobt."

Hinter mir, dort wo das Feuer brannte, vernahm ich im Augenwinkel eine kurze, von einem leisen Knurren flankierte, ruckartige Handbewegung.

„Über ihn wollte ich mit dir sprechen, mein Lieber", sagte Schilbung. „Aber sag mir zuerst: wie ist es dir nach deiner Ankunft ergangen? Wirst du gut versorgt? Hast du genug zu essen, genug Bier?"

„Oh, verehrter Schilbung, wie gütig von euch danach zu fragen. Es fehlt mir in der Tat an nichts", antwortete ich wahrheitsgemäß. „Mein Heim ist warm, und ich habe reichlich speisen können. Das ist beinahe mehr als ein bescheidener Diener des Herrn hätte erwarten dürfen. Dafür danke ich euch, mein edler Herzog und Gaufürst, und preise den Herrn in eurem Namen. Geheiligt sei…"

„Ja, ja, ja, ist schon gut!", unterbrach mich Schilbung mit einer abwinkenden Handbewegung. „Übertreib mal nicht. Du bist mein Gast und stehst damit unter meinem Schutz. So will es unser Gastrecht, und - viel entscheidender als das - so will ich es."

Schilbung grinste breit und winkte eine seiner Sklavinnen herbei, um mir Bier einzuschenken.

„Mein lieber Brictius", hob er an, während er mir sein mit Bronzeornamenten verziertes Trinkhorn entgegenreckte. Er hielt inne, bis auch ich mein Trinkgefäß, einen Holzkrug, erhoben hatte.

„Trinken wir auf deinen Gott. Er möge uns dabei helfen, einen langen und beständigen Frieden mit den Römern zu schließen. Und er möge uns die Brut der Hunnen vom Halse halten. Wenn er das schafft, dann ist er wahrlich ein guter Gott, der es verdient, gepriesen zu werden."

„Edler Schilbung, nichts liegt mir ferner als euch darin zu widersprechen, das unser Herr Jesus Christus auch ein Gott des Friedens sei. Immerhin gebietet er uns unsere Nächsten zu lieben wie uns selbst. Auch gebietet er uns, unsere Feinde zu lieben. Aber wir Christen lieben Jesus nicht, weil er uns einen Nutzen spendet", versetzte ich.

„Nicht?", fragte Schilbung, während sich eine seiner buschigen schwarzen Brauen hob. „Wozu liebt ihr ihn dann?"

„Um seiner selbst willen", sagte ich mild und freundlich. Denn ich hatte mit dieser Frage gerechnet und freute mich, meine, wie ich fand, durchaus weise Antwort anbringen zu können. „Gerne erläutere ich euch dies. Unser Herr Jesus Christus…"

Schilbung hatte bereits das Horn angesetzt, um einen gewaltigen Schluck hinunterzustürzen, da hielt er plötzlich mitten in der Bewegung inne und bedeutete mir mit einer knappen Handbewegung zu schweigen.

„Mir bringt er einen Nutzen. Nur darum bist du hier. Nur darum und nur dann wird mein Stamm ihn preisen. Also soll dein Gott sich gefälligst anstrengen. Und deine Aufgabe ist es dafür zu sorgen, dass der gekreuzigte Gott sich in unserer Sache mächtig ins Zeug legt. Denn das ist …"

„Aber mein edler Herzog!"

Jetzt war es an mir, ihn zu unterbrechen: „Ihr habt mit Rom eine Vereinbarung getroffen. Rom wird euch mit den Hunnen helfen. Ihr hingegen werdet mit euren Nibelungen zu Christen werden."

Schilbung lächelte zustimmend. Sein Blick indes musterte mich wie der einer Schlange, die eine Maus im nächsten Augenblick mit einem einzigen Schnappen ihres Mauls verschlingen wird.

„Darüber ist zu sprechen, mein lieber Brictius. Denn du musst eines über das Volk lernen, das die Römer Germanen nennen: Wir sind frei. Und wir lieben unsere Freiheit. Wenn ich meinen Stamm davon überzeugen soll, den christlichen Gott zu preisen, dann ..."

Er hielt inne, sah kurz nach links, dann nach rechts – so, als wollte er sich vergewissern, dass uns auch wirklich niemand zuhörte. Dann beugte er sich zu mir nach vorn und sagte in leisem, verschwörerischem Ton:

„Dann müssen wir zwei Dinge tun. Zum einen müssen wir allen zeigen, wie mächtig euer Gott ist, damit sie glauben, dass er uns Sieg und Frieden bringt. Zum anderen aber – und das ist noch viel wichtiger – müssen wir das Althergebrachte übernehmen."

Schilbung lehnte sich zufrieden zurück und nickte nachdrücklich in meine Richtung. Ich aber verstand nicht.

„Verzeiht, edler Schilbung, aber was meint ihr damit, wenn ihr sagt, wir müssten das Althergebrachte übernehmen?"

„Nun, ist das nicht offensichtlich? Wir zeigen meinen Nibelungen, was ihnen der neue Gott bieten kann. Zugleich behalten wir unsere Feste, heiligen Bräuche und Rituale. Denn sie haben unserem Volk von jeher den Weg zu den Göttern gewiesen. Die freien Nibelungen werden zu deinem Gott finden, weil er sie am Ende ihres vertrauten Weges erwartet. Sie werden Jul feiern, aber zu Ehren des neuen Gottes. Sie werden weiterhin Freudenfeuer entzünden, wenn die Göttin Ostara die Eisriesen in den Norden verbannt und ihren bunten Atem versprüht. Aber sie werden die Feuer zu Ehren des neuen Gottes entzünden und ihm für den bunten Atem danken. Und damit dieser Plan aufgeht, müsst ihr unsere Sitten und Bräuche sehr genau beobachten. Erst wenn ihr das getan habt, werdet ihr in der Lage sein, eure Verpflichtung Rom gegenüber zu erfüllen. Versteht ihr jetzt?"

„Aber edler Schilbung! Das ... das wird mehrere Sommer und Winter brauchen. So viel Zeit ..."

„... So viel Zeit braucht es, um aus freien Barbaren, wie die Römer uns nennen, folgsame Schäflein zu machen."

Schilbung grinste und nahm einen großen Schluck aus dem Trinkhorn. Dann nickte er einer Gestalt zu, die bislang für mich fast völlig in dem im Langhaus wabernden Rauch verborgen an der Feuerstelle gekauert hatte.

„Verzeiht, edler Herzog des Stammes der Nibelungen", hob ich an, nur um sogleich von einem gebieterischen Grunzen der Gestalt am Feuer zum Schweigen gebracht zu werden.

Die Gestalt erhob sich und kam auf mich zu. Es war ein großer, breitschultriger Mann mit schwarzem, zu einem langen Zopf geflochtenen Haar. Er war größer und schlanker als Schilbung. Sein Gesicht, dessen Züge sich allmählich aus dem grauen Dunst des Feuers herausschälten, ähnelte dem Schilbungs. Aber während dessen Züge listig, vielleicht ein wenig falsch, aber stets freundlich wirkten, starrte mir aus diesem Gesicht unverhohlen glühender Hass entgegen. Kein Zweifel, dieses Gesicht gehörte Nilbung, dem Bruder des Herzogs.

„Friede sei mit ..."

Mitten im Satz verstummte ich. Nilbung war bis auf wenige Schritte herangekommen und zog ein langes Messer mit einer breiten, silbernen Klinge hervor, in der sich kurz und blitzend die roten Flammen des nahen Feuers spiegelten.

Mein Atem stockte. Das alles ging viel zu schnell und kam viel zu unerwartet für einen Mann Gottes, als dass ich hätte reagieren können. Zum zweiten Mal fühlte ich mich an diesem Tag wie die Maus vor der Schlange. Ich überlegte kurz, ob der Herr mir trotz all meiner Sünden einen Platz im Himmelreich gewähren würde.

Dann krachte das Messer neben mir in den Eichentisch und zerfetzte den Leib eines Käfers, der sich an ein paar Schlucken verschütteten Bieres gütlich tat.

„Seid ihr ein Käfer?", knurrte Nilbung.

„Ich, ich verstehe nicht...", stammelte ich.

„Seid ihr ein Käfer, der zu nichts nutze ist und trotzdem das Bier unseres Herzogs säuft?"

„Nein", beeilte ich mich zu beteuern.

„Dann seid nützlich. Geht und seid unserem Herzog von Nutzen. Und vergesst nicht: ich hasse nichtsnutzige Käfer."

Er zog die Klinge aus dem Tisch und zeigte sie mir.

„Das wäre dann alles. Vielen Dank, Brictius", sagte Schilbung in einem Tonfall, als habe sein Bruder gerade mit mir seine Erwartungen an das Wetter der kommenden Tage geteilt.

Ich zitterte noch als ich an diesem Nachmittag meine Hütte erreichte. Seit diesem Tag, der jetzt mehrere Monde zurückliegt, wusste ich: unser Herr würde mich einer gewaltigen Prüfung unterziehen.

Schilbung hatte einen Jungen aus seinem Stamm und eine Haussklavin für mich abgestellt. Der Junge war eine Waise, deren Eltern von den Hunnen getötet worden waren, und mochte um die zehn oder zwölf Sommer alt gewesen sein. Sein Name war Notger. Und neben handwerklichen Diensten und Botengängen war es seine Aufgabe, mir die Sitten und Bräuche der Nibelungen zu erläutern.

Die Sklavin hieß Guasa. Sie war eine Hunnin und, der Herr möge mir verzeihen, wunderschön. Sie hatte schwarzes, wildes Haar, große, dunkelbraune, seltsam spitz geformte Augen und braune Haut.

„Ihr könnt sie nehmen, Herr", sagte Notger eines Tages, da er bemerkte, wie ich Guasa mit einem dieser Blicke bedachte, die unser Herr nicht billigt. Ich erinnere mich nicht genau, wann das war. Aber ich denke, das müsste einige Tage nach meiner ersten Begegnung mit Nilbung gewesen sein.

„Es ist in Ordnung", sagte Notger, der mein Gefühl ertappt worden zu sein erahnt zu haben schien. „Sie ist keine freie Frau. Ihr dürft mit ihr machen, was ihr beliebt."

Er hatte es so gesagt, dass auch Guasa ihn gehört hatte. Ich war mir jedoch nicht ganz sicher, ob sie verstanden hatte, um was es ging. Denn sie kicherte nur und blinzelte mir fröhlich zu.

„Ich darf sie nicht nehmen", sagte ich schließlich.

„Wer verbietet es euch?", fragte Notger.

„Unser Herr Jesus Christus will, dass ich ohne Frau lebe."

„Warum? Will er alle Frauen für sich?"

„Nein, so ist das nicht", sagte ich lachend. „Da ich ein Mann Gottes bin, soll meine Liebe ganz und unteilbar ihm gehören. Unsere Mutter Kirche möchte die Diener Gottes auf Erden davor beschützen zwischen dem Dienst an unserem Herrn und den Verpflichtungen gegenüber einem Weib und Kindern wählen zu müssen. Deshalb will Gott nicht, dass wir uns eine Frau nehmen."

Mit den letzten Worten setzte ich geflissentlich das Nehmen einer Frau mit der Ehe gleich. Ich tat dies nicht, ohne eine leichte Bitterkeit in der Stimme. Denn ich musste an Sigune denken und an all das, was sie womöglich gerade erdulden musste, weil ich die Regel gebrochen hatte, die ich Notger zu erklären versuchte.

„Aber er sieht es doch nicht." Notger sah sich in der Hütte um. „Es ist kein Gott hier. Nur wir drei."

„Gott ist überall, Notger. Er ist in unseren Herzen und weiß immer, was wir tun und denken."

Notger fasste sich an die Brust.

„Hier drin? Da soll er sofort wieder raus!"

Ich lachte.

„Wenn Gott in deinem Herzen wohnt, ist das etwas Gutes, Notger."

Er sah mich fragend an. Dann entschied er, dass es wichtiger sei, Holz für das Feuer zu holen als über Gott in seinem Herzen nachzudenken. Und er lies mich mit dem Gedanken zurück, dass es nicht einfach werden würde, diese Nibelungen auf den Weg des Herrn zu führen. Zog doch bereits ein Junge die Holzarbeit vor.

Dieser Eindruck verfestigte sich über die nächsten Tage und Wochen, die ich in der Siedlung der Nibelungen verbrachte. Nein, sie verhielten sich meiner frohen Botschaft nicht feindselig gegenüber. Nie schlug mir Missbilligung oder gar offener Hass entgegen, wenn ich die Worte des Herrn verkündete. Vielmehr nahmen die Germanen meine missionarischen Versuche mit höflicher Gleichgültigkeit hin.

Ich hatte meine Hütte bei den Nibelungen mitten im Winter, mehrere Tage nach dem Fest, das sie Jul nannten, bezogen. Inzwischen wurden die Tage wieder länger. Der Schnee war geschmolzen, und erste Knospen begannen sich an den Pflanzen zu zeigen. In mir begann die Erkenntnis zu reifen, dass Schilbung wahr gesprochen haben könnte, als er mir nahelegte, seine Nibelungen über den Umweg des Althergebrachten zu Gott zu führen. Also begann ich, mich mehr als zuvor auf ihre Sitten und Bräuche zu konzentrieren. Anstatt die frohe Botschaft zu senden, hielt ich mich bereit, etwas, von dem ich nicht wusste, was es war, zu empfangen.

Was soll ich sagen? Irgendwie nahm das ein wenig den Druck von mir. Ich ließ mich auf die Dinge ein und wurde mit jedem Tag neugieriger auf die uralten Bräuche des Germanenvolkes. Ja, als ich erfuhr, dass zur Tag-Nacht-Gleiche ein Stammesthing angesetzt war, fieberte ich diesem Ereignis regelrecht entgegen. Ich hatte Schilbung gebeten, als Zuschauer das Thing besuchen zu dürfen, und er hatte zugestimmt.

Ungefähr fünf Tage, bevor das Thing begann, reisten die ersten Gaufürsten mit den freien Kriegern aus ihrer Sippe an. Darunter auch der Gaufürst Arwin, dessen Sippe das Wappentier des Adlers führte.

Ich erinnere mich noch gut an die Ankunft des Fürsten. Schilbung hatte zur Ehre des Adlerfürsten einen Empfang vorbereitet, der aus einer Versammlung seiner besten Krieger bestand. Sie geleiteten den Ankömmling und seine Familie zum Langhaus des Herzogs. Hier erwarteten sie frisch gebrautes Bier und Wildbret.

Arwin war ein stolzer Mann mit langem, sehr glatt gekämmtem schwarzen Haar und ebenmäßigen weißen Zähnen, der bis auf einen geflochtenen Kinnbart sein Gesicht stets sauber enthaart zeigte. Auf seinen breiten Schultern saß je ein abgerichteter Adler mit einem Band um den Kopf. Als der Herzog vor sein Haus trat, um Arwin persönlich hereinzubitten, löste dieser in einer Handbewegung die Bänder von den Augen der Adler. Die Tiere flogen hoch in die Lüfte, und Arwin streckte seine Arme in die Höhe.

Er war ein Fürst und Krieger in all seiner Pracht. Ich konnte nicht anders als ihn mit offenem Mund anzustarren. So erging es vielen, die an diesem Tag dem Schauspiel beiwohnten.

Arwin nickte lächelnd in die Runde. Dann wandte er sich Schilbung zu. Die beiden Fürsten mochten sich. Das war offenkundig.

„Seid gegrüßt, edler Fürst der Adlersippe", hob Schilbung an. „Seid Gast in meinem Heim."

„Vielen Dank, mein Herzog. Sehr gerne will ich ein guter Gast in eurem Hause sein."

Schilbung bedeutete mit einem Kopfnicken in Richtung einer Schar von Sklaven, die aus einiger Entfernung das Schauspiel beobachtet und auf den Befehl ihres Herrn gewartet hatten. Sie begannen umgehend damit, den Kriegern und Unfreien der Adlersippe Unterkünfte zuzuweisen.

„Nun kommt herein", sagte Schilbung. „Wir haben einiges zu bereden."

„Das haben wir. Aber vorher möchte ich euch etwas zeigen."

Arwin nickte einer schlanken Gestalt aus seinem Gefolge zu, die einen dunklen Mantel trug, dessen Kapuze so groß war, dass das Gesicht seines Trägers fast von ihr verschluckt zu werden schien. Die Gestalt trat vor und warf die Kapuze zurück. Zum Vorschein kam eine Unmenge dicker, goldener Locken, die das Antlitz einer jungen Frau mit großen blauen Augen und rosigen, zu einem Lächeln geschwungenen Lippen einrahmten. Ein leises Raunen ging durch die anwesende Kriegerschar.

„Das ist sie", sagte Arwin. „Meine geliebte Tochter, Ava."

„Ja. Ihr habt wahrlich nicht zu viel versprochen. Sie ist wunderschön. Und mein Bruder Nilbung ist wahrlich ein glücklicher Mann."

Die junge Ava sah ihrem Vater in die Augen. Sie reckte ihr Kinn vor und wollte gerade etwas erwidern, da rief Schilbung:

„Jetzt kommt aber erst mal schnell ins Haus. Es gibt Eberfleisch. Ihr werdet euch fühlen, wie an Wodans Tafel. Und ihr, meine teure Ava, ihr könnt meinen Bruder kennenlernen."

Ava verzog ihr schönes Gesicht. Aber bevor sie etwas erwidern konnte, wurde sie von Schilbung und ihrem Vater ins Haus geschoben.

„Ach ja, junge Liebe", kicherte eine raue Stimme neben mir. Ich wandte mich um und bemerkte erst jetzt den hochgewachsenen Mann neben mir. Er lehnte an einem, wie ich fand, etwas zu langen Wanderstock, dessen oberes Ende der Totenschädel eines Raben zierte. Er trug langes, zu einem Zopf geflochtenes weißes Haar und einen ebenso weißen Bart, der von einem breiten silbernen Ring zusammengehalten wurde. Auf dem Ring bemerkte ich eine Gravur. Ich erinnere mich noch sehr genau an diese Gravur. Ich weiß noch, wie ich dachte, dass dies keines der üblichen Runenzeichen war, die von den germanischen Stämmen sonst für allerlei Riten und Bräuche verwendet wurden.

Auf dem Ring waren drei Schlangen oder schlangenartige Drachen eingearbeitet, die sich so ineinanderfügten, dass sie drei Kreisen glichen, die ineinander zu einem Knoten verschlungen waren.

Der Mann schien meinen fragenden Blick zu bemerken. Er wandte mir sein Antlitz zu. Und ich schwöre bei unserer Heiligen Mutter Gottes, dass ich den Blick seiner dunkelblauen Augen heiß auf meiner Haut spürte.

„Na, sie muss Nilbung heiraten, diesen Dummheit schwitzenden Grobian. Das arme, hübsche Ding! Eine Verschwendung ist das ...", sagte er und kicherte belustigt. „Ihm dürfte es gleich sein, ob er die hübsche Ava oder eine Wildsau begattet. So einer wie Nilbung, der will einfach nur begatten."

Meine Verblüffung schien seine Belustigung offenkundig noch weiter zu steigern. Denn als er meine Sprachlosigkeit bemerkte, lachte er laut auf. Nachdem er sich etwas beruhigt hatte, sagte er:

„Die Götter lieben es, ihre Scherze mit uns zu treiben. Wer wäre ich, nicht über die Scherze der Götter zu lachen? Übrigens: Ich bin Raven. Und ihr seid?"

„Man nennt mich Brictius, Bischof von Tours", sagte ich.

„Ah, ihr seid das", entgegnete Raven. „Ich habe von euch gehört. Ihr seid der Mann, der mit dem gekreuzigten Gott spricht."

Wieder fühlte ich die Hitze seines stechenden Blickes.

„Ich bete zu unserem Herrn Jesus Christus. Das stimmt."

„Unser Herzog Schilbung hat mir von euch erzählt. Ihr wollt unsere Bräuche erkunden. Dabei werde ich euch zu gegebener Zeit helfen."

„Das ist überaus freundlich von euch", entgegnete ich und konnte zugleich meine Neugier nicht weiter zügeln: „Verzeiht, aber ich habe euch hier im Gau des Herzogs noch nicht gesehen. Gehört ihr zu Arwins Gefolge?"

Raven lachte und sah mich mit einem wölfischen Grinsen an.

„Ich folge nur dem Schicksal, Brictius, Bischof von Irgendwo. Oder besser: von Nirgendwo, nicht wahr?"

Raven kicherte. Dann wurde er plötzlich ernst und eilte davon. Kurz bevor ihn die sich allmählich auflösende Menschenmenge vor dem Haus des Herzogs in sich aufnahm, rief er mir zu:

„Wir werden uns wiedersehen. So viel steht fest."

Dann war der seltsame Raven verschwunden. Es gab noch vier weitere Empfänge für eintreffende Gaufürsten an diesem Tag. Aber im Vergleich zu dem ersten wirkten die anderen eher wie beiläufig. Allerdings war ich bass erstaunt, als ich zur Kenntnis nahm, dass der letzte Gaufürst, der an diesem Tag eintraf, kein Mann war. Für die Nibelungen, die den Empfang stellten, war das keine Neuigkeit. Ich aber hatte noch niemals zuvor eine Frau eine Horde von Kriegern anführen gesehen.

Und was für eine Frau das war. Sie war nicht sehr groß, aber sie war breit von Statur. Ihre dunkelblonden Haare besaßen schneeweiße Strähnen und flatterten wild im Wind. Auf ihrem silbernen Kettenhemd war in schwarzem Leder ihr Wappentier befestigt: eine Wölfin. Sie trug einen Sax an der Hüfte und ein Langschwert in einer Lederscheide auf dem Rücken. Ihren Schild und einen Speer aus Eschenholz trugen zwei hochgewachsene Männer, die halb hinter ihr, halb an ihrer Seite ritten und offenbar so etwas wie ihre Leibgarde bildeten. So ritt sie auf ihrem Rappen auf den Versammlungsplatz vor dem Langhaus, in dem Schilbung wohnte. Als sie den Eingang erreichte, sprang sie mit einem Satz von dem Pferderücken, der erahnen ließ, dass sie sich auch im Kampf mit einem Krieger sehr geschickt zu bewegen wusste. Dann grinste sie und rief:

„Wer lässt die Gaufürstin der Wolfssippe ein? Oder wohnen im Hause Schilbungs neuerdings nur Hasen, die eine Wölfin fürchten?"

Ihre Männer lachten und sie tat es ihnen gleich. Weiße, gesunde Zähne blitzten in der Winterabendsonne.

Schilbung öffnete die große Holztür des Langhauses. Mit grimmiger Stimme rief er:

„Wer nennt mich einen Hasen?" Dann sah er die Gaufürstin und lachte:

„Ach ihr seid das! Tretet ein, Gaufürstin Brünhild!"

Einen Atemzug später verschwanden Schilbung, Brünhild und ihre beiden Beschützer im Inneren des Langhauses.

Sie war der letzte Gaufürst, der noch erwartet wurde. Ich sah mich nach Raven um, um mich bei ihm über sie zu erkundigen. Aber Raven blieb während des restlichen Tages verschwunden.

Als ich anschließend auf dem Heimweg Notger antraf, der mit einigen Kindern auf einer Wiese am Rande der Siedlung spielte, fragte ich ihn nach Raven.

„Ein Mann mit weißem Bart und einem langen Speer, den er als Wanderstab nimmt?", fragte Notger.

„Ja genau. Das ist Raven." Und erst jetzt wurde mir bewusst, dass Raven wirklich einen Speer bei sich getragen hatte, dessen Metallspitze sich unter einem Vogelschädel verbarg – vielleicht zur Zierde, vielleicht aber auch zur Tarnung.

„Ich weiß nicht viel über ihn. Ich weiß nur, dass sie ihn den Schicksalswanderer nennen."

„Den Schicksalswanderer?", fragte ich. „Warum nennt man ihn so?"

„Wir nennen ihn so", entgegnete Notger, „weil er zu keiner Sippe gehört. Er wandert umher und lebt mal hier, mal dort. Und er weiß Dinge."

„Was für Dinge sind das, die er weiß?"

„Weiß ich nicht."

„Aber woher weißt du dann, dass er Dinge weiß?"

„Die Menschen gehen zu ihm, wenn sie wissen wollen, was die Götter für sie planen. Unser Herzog sagt immer, dass Raven das Schicksal kennt, weil er mit den Göttern sprechen kann."

Raven war also so etwas wie ein Priester. Wie auch ich ein Priester war. Dies erklärte immerhin seine verschrobene Art. Denn Priester, das wusste ich aus eigener Erfahrung, waren entweder verschroben oder fromm. Nun, Raven schien, wie ich übrigens auch, zu der ersteren Art zu gehören. Vielleicht, dachte ich, würde mir dieser Raven noch nützlich sein.

Ich warf Notger zum Dank für seine Auskünfte einige Beeren zu, die ich während einer der Empfänge ergattert hatte.

In dieser Nacht schlief ich unruhig. Ich träumte von einem wilden Kampf zweiter Hähne, die gemeinsam gegen einen großen Raben stritten. Fast schien es, als hätten die Hähne den Raben besiegt. Doch dann riss dieser plötzlich seinen großen Schnabel auf. Weiter und weiter, und schließlich entblößte sein Maul eine Unmenge riesiger spitzer Zähne. Und dann wurde offenkundig, dass der Rabe eigentlich ein Drache war. Er stieß ein entsetzliches Grölen aus. Schließlich riss er einem der Hähne eine riesige Fleischwunde.

Die Überraschung stand dem anderen noch in den Augen, als sein Kopf in hohem Bogen auf mich zuflog. Der Drache hatte mit einer einzigen Bewegung den gesamten Rumpf des Hahns verschlungen und am Hals abgebissen, so dass der Kopf durch den Schwung der Bewegung in meine Richtung geschleudert wurde.

Die auf mich zufliegenden, überraschten Augen des Hahnes waren das letzte, das ich sah, bevor ich schweißnass erwachte.

Was für ein Traum! So intensiv hatte ich niemals zuvor geträumt. Ich vermutete, dass es an dem unmittelbar bevorstehenden Thing lag. Mein erstes Thing bei den Nibelungen. Ja, mein erstes Thing überhaupt. Und ich war sehr aufgeregt. Denn was dieses Thing besonders machte, war nicht der Umstand, dass es mein erstes Thing wäre. Wie ich von Schilbung vage erfahren hatte, sollten auf diesem Thing wichtige Entscheidungen für die Zukunft des Nibelungenstammes getroffen werden. Und obwohl ich ganz deutlich fühlte, dass mein böser Traum mehr zu bedeuten hatte als bloße Aufregung wegen kommender Ereignisse, beschloss ich nicht weiter über ihn nachzudenken. Ich befahl, Guasa und Notger, eine Mahlzeit aus Brot, Haferschleim und Bier aufzutischen und bereitete mich auf den Eröffnungstag des für neun Tage angesetzten Things vor.

UNEINIGKEITEN

Das Thing begann an jenem Tag am Ende des Winters, der genau so lang währte wie die darauffolgende Nacht.

„An diesem Tag ist das Gleichgewicht der Kräfte am größten", erklärte mir Raven. „Es ist der beste Zeitpunkt, um ausgewogene Entscheidungen zu treffen. Dius Macht ist während dieser Zeit am größten."

Diu war der germanische Gott, der für Ordnung und Gesetze eintrat. Ohne seine Gunst verfiel das Volk in Zwietracht und Willkür.

Auch das hatte mir Raven erklärt, der plötzlich aus dem Nichts aufgetaucht war und neben mir auf der Lichtung inmitten des Buchenhains stand, wo das Thing stattfinden sollte.

Die Lichtung war groß. In ihrer Mitte stand eine uralte Eiche, die gut und gerne um die tausend Sommer hier gestanden haben mochte. Einige Schritte entfernt hatten junge Männer und Frauen einen Scheiterhaufen errichtet, der von hüfthohen Steinen gesäumt wurde.

Die Krieger und freien Männer der Nibelungen bildeten einen riesigen Ring um die Eiche und die Feuerstelle. Um diese herum hatten sich die vier am Vortag angereisten Gaufürsten, ihr Herzog Schilbung und dessen Bruder Nilbung gruppiert.

Ich zählte die versammelten Krieger nicht. Aber es mochten alle zusammen wohl mehrere hundert, vielleicht sogar tausend gewesen sein.

„Ich langweile mich jetzt schon", murrte Raven neben mir. „Es ist alles nur eine Posse hier. Politische Entscheidungen? Rechtsprechung? Ist alles schon beschlossen und entschieden. Es wird nichts mehr den Göttern überlassen. Das langweilt mich, wisst ihr?"

Ich ging nicht wirklich auf sein Klagen ein sondern nickte nur zum Zeichen der Zustimmung. Dann fragte ich ihn:

„Was geschieht nun?"

„Das werdet ihr sehen", versetzte Raven und trat aus der Menge heraus in die Richtung der alten Eiche und damit in die Mitte des Menschenringes, den die Krieger des Stammes um die Eiche und die Feuerstelle gebildet hatten. Er erstieg einen der hüfthohen Steine, die den Scheiterhaufen säumten.

Rings um mich herum verstummten die Gespräche. Die Blicke richteten sich auf Raven, der breitbeinig auf einem Stein stand und seine Arme dem Himmel entgegen reckte – die eine Hand so geöffnet, als wolle er etwas entgegennehmen, die andere drohend den Speer empor stoßend.

Dann schlug er neunmal mit dem Schaft des Speeres auf den Stein, während er seinen Blick über die versammelte Kriegerschar schweifen ließ.

„Freie Nibelungen! Stolze Krieger unseres Stammes!", rief er schließlich. „Ich begrüße euch. Ich, den euch die Götter als euren Ewart gesandt haben, um dieses Thing in ihrem Sinne zu leiten. Das Thing soll neun Tage dauern. Neun Tage und neun Nächte. Genauso lange hing der große Allvater Wodan an Yggdrasil, der Weltesche, die alles zusammenhält. Der große Wodan hing für neun Tage und gab ein Auge, um Weisheit zu erlangen. Möge er uns allen die Weisheit schenken, die wir benötigen, um auf diesem Thing die schweren Entscheidungen, die wir zu treffen haben, mit Bedacht zu fällen."

Er legte eine Pause ein, und aus der Menge erklang zustimmendes Gemurmel. Dann fuhr er fort:

„Unsere Entscheidungen müssen nicht nur von Weisheit geleitet sein. Sie müssen ausgewogen ausfallen. Sie müssen unserem Recht, sie müssen dem Althergebrachten entsprechen. Denn das ist es, was unseren Stamm zusammenhält. Der große Diu soll uns dabei leiten und ihm zu Ehren werden wir heute, am Abend der Tag-Nacht-Gleiche, an dem seine Macht am größten ist, unsere Opfer bringen. Und so frage ich euch, freie Nibelungen: Ist dies der richtige Zeitpunkt für unser Thing? Für unsere Entscheidungen?"

Die Krieger johlten zustimmend und schlugen ihre Waffen rhythmisch gegen ihre Schilder. Raven nickte.

„Nun gut. Dann frage ich euch weiter: ist dieser Ort unter der Heiligen Eiche des großen Donnergottes, ist dies der richtige Ort für unsere Entscheidungen?"

Die Versammelten bestätigten auch die Wahl des Orts.

„Nun, freie Nibelungen, dann werde ich jetzt das Thingfeuer entzünden. Es soll neun Tage und neun Nächte brennen. Und jeder von euch, der Weisheit für seine Entscheidungen sucht, mag sie am Feuer unter der Eiche des Donnergottes, Donar, Sohn des mächtigen Allvaters Wodan, finden."

Ein weiß gekleidetes Mädchen brachte ein brennendes Holzscheit zu Raven, der damit sogleich den Scheiterhaufen entzündete.

Als dieser nach einigen Versuchen des Entzündens schließlich knisternd zu brennen begann, sagte Raven:

„Und nun, freie Nibelungen, übergebe ich das Wort an unseren großen Gastgeber Schilbung, Gaufürst der Hirschsippe und Herzog der Nibelungen. Doch vorher erkläre ich das Thing für eröffnet."

Die Krieger johlten und schlugen mit ihren Waffen auf die Schilde. Raven stieg von dem Stein. Während er mit rollenden Augen in meine Richtung schlenderte, erstieg Schilbung den Stein. Immer noch johlten die Krieger. Und der zustimmende Lärm zum Beginn des Things ging über in eine feierliche Begrüßung des Herzogs.

Dieser hob zunächst die Arme zum Zeichen, dass das Heil, der Segen der Götter, mit ihm sei. Dann senkte er sie, um der Menge zu bedeuten, dass er zu ihr sprechen wolle. Und das tat er. Zunächst begrüßte er die Gaufürsten an seiner Seite mit ihrem Namen. Dort standen Arwin, Fürst der Adlersippe, Radumar, Fürst der Grausteinsippe, Hartger, Fürst der Eulensippe und Brünhild, Fürstin der Wolfsippe.

Nachdem jeder Gaufürst angemessen vorgestellt, von den anwesenden Kriegern bejubelt und von Raven, der inzwischen wieder neben mir stand, mit einem verächtlichen Schnauben bedacht worden war, erläuterte Schilbung den geplanten Ablauf des Things.

Zunächst werde es am Abend die Opfer der Gaufürsten und danach ein Fest zu Ehren der Götter geben. Dann würden morgen die Jungmänner ihre Kriegerweihe erhalten. Über die restlichen Tage würden die Gaufürsten Gericht halten und gemeinsam wichtige politische Entscheidungen treffen. Zum Schluss entließ Schilbung die Anwesenden mit der Erwartung, dass sie sich bei Einbruch der Dämmerung wieder auf dem Thingplatz einfänden.

Ich versuchte mich den Gaufürsten anzuschließen. Nur zu gerne hätte ich in Erfahrung gebracht, welche wichtigen Entscheidungen das waren, die die Gaufürsten zu fällen hatten. Aber ich vermochte ihnen nicht durch die sie verschlingende Menge hindurch zu folgen. Schließlich verlor ich sie ganz aus den Augen und gab es auf, ihnen weiter nachzustellen. Ich würde wohl, wie all die angereisten Stammesmitglieder auch, warten müssen, bis die Angelegenheiten zur Entscheidung der Thingversammlung vorgetragen würden.

Ich wandte mich zu Raven um, der mit dem Schaft seines Speeres lustlos in der Erde unter der Heiligen Eiche herumstocherte.

„Was tut ihr da?", fragte ich.

„Ich ärgere mich", brummte er.

„Aber warum? Läuft das Thing denn nicht so wie geplant?"

„Doch. Das ist es ja. Es läuft genau wie geplant. Alles wie vorgesehen. Keine Überraschungen in Sicht. Es stinkt bestialisch nach Langeweile."

Ich sah ihn fragend an. Diesen großen, seltsamen, alten Mann. Ich weiß noch, dass ich mich fragte, ob er vielleicht verrückt war. Laut sagte ich:

„Was ist so schlimm daran, wenn alles wie geplant läuft?"

„Fragt ihr das wahrhaftig? Bei Wodans Raben! Ihr Christen habt wahrlich keine Ahnung von den Göttern!"

„Wir glauben nicht an sie, denn sie sind nicht wirklich", entfuhr es mir. Und sogleich fragte ich mich, ob ich zu weit gegangen war. Hatte ich den Ewart der Nibelungen beleidigt? Wenn ich auch die Aufgabe hatte, den Stamm zum wahren Glauben zu führen, so war mir doch inzwischen längst bewusst, dass ich dabei äußerst behutsam vorgehen musste. Die Beleidigung eines der wichtigsten Glaubensvertreters, mochte er auch verrückt sein, war indes alles andere als behutsam. Raven aber sah mich nur eindringlich an. Dann, ganz plötzlich, begann er laut zu lachen.

„Wahrlich, die Götter meiden euch Christen. Bei euch ist ihnen schlichtweg zu langweilig. Wenn bei euch alles geht, wie ihr es geplant habt, wo ist da noch Platz für das Wirken der Götter? Und wenn es mal anders läuft, dann ruft ihr gleich: Oh weh! Mein Gott straft mich für meine Sünden. Oh, ich Sünder! Oh, oh, oh!"

Er hatte bei den letzten Sätzen die Stimme gehoben, so dass er klang wie ein klagendes Weib. Dann kicherte er zufrieden mit sich über seine Darbietung und sagte:

„Das ist auch die Antwort auf deine Frage, was so schlimm daran ist, wenn ein Thing wie geplant läuft. Dort wo alles so läuft, wie wir Menschen es wollen, sind die Götter fern."

Ich starrte ihn an. Jetzt war mir klar: Er war nicht nur wahnsinnig. Vielmehr war der Wahnsinn Teil seines Glaubens. Ich bekreuzigte mich.

„Was war das?", fragte Raven. Ich erklärte ihm, dass dies das Zeichen der Dreifaltigkeit unseres am Kreuz gestorbenen und wieder auferstandenen Herrn sei. Er nickte und sagte:

„Davon müsst ihr mir bei Gelegenheit mehr erzählen. Jetzt muss ich etwas dafür tun, dass die Götter von unserem Thing erfahren."

Dann wandte er sich um und verschwand mit entschlossenen Schritten in dem den Thingplatz umgebenden Wald. Ich blieb nachdenklich und ein wenig verwirrt zurück.

Am Abend hatte sich der Thingplatz verändert. Nicht nur das Thingfeuer brannte inzwischen lichterloh, sondern viele kleine Feuer markierten zusätzlich den Rand des Platzes und beleuchteten ihn zugleich. Auf dem Platz selbst hatte man Tische und Bänke aufgestellt, und in einer Ecke bemerkte ich ein neu errichtetes Gatter, in dem Tiere untergebracht waren. Welche Tiere das waren, konnte ich von meinem Standpunkt aus nicht erkennen.

Ich war recht früh vor Ort. Der Großteil der freien Stammesmitglieder hatte sich noch nicht auf dem Platz eingefunden. Aber ich sah Raven. Er bereitete bei den das Thingfeuer säumenden Steinen in der Mitte des Platzes irgendetwas vor. Dabei schien die schlechte Laune vom Tage verflogen. Denn er pfiff munter vor sich hin. Als er mich erblickte, winkte er mich zu sich.

„Brictius, mein Freund", begrüßte er mich.

„Raven, ich grüße euch. Euer Verdruss über die Langeweile scheint verflogen. Das freut mich."

Raven sah sich um. Dann winkte er mich ganz nah zu sich und beugte den Kopf in meine Richtung. Beinahe im Flüsterton sagte er:

„Soll ich dir ein Geheimnis verraten, Christ?"

Ich nickte zögerlich – zweifelnd, ob ich dieses Geheimnis wirklich erfahren wollte.

„Nun gut", raunte er mir zu. „Dieses Thing wird nicht langweilig werden. Dafür habe ich gesorgt."

Er kicherte und setzte ein wölfisches Grinsen auf. Dann fuhr er fort:

„Ich habe Wodans Raben Hugin eine tote Maus zugeworfen. Und er hat sie angenommen. Wodan wird sie mit seinem einen Auge sehen, und er wird verstehen, dass eine tote Maus die langweiligste Beute ist, die Hugin ihm bringen konnte. Und wenn er seinen Raben dann fragt, woher diese Beute stammt, was glaubt ihr, wird er ihm sagen? Na?"

Ich zuckte die Achseln.

„Natürlich wird er ihm sagen, dass er von diesem langweiligen Thing kommt. Und dann wird Wodan verstehen, dass er eingreifen muss."

Natürlich hielt ich das alles für Schwachsinn. Dennoch wollte ich mehr über den Aberglauben erfahren, der dahintersteckte. Also fragte ich Raven:

„Wodan hat also einen Raben?"

„Oh, ja! Genau genommen hat er sogar zwei: Hugin, der ihm wie eine Erkenntnis ist, und Munin, der ihm wie eine Erinnerung an sein Wissen ist. Sie wandeln auf unserer Welt und unterrichten den Allvater, wenn irgendwo etwas Wissenswertes geschieht. Eine große Schlacht zum Beispiel. Dort kann er die tapfersten der gefallenen Krieger in seine große Halle einladen. Sie dürfen dann bis ans Ende der Zeit an seiner Seite speisen. Tagsüber kämpfen sie, die wir Einherier nennen, gegen einander. Am Abend erstehen die Gefallenen dann von den Toten wieder auf und speisen an seiner Tafel und feiern Nacht für Nacht."

Ravens Blick schweifte verträumt in eine Ferne, die ich nicht sehen konnte, und die ich - ich muss es offen gestehen - für ein Hirngespinst hielt. Plötzlich sah er mich wieder an.

„Hugin wird dem großen Allvater meine Botschaft bringen. Ihr werdet sehen, Christ."

„Aber woher wisst ihr so genau, dass dieser Rabe einer von Wodans Raben war? Sieht Hugin nicht aus wie alle Raben?", fragte ich.

Ravens Miene verfinsterte sich. Er zog die Brauen zusammen.

„Vielleicht war es auch Munin, aber es war ganz sicher einer der beiden", zischte er. „Und jetzt stellt nicht so viele Fragen! Helft mir lieber mit den Opferschalen da."

Er wies mit dem Finger auf fünf große Tonschalen und bedeutete mir, diese gleichmäßig vor den hüfthohen Steinen zu verteilen, die das Thingfeuer säumten.

„Stellt euch vor, ihr würdet Wasser über den Steinen ausgießen. Wo würde es hinunterfließen? Da stellt ihr die Schalen hin."

Ich tat, wie mir geheißen. Freilich wunderte ich mich über diese Aufgabe. Aber nachdem ich schon so viel gefragt hatte an diesem Tag, traute ich mich nicht, Raven erneut mit meiner Neugier zu belästigen.

„Ihr werdet sehen", sagte Raven.

„Was?", entfuhr es mir.

„Ihr fragt euch, wofür die Schalen sind. Ihr werdet es schon bald sehen."

Der Thingplatz füllte sich nach und nach. Je tiefer die Sonne sank, desto mehr Nibelungen fanden sich an den Tischen und Bänken ein. Sklaven brachten Trinkgefäße und rollten Fässer frisch gebrauten Bieres zu den Tischen. Schließlich war die Sonne ganz versunken. Das war der Augenblick, an dem sich die Gaufürsten neben Raven bei den Steinen einfanden.

Raven warf etwas - ich vermute, es war eine Art Pulver, konnte es aber nicht genau erkennen - ins Thingfeuer. Das erzeugte einen lauten Knall und eine große schwarze Wolke, die von so vielen orangefarbenen Funken durchsetzt war, dass sie aus Feuer zu bestehen schien.

Augenblicklich verstummten die Krieger auf dem Platz und wandten sich Raven zu.

Der begrüßte sie und rief mit donnernder Stimme die heidnischen Götter an. Mit dem Himmel entgegen gereckten Armen ließ er seine Stimme erschallen:

„Oh Diu, mächtiger Gott, Bewahrer und Erschaffer von Recht und Ordnung, leite unser Urteilsvermögen bei diesem Thing. Oh Wara, Hüterin von Wahrheit und Aufrichtigkeit, lass alle freien Nibelungen auf diesem Thing ohne Falschheit ihre Entscheidungen treffen. Und du, oh mächtiger Gott des Donners, geliebter Sohn des Allvaters Wodan, du mächtiger Donar, schenke uns die Kraft, aufrecht zu unseren Entscheidungen zu stehen." Dann wurde seine Stimme schrill. Er schrie jetzt fast: „Und erschlage jeden Verräter mit deinem Hammer Mjölnir!"

Der letzte Satz hatte seine Wirkung nicht verfehlt. Denn ich bemerkte, wie rings um mich herum manch ein gestandener Krieger zusammenzuckte.

Ich muss gestehen, dass ich Raven in diesem Augenblick zugleich beneidete und bewunderte. Das Christentum bot nicht diese fesselnde Vielzahl der Götter, mit denen sich die Menschen für die verschiedensten Belange einfangen ließen. Es gab keinen Heiligen, der einen Sünder mit seinem Hammer erschlagen könnte - soviel stand fest.

Raven bedeutete Schilbung, dass er vortreten solle, und übergab ihm die Leitung der Zeremonie. Als Herzog und Oberhaupt stand es ihm zu, wie mir Raven später erklärte, die nun folgenden Rituale durchzuführen.

Schilbung zog Balmung, ein mächtiges Beidhänderschwert, dass seit Generationen der Herzog der Nibelungen trug. Mit dem Schwert zielte er auf Radumar, den Fürsten der Grausteinsippe.

„Mächtiger Fürst der grauen Steine", rief er. „Wirst du diese Steine hier" - mit dem Schwert deutete er jetzt auf die hüfthohen Felssteine, die das Thingfeuer umgaben - „wirst du diese Steine hier, einfache graue Steine, durch dein Opferblut zu Heiligen Steinen machen? Wirst du uns durch dein Opfer den Weg zu den Göttern bereiten?"

Radumar trat vor. Wie die anderen Gaufürsten, ja wie fast alle Anwesenden, war er in Kriegsrüstung erschienen. Er trug einen mächtigen Kriegshammer, dessen Kopf aus einem Granitstein geschlagen war. Er selbst war ein eher kleiner Mann mit breiten Schultern, kräftigen Armen und einem langen, blonden Bart. Seine Augen waren klein, sehr rund und blau wie der Himmel. Jetzt, in der Nacht, spiegelten sich die Flammen des Thingfeuers in ihnen.

„Diu zu Ehren, dir zu Ehren, mein Herzog", rief er, „werde ich die Steine mit dem Blut meines Stammes weihen und zu Altären für unsere Götter machen."

Er schwang seinen mächtigen Kriegshammer und ließ ihn mit einem Schrei in die Erde vor seinen Füßen fahren. Das war offenbar das Zeichen, auf das hin die Jungmänner seines Stammes, die auf diesem Thing ihre Kriegerweihe erhalten sollten, vortraten.

Sie verteilten sich gleichmäßig um die Steine. Jeder von ihnen hielt seine linke Hand geöffnet über den jeweiligen Stein.

Radumar nickte Schilbung zu, der mit Balmung in seinen Händen auf die erste Traube Jungmänner zuschritt. Er hob das mächtige Schwert hoch über sein Haupt. Die züngelnden Flammen des Thingfeuers spiegelten sich in den glatt geschliffenen Schneiden des grauen Stahls. Es wirkte, als hielte er ein Schwert aus Feuer in den Händen. Ein von den heidnischen Göttern selbst gesandter Todesengel. Die Krieger der Nibelungen hielten den Atem an.

Ich hatte schon von dem heidnischen Brauch, den alten Göttern Menschen als Opfer darzubringen, gehört. Aber in dieser Nacht war ich nicht darauf vorbereitet. Ich war erstarrt vor Entsetzen. In Gedanken sah ich, wie Balmung in den Schädel des strohblonden Jünglings fuhr, auf den Schilbung mit entschlossenen Schritten zuhielt. Ich sah die klaffende Verwüstung, die es anrichtete. Sah das Blut emporschießen, hörte die Heiden johlen vor Blutgier. Und ich spürte den Blick unseres Herrn auf mir. Unmissverständlich sagte er mir, dass auch ich Schuld auf mich lüde, ließe ich zu, dass diese kaum vierzehn Sommer alten Jünglinge falschen Göttern geopfert würden.

„Aufhören!“, schrie ich. Und in diesem Augenblick war ich so außer mir, dass ich glaubte, es sei Gott selbst, der sich meines Körpers und meiner Zunge bemächtigt hatte, als ich mich erhob und schließlich vortrat.

„Aufhören!“, schrie ich abermals. Schilbung hielt inne und sah mich fragend an. „Ihr könnt, ihr dürft diese jungen Männer nicht töten. Ob Heide oder nicht, wir sind alle geschaffen nach seinem Bilde. Wir sind seine Geschöpfe, und er liebt alle Geschöpfe. Du sollst nicht töten, heißt es in der Heiligen Schr…“

„Was bei Ratatösk, dem Heiligen Eichhörnchen, faselst du da?“, unterbrach mich Schilbung.

„Das ist Christenzauber“, sagte Brünhild. „Ich werde ihn aufschneiden.“

Sie zog ihr Kurzschwert aus der Scheide. Aber Schilbung bedeutete ihr, dass er das nicht dulden werde.

„Der Christenpriester steht unter meinem Schutz. Und ich will zumindest sein Anliegen kennen“, sagte er. Dann trat er an meine Seite und raunte:

„Ich hatte euch doch befohlen, unsere Bräuche zu beobachten, nicht sie zu stören. Erst später sollt ihr euren Christenzauber machen. Jetzt ist es noch zu früh.“

Laut sagte er:

„Das ist Brictius von Tours. Ein heiliger Mann der Christen. Er ist hier, um unsere Bräuche zu lernen. Und er hat offenbar schon reichlich das

Thingbier gekostet. Wie sonst ließe sich ein derartiger Ausbruch von Wirrnis erklären?"

Um mich herum erscholl laut hallendes Gelächter. Ich aber ließ mich nicht besänftigen. Ich schrie:

„Im Namen Gottes des Allmächtigen, im Namen Jesu Christi, ihr brecht diesen heidnischen Wahnsinn sofort ab! Ich beschwöre euch, ich..."

Mehr vermochte ich nicht zu sagen. Schilbung hatte sein Schwert mit der Klinge nach unten gepackt und schlug mir mit dem Heft so hart auf den Schädel, dass ich umgehend das Bewusstsein verlor.

Als ich erwachte, blickte ich in Ravens dunkelblaue Augen. Er sah mich grinsend an:

„Du bist ja doch nicht tot. Wie schade! Zu gern hätte ich dich Hel, der Herrscherin des Totenreichs, als Opfer dargebracht."

Er zuckte mit den Achseln und half mir auf die Beine. Ich sah mich um und versuchte mich daran zu erinnern, was geschehen war. Damals kam es mir vor, als kehrte ich von einer langen beschwerlichen Reise zurück, an die ich mich nur in Bruchstücken erinnern konnte. Tatsächlich hatte der Zustand meiner Bewusstlosigkeit, wie ich nach und nach zu verstehen begann, nur wenige Augenblicke gedauert. In der Zwischenzeit hatte Schilbung die heidnische Zeremonie unbeirrt fortgesetzt. Ganz so, als hätte er lediglich eine lästige Fliege vertrieben.

Ich tastete meine Stirn ab und fühlte eine beachtliche Schwellung über dem linken Auge kurz über dem Haaransatz. Und ich fühlte etwas warmes Klebriges. Blut. Ich blutete. Diese Erkenntnis brachte eine Erinnerung hervor.

„Wo?", krächzte ich mit kaum vernehmbarer Stimme. „Wo, bei allen Heiligen? Wo sind die Jungmänner?"

Raven sah mich fragend an.

„Habt ihr sie alle getötet in Gottes Namen?! Ihr gottlosen Heiden!"

Das Krächzen war aus meiner Stimme gewichen, und ich hatte lauter gesprochen als beabsichtigt. Schilbung und die anderen Gaufürsten sahen in meine Richtung, ebenso wie einige der Stammesmitglieder, die sich in meiner Nähe aufhielten.

„Jetzt schneide ich den Pfaffen auf", knurrte Brünhild. Raven kicherte, und Schilbung rollte mit den Augen. Noch ehe Brünhild ihr Schwert ziehen konnte, baute sich Raven mit ausgebreiteten Armen vor den Gaufürsten auf. Dann drehte sich der Ewart wie ein riesiger Vogel mit ausgebreiteten Schwingen in Richtung der Thingversammlung. Das Signal wurde verstanden. Es herrschte nun Stille. Alle erwarteten das Wort ihres Ewarts.

„Unser christlicher Gast", hob Raven an, „unser Gast ist nicht nur, wie ihr ganz recht vermutet habt, edler Herzog Schilbung, dem Bierwahn verfallen, sondern überdies auch noch einem Irrtum aufgesessen. Und weil er gerade ein kleines Nickerchen gemacht hat ..."

Die Krieger lachten schallend, bis Raven sie erneut zur Ruhe gemahnte. Dann fuhr er fort:

„Aufgrund seines Nickerchens konnte unser verehrter Gast seinen Irrtum nicht erkennen. Er glaubte und glaubt es noch, dass den edlen Radumar alle Vernunft verlassen hat. Unser Christ hier glaubt, Radumar hätte eine ganze Generation seiner Krieger soeben den Göttern geopfert."

Ein Raunen ging durch die Menge der Krieger. Raven setzte hinzu:

„Wir alle wissen, dass so ein Opfer nicht weise wäre. Und wir wissen, dass uns Wodan, der Allvater, für Entscheidungen straft, die nicht weise, sondern dumm sind. Deshalb würde weder Radumar noch sonst ein Gaufürst seine Jungkrieger opfern. Die jungen Krieger der grauen Steine haben mit ihrem Blut, das durch das Schwert unseres Herzogs genommen wurde, die Steine am Thingfeuer zu Heiligen Steinen der Götter gemacht. Aber bis auf eine kleine Wunde an der linken Hand, ist ihnen kein Schaden geschehen. Oder seid ihr etwa tot, Jungmänner aus dem Gau der grauen Steine?"

Ravens Blick richtete sich auf einige Tische am Rande des Thingplatzes. Die Blicke der Krieger folgten seinem und sahen die Jungmänner, die grölend ihre teilweise noch blutenden Hände in die Luft streckten. Einer von Ihnen, ein drahtiger Blondschopf, dessen Bart aus nichts als einem zarten Flaum bestand, sprang auf die Bank, auf der er gerade noch gesessen hatte, und schrie aus vollem Halse:

„Ich bin leider tot, bei Gungnir - dem Speer des großen Wodans, der keinen Schwur, der auf ihn abgelegt wird, zu brechen gestattet! Ich schwöre es! Ich bin tooot!"

Die gesamte Thingversammlung brach in schallendes Gelächter aus. Lediglich Radumar sandte dem Schreihals einen finsteren Blick. Daraufhin senkte dieser seinen Kopf und stieg von der Bank. Das Schauspiel war beendet, und ich fühlte das Pochen in meiner Stirn. Und ich fühlte, wie mich die Schamesröte von unten nach oben übermannte. Bei unserem Heiligen Jesus Christus, war mir das alles peinlich!

Ich, der sich über die Frömmigkeit des Heiligen Martinus lustig gemacht hatte; ich, der sich stets für besonders weltoffen gehalten hatte - immerhin hatten mich die Kleingeister von Tours wegen einer Liebesaffäre mit einer Nonne, einer heiligen Frau Jesu, aus der Stadt verbannt - ausgerechnet ich war meinen Vorurteilen vollkommen erlegen gewesen. Ich schämte mich vor mir selbst und nahm mir in diesem Augenblick fest vor, Schilbungs Rat nun wirklich zu befolgen und die Bräuche des Stammes zunächst nur zu beobachten ohne einzugreifen. Mochten Sie auch Heiden sein, so waren sie dennoch nicht halb so monströs, wie sie in Erzählungen geschildert wurden.

Raven schien meine Gedanken zu verstehen. Denn er nickte Schilbung zu, auf dass er mit dem Opferritual fortfahren mochte.

An diesem Tag wurden tatsächlich Opfer gebracht. Jeder Gaufürst hatte ein Tier aus seinem Bestand zum Opfertier bestimmt. Diese wurden aus dem Gatter, das mir am Vortag am Rande des Thingplatzes aufgefallen war, herbeigeführt und über den geweihten Steinen geschlachtet. Das Blut wurde von den Tonschalen aufgefangen, die Raven und ich aufgestellt hatten. Dann tauchte Raven eine Birkenrute in das Blut, ging durch die Reihen der Stammesmitglieder und besprenkelte ihr Gesicht mit dem Blut, indem er die Rute schwang.

Nach meinem peinlichen Auftritt hatte ich mich dann wirklich am Thingbier gütlich getan. Und als Raven mit der Rute voll Bluts durch meine Tischreihe ging und schließlich vor mir stand, ließ ich es geschehen. Raven sagte leise:

„Möge Diu dich mit dem Sinn für das Richtige segnen. Möge Donar dir Stärke geben, das Richtige zu tun."

Dann schritt er, stets diese Worte murmelnd, weiter. Ich fühlte mich seltsam entrückt. Mochte es der Schlag auf den Kopf, mochte es das zu schnell genossene Bier oder mochte es gar dieses uralte Ritual, an dem ich soeben teilgenommen hatte, sein. Ich konnte es damals nicht sagen und kann es noch heute nicht. Ganz sicher weiß ich, dass ich mich als Teil von etwas Großem, etwas Gewaltigem fühlte.

Nach diesem Ritus feierten die freien Frauen und Männer noch lange auf dem Thingplatz. Ich bleib, wie fast alle Teilnehmer des Things, bis zum Morgengrauen. Ich trank viel Bier. Sehr viel Bier. Und als ich gegen Morgen in meine Hütte kam, schlief ich das erste Mal mit meiner Sklavin Guasa.

Als ich erwachte, stand die Sonne bereits hoch am Himmel. Guasa hatte längst das Lager verlassen, um mir eine Mahlzeit vorzubereiten. Sie verhielt sich ganz so, als sei in den vergangenen Stunden nichts Nennenswertes geschehen. Nun ja, wenn ich so darüber nachdenke, dann lässt sich sagen: Sie ließ sich zwar nichts anmerken. Aber ich glaube, sie lächelte hin und wieder in meine Richtung und warf mir verstohlen den einen oder anderen liebevollen Blick zu, wenn ich gerade nicht hinsah. Jedenfalls meinte ich eine neue Wärme in ihrer Gegenwart zu empfinden.

Noch bevor ich die Mahlzeit aus Brot, Käse und Trockenfleisch genießen konnte, die Guasa mir zubereitet hatte, ertönte das Thinghorn neun Mal.

Ich hatte kaum Zeit, die Stirn über dieses verfrühte Signal zu runzeln, da stürmte auch schon der junge Notger in meine Hütte. Mit schwerem Atem rief er:

„Mein Herr Brictius, der Herzog ruft die Thingversammlung zusammen. Der Herzog sagt ..." Notger unterbrach seine Ansprache, um nach Luft zu schnappen. Dann fuhr er fort: „Der Herzog sagt, es gilt drängende Entscheidungen zu treffen. Und er wird die für heute geplante Kriegerweihe verschieben. Er schickt mich euch zu holen ..."

Er hielt inne, als habe er noch etwas zu sagen, dass er sich jedoch nicht auszusprechen getraute. Ich sah ihn fragend an. Und als er schwieg, fragte ich ihn: „Was denn, Notger? Du hast doch noch etwas auf dem Herzen. Oder etwa nicht?"

Notger bewegte sich von einem Bein auf das andere und wand sich wie eine Tänzerin. Schließlich gab er sich einen Ruck und sagte:

„Der Bruder des Herzogs war auch dabei. Er befahl mir euch zu sagen: Er schneidet euch euren gekreuzigten Christenpimmel ab und verfüttert ihn an die Ameisen, wenn ihr nicht pünktlich zum Thing erscheint."

Notger zuckte zurück. Offenbar hatte er erwartet, dass ich ihn schlagen würde. Ich aber starrte ihn nur fassungslos an. Schließlich nickte ich ihm zum Zeichen zu, dass er für jetzt entlassen sei.

Als ich den Thingplatz erreichte, war von der ausgelassenen Stimmung der vergangenen Nacht nichts mehr zu spüren. Ich sah in versteinerte Gesichter. Nachdem ich einen der Nibelungen gefragt hatte, was geschehen sei, wies er nur stumm mit dem Kinn auf die gegenüber liegende Seite des Platzes. Hier spaltete sich die Menge, und Schilbung betrat mit finsterer Miene den Thingplatz. Ihm folgten mit noch grimmigeren Gesichtern sein Bruder Nilbung und der Gaufürst Arwin.

„Freie Nibelungen", rief Schilbung, kaum da er die Heiligen Steine am Feuer erreicht hatte. Seine Stimme bebte vor Zorn. Ich weiß noch, dass mir der Anblick der offensichtlich erschütterten Gaufürsten Angst einflößte. Was war geschehen? Was würde Schilbung nun verkünden?

Wie zufällig traf mein Blick den Ravens. Und was ich in seiner Miene sah, erschreckte mich fast zu Tode. Es war, als sähe der Leibhaftige selbst in meine nackte Seele.

Ich hatte erwartet, dass Raven mindestens so betroffen wirkte, wie die Gaufürsten. Aber seine Augen funkelten böse, und sein Mund warf ein wölfisches Grinsen in meine Richtung.

„Freie Nibelungen!", rief Schilbung erneut. „Es wurde ein furchtbarer Frevel begangen. Ein Frevel an den Göttern, ein Frevel an Diu, und ein Frevel an dem Gaufürsten Arwin und mir."

Nach einer Pause, während der er sichtlich um Fassung rang, fuhr er fort:

„Ava, die edle und wunderschöne Tochter des Gaufürsten Arwin und zukünftige Gattin meines geschätzten Bruders Nilbung ist geraubt worden."

Ein Raunen ging durch die Schar der Nibelungen. Den meisten Anwesenden war umgehend bewusst, dass ein Raub der Tochter eines Gaufürsten nichts Gutes bedeutete. Niemand wollte eine Blutfehde oder gar einen Krieg um einer geraubten Tochter willen. Denn hierbei gab es für niemanden etwas zu gewinnen. Weder Reichtum noch Land. Aber jedem der Anwesenden schien klar zu sein, dass ihrem Glauben gemäß der mächtige Wodan bald neue Krieger zu sich in die große Halle der Gefallenen, die sie Walhalla nannten, abberufen würde.

„Ich fordere alle freien Nibelungen auf, sich an der Suche nach Ava zu beteiligen. Als Gastgeber ist es meine Pflicht, mich an der Suche zu beteiligen. Und als Herzog und Stammesoberhaupt werde ich daher die Kriegerweihe verschieben. Heute werden wir alle nach Ava suchen. Morgen werden wir Entscheidungen zur Zukunft unseres Stammes treffen. Und danach erfolgt die Weihe der Jungmänner. Bei Diu, dem Erschaffer von Recht und Ordnung, unterstützt ihr diesen Plan, freie Nibelungen?"

Die Krieger schlugen mit ihren Äxten, Speeren und Schwertern gegen die Metallbuckel ihrer Schilde. Es entstand ein donnernder Lärm, und Schilbung nickte grimmig und entschlossen. Er schien gerade anheben zu wollen, um die nächsten Befehle in die Menge zu rufen, da gab Arwin durch ein Handzeichen zu verstehen, dass auch er das Wort an die Thingversammlung richten wolle.

„Freie Nibelungen", hob Arwin an. „Ich danke euch von ganzem Herzen für eure Unterstützung. Wir werden Ava gemeinsam finden. Und dann will ich Rache. Denn ich wurde beraubt und gedemütigt."

Wieder erscholl das donnernde Schlagen von Waffen auf Schilden. Dann fuhr er fort:

„Ich wurde beraubt und gedemütigt, während meine Tochter und ich uns gemäß dem Gastrecht unseres Stammes unter dem Schutz des Herzogs Schilbung befanden. Aber er hat uns diesen Schutz nicht geleistet."

Schilbung riss die Augen weit auf. Arwin dagegen sprach weiter. Seine Stimme wurde lauter, fester und feindseliger.

„Ich habe ihm meine Tochter anvertraut. Ja, ich ging so weit, sie seinem Bruder Nilbung zum Weibe zu versprechen. Und nun ist sie verschwunden. Geraubt aus seinem Haus, geraubt unter seinem Schutz!"

Schilbung hob beschwichtigend die Hände. Aber Arwin ließ nicht zu, dass er zu Wort kam.

„Ich frage euch, freie Nibelungen, steht mir nicht Vergeltung zu für das, was mir angetan wurde?"

Die Krieger der Adlersippe schlugen donnernd ihre Waffen gegen die Schilde. Ich bemerkte, wie sie einander suchten, einige bewegten sich langsam in Richtung ihres Gaufürsten. Immer mehr Krieger taten es ihnen gleich, so dass allmählich die ganze Thingversammlung in Bewegung geriet. Auch die Nibelungenkrieger Schilbungs begannen sich zu formieren. Ich sah den Schrecken und die Panik, die sich in Schilbungs Miene Ausdruck verlieh. Und auch in mir regte sich Angst. Es fehlte nicht viel, ein kleiner Funke des Hasses noch, und ich geriet mitten in einen blutigen Bruderkrieg der Nibelungen.

Dann ergriff Raven das Wort. Er sprang mit einem für einen alten Mann, der er war, ungewöhnlich flinken Satz auf die Heiligen Steine und schrie:

„Brüder und Schwestern, freie Nibelungen! Hört mich an. Mich euren Ewart, der zu euch im Namen der Götter spricht!"

Einige der Krieger hielten inne. Aber der Großteil formierte sich weiter. Einige hatten bereits die Schilde erhoben, um Kampfbereitschaft anzuzeigen. Als Raven sah, dass sein Versuch das Wort an die Thingversammlung zu richten, ungehört blieb, schrie er aus voller Kraft:

„Bei Angrboda, der hässlichen Mutter Fenrirs und Jörmungands, jetzt haltet eure Fressen!"

Augenblicklich verstummten die Krieger, hielten inne und ließen die Schilde sinken. Ich sah die Erleichterung in Schilbungs Zügen, der tief durchatmete.

Angrboda war im Aberglauben der Germanen eine Riesin, mit der der trügerische Gott Logi den riesigen Wolf Fenrir und die das Meer umspannende Schlange Jörmungand gezeugt hatte. Wie mir Raven später erklärte, spielten diese beiden Monster eine wichtige Rolle in der alten Prophezeiung vom Untergang der Götter.

„Ich werde den großen Gott der Gerechtigkeit um Rat fragen", verkündete Raven. „Denn hier wurde zweifellos ein Frevel begangen. Ebenso zweifellos wäre es aber ein noch viel größerer Frevel, hier und jetzt einen Bruderkrieg unter den Sippen der Nibelungen vom Zaun zu brechen. Die Götter wollen, dass wir vereint und stark unseren Feinden gegenübertreten, nicht dass wir Ihnen entzweit und schwach unterliegen. Seht ihr das, freie Nibelungen? Seht ihr diesen Willen Wodans, der uns nur vereint Siege über Römer, Hunnen und andere feindliche Stämme schenken wird?"

Die Nibelungen stimmten mit donnernden Schlägen auf die Schilde zu. Raven nickte ihnen anerkennend zu und wandte sich an die Gaufürsten:

„Gaufürst Arwin, ihr erhebt schwere Vorwürfe gegen euren Herzog. Und doch scheint es ungewiss, was mit eurer Tochter geschehen ist. Ihr könnt nicht wissen, ob Herzog Schilbung wirklich die Schuld für euren Kummer trifft."

Arwin wollte gegen diese Feststellung reden. Aber Raven gebot ihm mit einer scharfen Geste zu schweigen. Er wandte sich Schilbung zu:

„Euch Herzog Schilbung trifft nicht die Schuld an einem Verbrechen. Denn wir wissen nicht mit Sicherheit, ob überhaupt eines begangen wurde. Dennoch seid ihr nicht ohne Schuld. Denn nach unseren Gesetzen – Diu möge sie bewahren – befand sich Ava zum Zeitpunkt ihres Verschwindens als Gast in eurem Haus unzweifelhaft unter eurem Schutz."

Jetzt war es Schilbung, der gegenreden wollte. Aber auch ihm gebot Raven mit scharfer Geste zu schweigen.

„Das ist eine vertrackte Situation, die meine Weisheit und mein Urteilsvermögen weit übersteigt. Ich werde die Götter befragen müssen. Sie werden mir ihren Willen mitteilen. Und dieser Wille sollte auch der eure sein, edle Fürsten. So frage ich euch, Gaufürst Arwin. Seid ihr bereit, das Urteil der Götter zu akzeptieren?"

Arwin nickte widerwillig. Schilbung wollte, nachdem ihm Raven dieselbe Frage gestellt hatte, zunächst etwas erwidern. Seufzte aber dann lediglich und nickte ebenfalls.

„Und so ward es beschlossen. Heute Mittag, wenn die Sonne ihren höchsten Stand erreicht hat, werde ich das Urteil der Götter verkünden."

Ich sah in den Himmel, um den Stand der Sonne abzuschätzen. Zu viel Bier in der gestrigen Nacht und Schilbungs Hieb mit dem Heft seines Schwertes entfalteten immer noch ihre Wirkung. Mein Kopf schmerzte, und ich war müde. Nach Ravens Ansage hoffte ich auf genügend Zeit, mich noch ein wenig in meiner Hütte ausruhen zu können. Aber Raven hatte sich für die Befragung der Götter nicht viel Zeit eingeräumt. Denn die Sonne stand bereits weit im Süden. Also entschloss ich mich dazu, in dem den Thingplatz umgebenden Wald nach einem unbeobachteten Platz zu suchen, um mich wenigsten kurz niederzulassen.

Sogleich machte ich mich auf den Weg. Als ich einem schmalen Pfad eine kurze Zeit gefolgt war und die Stimmen der Thingversammlung hinter den Bäumen verklangen, entdeckte ich einen kleinen Bach. Ich folgte ihm einige Schritte, bis ich unter einer alten Buche ein Stück Wiese fand, das nur auf mich zu warten schien.

Das angenehm kühle Gras, der schützende Schatten der Buche und das sanfte Plätschern des Baches ließen mich rasch zur Ruhe finden.

Ich weiß nicht, wie lange ich geschlafen hatte. Ich weiß nur, dass ich erwachte, weil ich Stimmen hörte. Zunächst dachte ich, dass die Stimmen Teil eines wirren Traums gewesen waren. Ich schüttelte mich wie ein Hund nach einem Bad, um den Schlaf vollständig abzuwerfen. Aber die Stimmen erklangen erneut. Ich zog die Beine an und drückte mich eng an den großen Stamm der Buche, in deren Schutz ich eingenickt war. Die Stimmen kamen näher. Ich überlegte zu fliehen. Doch es war bereits zu spät. Würde ich mich jetzt bewegen, ja würde ich auch nur zu laut atmen, dann würde ich entdeckt werden. So verhielt ich mich still wie eine Maus und versuchte zu lauschen.

Die Stimmen kamen noch näher. Es handelte sich um zwei Männer, die Pferde mit sich führten. Die Stimmen selbst waren mir unbekannt. Eine der Stimmen klang sehr hoch und etwas krächzend. Hätte ich es nicht besser gewusst, so hätte ich sie eher einem Raben oder einer Krähe zugeordnet denn einem Mann.

„Da ist der Bach, von dem ich sprach", hörte ich die Krähe krächzen.

Die beiden Männer befanden sich jetzt nur wenige Schritte von mir entfernt. Uns trennten lediglich ein kleiner Bach und der Stamm der Buche.

„Lass die Pferde sich laben", sagte der andere Mann. Und dann sagte er etwas, das mir fast den Atem verschlug:

„Das mit Ava hast du gut gemacht. Jetzt gehen die Dinge ihren Gang. Schon morgen wird sich dann alles entscheiden."

„Hoffentlich macht der verrückte Alte seine Sache auch gut", versetzte die Krähe. „Es steht zu viel auf dem Spiel!"

„Raven? Mach dir um ihn keine Sorgen. Er weiß, was zu tun ist. Der Ewart ist ein schlaues Wiesel."

„Ja, so schlau wie der listenreiche Logi. Ständig muss man auf ihn achtgeben, dass er sich nicht selbst austrickst."

Der andere lachte laut auf. Ich weiß noch, wie ich dachte, dass dies ein offenes, sympathisches Lachen war. Gerne hätte ich diesem Mann ins Gesicht gesehen.

„Ja, das ist nur allzu wahr." Dann wurde er ernst. „So, genug gerastet. Wir müssen zurück, bevor uns ein Späher entdeckt."

„Das würde in der Tat die ganze Überraschung verderben."

Beide Männer lachten. Dann griffen sie nach den Zügeln ihrer Pferde und folgten dem Bach flussabwärts. Ich lugte vorsichtig aus meinem Versteck heraus. Ich konnte nur einen kurzen Blick auf die beiden erhaschen, bevor der Wald sie verschlang. Es handelte sich, so viel ich erkennen konnte, um einen großen, breitschultrigen Mann mit langem dunkelblondem Haar und um einen kleinen, ja sehr kleinen, aber breiten Mann. Ein Hüne und ein Zwerg, dachte ich noch. Dann waren sie verschwunden.

So schnell mich meine Beine trugen, rannte ich zurück zum Thingplatz. Ich wusste nicht genau, was ich von der Unterredung halten sollte, die ich belauscht hatte. Aber soviel glaubte ich erkannt zu haben: Diese beiden Männer hatten Ava, die Tochter des Gaufürsten Arwin, entführt. Und diese Erkenntnis musste ich doch irgendwem mitteilen, oder etwa nicht?

Als ich den Thingplatz erreichte, stand Raven mit ausgebreiteten Armen auf den Thingsteinen. Sein weißes Haar wehte im Wind, und seine Augen funkelten wild. Um ihn herum hatten sich die Gaufürsten versammelt.

„Ich habe die Götter befragt", rief er. „Und sie haben mit mir gesprochen. Sie haben mir vermittelst der Runen mitgeteilt, was Skult in ihren Schicksalsfaden hineinwebt. Denn sie ist diejenige der drei Schwestern, die am Fuße des Weltenbaumes Yggdrasil unser Schicksal weben, - sie ist diejenige, die den Faden dessen spinnt, was die Götter für uns vorgesehen haben. Nun hört, was die Götter für uns in der Streitfrage zwischen unserem Herzog Schilbung und dem Gaufürsten Arwin vorgesehen haben."

Raven hielt inne. Das schien die Spannung unter den Anwesenden bis ins Unermessliche zu steigern. Der ganze Thingplatz schien den Atem anzuhalten.

Wie mir Raven später erklärte, gab es in einem solchen Fall, wo die Rechtslage unklar war, über die der Ewart befinden sollte, nicht viele Lösungen. Die beliebteste war das Götterurteil durch Zweikampf. Es wurde unter den Widersachern entweder unmittelbar durch Kampf mit den Waffen oder mittelbar durch einen Wettstreit gefällt, bei dem es nur einen Sieger geben konnte. Raven indes zog eine andere Lösung vor.

„Ich habe die Runenstäbe befragt. Sie haben mir Tiwaz, die Rune der Gerechtigkeit des Diu, gezeigt. Sie lag in enger Verbindung zu Ansuz, der Rune der starken Esche. Ihr Holz federt hart zurück. In Verbindung mit Tiwaz sagt sie: Gerechtigkeit schenkt uns Diu nur durch harte Rückfederung, durch Rache. Die Ungerechtigkeit an Arwin muss gerächt werden."

Ein lautes Raunen breitete sich unter den Nibelungen aus. Raven gebot ihnen mit einer Handbewegung zu schweigen.

„Aber das war nicht alles", fuhr er mit fester Stimme fort. „Auch Thurisaz, die Rune der Macht und der Riesen, hat zu mir gesprochen. Die Rache soll durch den Inhaber der Macht ausgeübt werden, durch unseren Herzog. Und so sprachen die Götter zu mir: Schilbung, der Herzog und Inhaber der Macht, möge hier auf die Heiligen Steine unter Donars Heiligem Baum schwören, das Unheil, das Arwin zuteil wurde, an seiner Statt zu rächen. Es ist der Wille der Götter, dass Schilbung den Entführer der schönen Ava findet, im Zweikampf seine Ehre als Gastgeber wiederherstellt und Rache für das Ungemach ausübt, das Arwin und seiner Tochter zuteil wurde. Werdet ihr das schwören, mein Herzog? Werdet ihr den Willen der Götter achten?"

Schilbung starrte den Ewart an. Seine Miene verriet den Hass, den er in diesem Augenblick auf Raven empfand, nur allzu deutlich. So ruhte sein Blick mehrere Augenblicke bohrend auf dem Ewart. Dann – schlagartig – hellte sich sein Gesichtsausdruck auf. Seine Augen begannen listig zu leuchten.

„Mein Ewart, selbstverständlich werde ich den Willen der Götter achten", sagte der Herzog, was ein erleichtertes Aufatmen unter den Thingteilnehmern zur Folge hatte. „Bevor ich das aber schwöre, beantworte mir doch eine Frage, geschätzter Ewart."

Raven nickte.

„Wenn ich die Rache an Avas Entführer durch Zweikampf ausführe, so wäre es gewiss nicht im Sinne der Götter, wenn auch ich es wäre, der den Gegner wählte. Würde ich nicht einen möglichst schwachen Gegner bevorzugen? Und wäre nicht die Gefahr gegeben, dass ich aus eben diesem Grund einen schwachen Gegner der Entführung überführte?"

Der Ewart nickte zustimmend.

„Obwohl ich ein Ehrenmann bin und niemals aus solchen Überlegungen heraus handle, so bliebe der Verdacht. Deshalb sage ich: die Überführung des Schandtäters sollte nicht meine Aufgabe sein. Als Herzog will ich dann das Urteil über ihn fällen und im Sinne der Götter im Zweikampf auf Leben und Tod vollstrecken."

„Wohl gesprochen, Herzog", sagte Raven. „Ich verstehe und billige dieses Vorgehen im Namen der Götter. Wer soll dann aber nun nach dem Täter suchen, mein Herzog?"

„Es soll eine gemischte Gesandtschaft sein. Bestehend aus drei meiner besten Krieger und drei Adlerkriegern aus Arwins Sippe. So stellen wir sicher, dass alles mit rechten Dingen zugeht."

Raven sah Arwin an, der die Unterredung mit grimmigem Blick verfolgt hatte. Jetzt, wo Raven sich an ihn gewendet hatte, nickte er nur einmal entschieden und mahnte mit einer Geste seiner Hände zur Eile.

„Nun denn", sagte Raven. „Es sei beschlossen."

Schilbung schwor vor den Göttern und den Thingteilnehmern im Zweikampf Rache für Arwin zu nehmen und dadurch seine Gastgeberehre wiederherzustellen, sobald der Übeltäter gefunden sei. Dann stellten die Gaufürsten einen Suchtrupp zusammen. Er bestand aus drei Kriegern Schilbungs und drei Adlerkriegern. Dazu kamen noch zwei Grausteinkrieger, zwei Eulenkrieger und zwei Wolfskrieger. Denn auch die Gaufürsten Radumar und Hartger sowie die Gaufürstin Brünhild wollten sich an der Suche beteiligen. Die so entstandene Kriegerrotte machte sich sogleich auf den Weg.

Erst jetzt, da sich die Krieger zum Aufbruch bereit machten, wurde mir wieder bewusst, dass ich ja eine wichtige Nachricht zu verkünden hatte. Ich hatte die Ereignisse mit einer so großen Spannung verfolgt, dass ich das während meines Waldausflugs erworbene Wissen über Ava fast vergessen hatte. Aber jetzt erinnerte ich mich. Und ich rief den Kriegern zu:

„Ihr müsst den kleinen Fluss entlang. Folgt ihm flussabwärts!"

Aber sie hörten mich nicht. Und ich? Nun, möge Gott mir verzeihen, aber ich getraute mich nicht, mir lautstark Gehör zu verschaffen. Vielleicht lag es an der Peinlichkeit und der Kopfverletzung durch Schilbungs Schwert, die mir das Erheben meiner Stimme zuletzt eingebracht hatte. Vielleicht, so redete ich mir ein, lag es aber auch nur daran, dass die Krieger sich ohnehin in die Richtung aufmachten, die ich empfohlen hätte. Wie auch immer, jedenfalls schwieg ich damals zu dem, was ich an dem Bach im Wald gehört und gesehen hatte. Auch später habe ich niemals ein Wort darüber verloren – bis heute.

„Da die Sache nun ihren Gang geht", hob Schilbung an, nachdem die Kriegerrotte im Wald verschwunden war, „schlage ich vor, dass wir nun das Thing unterbrechen und am morgigen Tage wieder zusammenkommen, um über die Zukunft unseres Stammes zu beraten. Diese Frage ist zu dringend, als dass wir sie verschieben könnten. Die Kriegerweihe der Jungmänner jedoch, die ursprünglich für heute vorgesehen war, mag jeder Gaufürst in seinem Gau ausrichten. Seid ihr damit einverstanden?"

So wurde es beschlossen. Zwar gab es ein vernehmliches Murren von den Bänken der Jungmänner. Dieses verstummte aber nach einem grimmigen Blick des Herzogs schlagartig. Und so versammelten sich am nächsten Tag die Gaufürsten und Raven erneut an den Heiligen Thingsteinen unter der Eiche des Donnergottes.

Diesmal war es Schilbung, der von Anfang an das Wort führte. Raven saß unterdessen auf einem der Steine und starrte in die Ferne. Es fehlte nicht viel, und seine offen zur Schau gestellte Langeweile hätte als Beleidigung gegen Schilbung verstanden werden müssen. Denn dieser schien sich ganz und gar nicht zu langweilen. Nein, für ihn war das nun zu verhandelnde Thema ganz offenkundig von oberster Wichtigkeit.

Schilbung straffte sich. Er strich sein dickes dunkles Haar zurück, sprang mit einem gewaltigen Satz auf die Steine und reckte die Arme dem Himmel entgegen. Er war ein germanischer Krieger und Herzog in all seiner Pracht. Sein Kettenhemd blitzte in der Sonne, sein schwerer Umhang aus Bärenfell, der von einer goldenen Fibel vor der Brust zusammengehalten wurde, schwang sanft im Wind. Sein Waffengehänge war blank poliert und mit silbernen Runengravuren verziert. Ich weiß noch, dass ich ihn ansah und eine Mischung aus Ehrfurcht, Angst und Abscheu empfand.

Die Krieger wandten sich ihrem Herzog zu und verstummten. Oft genug hatte er in den vergangenen Tagen davon gesprochen, dass wichtige Entscheidungen getroffen werden mussten. Entscheidungen, von denen das Schicksal des gesamten Stammes abhänge. Nun wollten sie alle erfahren, welche Entscheidungen das waren.

„Freie Nibelungen, die vergangenen Tage sind anders verlaufen als geplant", sprach Schilbung mit lauter, harter Stimme. Die Krieger auf dem Thingplatz hingen an seinen Lippen. „Die Götter haben uns durch unerwartete Ereignisse herausgefordert. Aber sie haben unserem Ewart auch offenbart, was sie von uns erwarten."

Er sandte einen grimmigen Blick in Ravens Richtung, der sich inzwischen zu mir gesellt hatte. Der Blick schien eher Raven als die Götter für die Erwartungen der Götter verantwortlich zu machen. Raven indes hörte ich neben mir leise kichern.

„Ava, die Tochter des edlen Gaufürsten Arwin, ist verschwunden. Das geschah, während sie mein Gast war. Ich habe hier vor Euch allen und vor den Göttern geschworen, dass ich Arwins Ehre als Vater und meine als Gastgeber wieder herstellen werde, indem ich im Zweikampf auf Leben und Tod Rache an dem Verantwortlichen üben werde."

Er hielt kurz inne, um seine Worte wirken zu lassen. Viele Krieger zeigten durch ein stilles Nicken ihre Zustimmung zu diesem Vorgehen. Schilbung fuhr fort:

„Während diese Sache nun ihren Gang geht, verlangt eine andere Angelegenheit unsere Aufmerksamkeit. Diese ist von so großer Wichtigkeit und Dringlichkeit, dass ich es nicht verantworten kann wegen der Schandtat an Ava das Thing abzubrechen. Und um so größer muss unser Respekt vor dem Gaufürst Arwin sein, der sich seiner Verantwortung als Gaufürst trotz der Widrigkeiten stellt und hier und jetzt über jene drängende Sache berät."

Die Krieger schlugen, angefeuert von der Adlersippe mit ihren Waffen auf die Schilde, um Arwin zu ehren.

„Wie ihr alle wisst", hob Schilbung erneut an, „hat unser Stammesgebiet neue Siedler bekommen. Die Hunnen reisen jetzt öfter durch unsere Gaus und haben sich hier und da niedergelassen, um Land zu bestellen."

„Bitte verzeih mir, mein Herzog", unterbrach ihn Hartger, der Fürst der Eulensippe. Er war ein kräftiger, leicht gedrungener Mann mit einem struppigen, roten Bart. Wie mir Raven erklärte, war er besonders schweigsam. Daher hörten ihm die Krieger, wenn er denn etwas sagte, meist mit besonderem Interesse zu.

„Verzeiht, mein Herzog, aber die Hunnen haben sich nicht niedergelassen, um Land zu bestellen. Sie sind gekommen, haben unsere Gastfreundschaft missbraucht, haben unsere Frauen vergewaltigt und unsere Dörfer verwüstet. Sie bestellen kein Land. Sie leben neben unseren Bauern und nehmen ihnen die Ernte mit Gewalt. Und auch reisen sie nicht. Sie bleiben und melken uns, wie Kühe. Wir sollten Sie allesamt zu Hel ins Totenreich schicken. Denn selbst an Wodans Tafel in Walhalla will ich nicht mit ihnen speisen."

„Wohl gesprochen, Fürst Hartger", meldete sich Brünhild zu Wort. „Auch in meinem Gau haben sie sich als Gäste ausgegeben und dann gemordet und vergewaltigt. Wir müssen handeln. Schicken wir sie zu Hel!"

Die Krieger schlugen heftig mit den Waffen auf die Schilde. Schließlich bedeutete Schilbung mit einer Geste, dass er nun wieder zu ihnen sprechen werde.

„Wohl gesprochen, Gaufürsten. Und wahr: denn wir müssen handeln. Aber wir dürfen keinen Krieg mit den Hunnen heraufbeschwören. Wir dürfen nicht vergessen, dass sie ein Volk auf Wanderschaft sind. Sie suchen eine Heimat, in der sie in Frieden leben können. Unser Gastrecht gebietet uns, ihnen zu helfen, solange sie in Frieden kommen. Wenn wir sie zurückweisen, sind wir nicht besser als das, was die Römer Barbaren nennen."

„Aber sie kommen nicht in Frieden. Sie verwüsten und vergewaltigen", rief Gaufürst Radumar, der bislang geschwiegen hatte. „Warum sollen wir mit denen Frieden schließen, bei Wodan?! Aus Feigheit?"

„Aus Klugheit", versetzte Schilbung.

„Verzeiht, mein Herzog, aber das musst du mir und vermutlich vielen Kriegern hier auf dem Thingplatz erklären", entgegnete Radumar.

Schilbung lächelte milde. „Das verstehe ich. Und gerne will ich dir erklären, warum der Weg des Friedens der bessere ist."

Er ließ seinen Blick über den Thingplatz wandern. Nachdem er sich vergewissert hatte, dass er die volle Aufmerksamkeit der Nibelungen hatte, sagte er:

„Nun, wie ihr wisst, ist das Verhältnis der freien Stämme im Norden zu den Römern angespannt. Seit der große Cheruskerherzog Herman vor vielen Wintern die Legionen des Quintilius Varus vernichtet hat, hegen die Römer Groll gegen alle freien Stämme östlich des Rhings. Der Grund ist Misstrauen. Sie halten uns für Wilde, mit denen man keine Verträge einhalten kann. Für untreue Barbaren ohne Sitte und ohne Ehrgefühl. Aber wir sind keine Barbaren. Sind wir Barbaren?"

Diese Frage hatte er laut und herausfordernd der Menge gleichsam entgegengeworfen. Diese antwortete wie aus einem Mund mit einem gellenden „Nein!" Dann schlugen die Krieger zur Untermauerung dieser Aussage heftig mit den Waffen auf die Schilde.

„Nein, sind wir nicht", bestätigte Schilbung. „Wir freien Nibelungen sind keine Barbaren. Wir sind Ehrenleute. Davon konnte ich auch den römischen Heermeister Flavius Aetius überzeugen. Er ist einer der wichtigsten Männer des römischen Heeres und hat großen Einfluss auf die kaiserliche Familie. Ich konnte ihn davon überzeugen, dass wir keine Barbaren sind. Wir sind keine Tiere, die am Mittag nicht mehr wissen, was sie am Morgen versprochen haben. Wir sind Ehrenleute, mit denen Verträge geschlossen werden können. Davon weiß Flavius Aetius nun. Und weil mir das gelungen ist, und weil wir keine Barbaren sind, bietet er uns, den freien Nibelungen, ein Abkommen an."

Auf dem Thingplatz entbrannten schlagartig heftige Wortgefechte darüber, ob man mit den Römern paktieren dürfe. Viele der freien Nibelungen hassten die Römer, weil sie in deren Augen Barbaren waren. Und ein Barbar war man nicht durch fehlerhaftes Verhalten. Das Barbarentum war nach weit verbreitetem Verständnis der Römer so etwas wie ein Geburtsfehler, den alle frei geborenen Germanen gemeinsam hatten. Dieser Geburtsfehler haftete an einem, so wie Haut- und Haarfarbe. Man konnte ihn durch das Verhalten kaschieren, so wie man Haare und Haut färben konnte. Aber die Wahrheit würde stets hinter der Fassade lauern, bereit jederzeit wieder durchzubrechen. Kurzum: Wer als Barbar geboren wurde, würde immer auch ein Barbar bleiben.

Schilbung ließ die Thinggemeinschaft eine gewisse Zeit streiten. Dann ergriff er wieder das Wort. Mit einer ausladenden Geste seiner Arme forderte er die Aufmerksamkeit der Anwesenden.

„Freie Nibelungen, Krieger unseres Stammes!“, hob er an. „Ihr alle kennt die Vorurteile, die damit verbunden sind als Barbar zu gelten! Barbaren sind nichts als Wilde, kaum mehr wert als Sklaven, ohne Anstand, ohne Sitte, ohne Stolz, ohne Ehre. Für mich als Herzog steht fest: so sind wir nicht. Unser Stamm ist stark, unser Stamm ist groß. Ich sage: das sollten wir den Römern ein für alle Mal beweisen. Und nun bitte ich euch: hört euch an, was Aetius uns im Namen Roms anbietet!“

Schilbung hielt kurz inne. Als er sah, dass er die volle Aufmerksamkeit der Nibelungen hatte, fuhr er fort:

„Die Hunnen kommen von weit her. Was sie suchen, ist nicht Streit und Krieg. Sie suchen nicht das, was sie schon haben. Vielmehr suchen sie eine Heimat, wo sie in Frieden leben können. Sie suchen einen Ort, wo sie statt mit Speeren und Schwertern mit offenen Armen empfangen werden. Ich sage: die Nibelungen sind stark genug, und unser Land ist groß genug, dass wir den Hunnen eine neue Heimat bieten können.“

Diese Aussagen blieben nicht ohne Wirkung. Ich vernahm empörte Rufe, viele der Krieger ließen ihre Trinkhörner oder Becher fallen und spuckten aus. Einige sprangen von ihren Bänken auf. Unmittelbar neben mir erhob sich ein bärtiger blonder Hüne und stieß vor Wut schnaubend einen riesigen Dolch in den Tisch. Die Situation drohte Schilbung zu entgleiten, dachte ich. Als ich jedoch in sein Gesicht sah, konnte ich nicht glauben, was ich sah. Der Herzog lächelte. Er stand auf den Heiligen Thingsteinen, groß, mächtig, selbstbewusst, und er lächelte.

Ganz offensichtlich kannte er seine Nibelungen gut. Denn nachdem sich der Ärger kurz Bahn gebrochen hatte, beruhigte sich die Menge wieder. Zwar standen viele immer noch mit finsterer Miene vor den Bänken. Aber sie alle waren bereit, ihrem Herzog die Gelegenheit zu geben, seinen Vorschlag zu rechtfertigen. Und genau das tat Schilbung.

„Gegen die Römer können wir nicht kämpfen. Ihre Legionen sind zu viele und zu mächtig. Und ich sehe auch keinen Grund dafür. Sie bringen uns Fortschritt, Recht und Ordnung. Aetius ist bereit mit seinem Heer für uns auf unserem Land römisches Recht durchzusetzen. Die einzige Bedingung hierfür ist, dass wir statt im Kampf in Frieden mit den Hunnen leben. Das römische Recht soll für alle gelten, die auf den Gebieten der Nibelungen siedeln. Dabei bleibt jedoch die Herrschaft weiter in den Händen der Gaufürsten und des Herzogs. Dies ist der Pakt, den ich mit Aetius ausgehandelt habe. Dies ist der Pakt, der unserem Stamm eine Zukunft in Frieden sichern wird. Dies ist der Pakt, über den wir heute zu entscheiden haben. Friede nach römischem Recht mit eigener Herrschaft oder Krieg mit den Hunnen auf der einen und den Römern auf der anderen Seite. Ein Krieg, den wir nicht gewinnen können. Dieser Krieg wäre das Ende der Nibelungen. Wollen wir dieses Ende wirklich, oder wollen wir eine Zukunft? Sind wir Barbaren ohne Zukunft, oder sind wir ein Stamm, der bereit ist für neue Wege? Das ist die Frage, über die wir zu befinden haben."

Unter den Thingteilnehmern entstanden abermals heftige Wortgefechte. Schilbung schien genau das gewollt zu haben. Denn er nickte zufrieden und stieg von den Heiligen Steinen herab.

Raven, der neben mir auf der Holzbank saß, hatte den Auftritt Schilbungs bislang erstaunlich gleichgültig - als ginge es um nicht um die Zukunft seines Stammes, sondern um eine Belanglosigkeit wie etwa die Verkündung der Speisen für den nächsten Tag - hingenommen. Jetzt aber hörte ich ihn leise schnauben. Schilbung nachäffend sagte er mehr zu sich selbst denn zu mir:

„Ende oder Zukunft, das ist die Frage." Dann sah er mich an, und seine Augen funkelten böse als er hinzusetzte: „Der wird heute noch eine ganz andere Frage zu beantworten haben."

Ich sah ihn fragend an. Aber er interessierte sich nicht weiter für diese Angelegenheit und befingerte stattdessen den Rabenschädel auf seinem Stab, der neben ihm in der Erde stak.

„Ob Wodan meine Botschaft erhalten hat?", fragte er und blickte mich durchdringend an.

„Wie? Welche ... welche Botschaft meint ihr", stammelte ich.

Raven rollte mit den Augen.

„Na, die Maus, die ich ihm von einem seiner Raben habe überbringen lassen. Du hörst mir nicht gut zu, Christus", sagte er und schüttelte seinen Kopf hin und her, so dass sein weißer geflochtener Bart wie eine am Schwanz gepackte Schlange zitterte.

„Ich bin Christ. Nicht Christus", versetzte ich. „Christus ist unser Herr, der Fleisch gewordene Sohn Gottes, der zu uns kam, um ..."

Weiter brauchte ich nicht zu sprechen. Denn Raven hatte sich wieder dem Rabenschädel zugewandt, den er jetzt geradezu liebevoll streichelte und rieb.

Während Raven seinen Vogelschädel liebkoste, ließ ich meinen Blick über den Thingplatz schweifen. Die Dämmerung hatte eingesetzt. Sklaven begannen zahlreiche Fackeln zu entzünden und das Thingfeuer durch die Zugabe reichlich neuen Holzes zu vergrößern. Bierfässer wurden herangerollt, und über einem weiteren Feuer wurden zwei junge Hirsche auf langen Spießen gebraten. Es war ein verhältnismäßig warmer Abend für die Jahreszeit, und die nahende Nacht schien mit einem ausschweifenden Fest zu locken.

Ich vermute, dass ich nicht der Einzige war, der das so empfand. Denn je länger die Streitereien um den Vorschlag Schilbungs dauerten, desto öfter mischten sich Gelächter und frohe Rufe unter das hitzige Gerede der Diskutanten. Bis dieses schließlich nahezu ganz verklungen und einer fast ausgelassenen Stimmung gewichen war.

In diesem Augenblick betrat Schilbung erneut die Heiligen Steine. Mit starker, lauter Stimme rief er:

„Bevor wir nun eine Nacht des Feierns und der Freuden begehen, lasst uns einen Grund zum Feiern schaffen. Lasst uns einen Grund schaffen, unsere Hörner und Becher auf eine ruhmreiche und friedliche Zukunft unseres Stammes zu erheben!"

Wie zufällig wanderte mein Blick auf Raven. Zwar saß er neben mir, aber er war immer noch mit dem Rabenschädel beschäftigt. Allerdings streichelte er diesen nicht mehr liebevoll wie zuvor. Er rieb den Schädel fest und schnell. Dabei murmelte er unverständliche Worte, die halb gesungen, halb gesprochen klangen. Irritiert stellte ich fest, dass er den Schädel immer schneller, immer heftiger bearbeitete und sich dabei in eine Art Ekstase versetzte. Ich fühlte eine Mischung aus Beklemmung und - ich weiß bis heute nicht warum - Mitleid angesichts dieses Heidenpriesters.

„Ich frage euch, freie Nibelungen: Seid ihr mit mir, eurem Herzog, wenn ich den Pakt mit Römern und Hunnen schließe?", rief Schilbung in die Menge.

„Ich Frage euch: Seid ihr bereit heute an diesem Donar und Diu geweihten Ort durch eure Entscheidung dem Stamm der Nibelungen eine Zukunft in Frieden zu geben?"

Ich hörte ihn. Doch meine Aufmerksamkeit gehörte Raven. Wie in einem traumähnlichen Zustand, rieb er den Schädel - immer schneller, immer heftiger. Dann, ganz plötzlich, hielt er inne und grinste mich an. Ich zog die Stirn in Falten. Noch ehe ich etwas sagen oder fragen konnte, wies Raven mit dem Kinn in Richtung des naheliegenden Waldes.

„Stimmt ihr mit mir für den Pakt mit Aetius und Ro...?"

„Neiiiin!"

Dieses langgezogene „Nein!" erscholl wie Donnerhall. Es war aus der Richtung gekommen, in die Raven nur einen Augenblick zuvor mit dem Kinn gewiesen hatte. Ich kniff die Augen zusammen und erkannte die Silhouette eines Mannes, die sich aus der Dämmerung des Abends und dem Schatten des Waldes allmählich herausschälte, indem sie sich dem Thingfeuer näherte.

Ein Raunen ging durch die Menge der Thinggesellschaft. Eine Gasse schnitt sich wie von Zauberhand geleitet vor dem sich nähernden Mann durch die Reihen der Krieger.

Der Mann war groß, breitschultrig und hatte offenes langes dunkelblondes Haar. Sein Bart war ebenfalls blond. Er trug ein Wams aus dunklem Leder, das Gold- und Silberschmuck zierte. Sein Waffengehänge bestand aus einem Schultergurt, in dem eine Kriegsaxt hing, und einer silberverzierten Holzscheide, in der sich ein Kurzschwert befand. Sein Äußeres, ja sein gesamtes Auftreten ließ darauf schließen, dass es sich um einen Edelmann, vielleicht sogar um einen Gaufürsten handeln musste. Sein Alter schätzte ich damals auf um die 25 Winter. Er war ein germanischer Krieger: Jung, stark und stolz.

Was sich jedoch an diesem Tag für den Rest meiner Tage in mein Gedächtnis gebrannt hatte, waren nicht seine jugendliche Kraft, seine Waffen oder seine Kleidung. Nein. Was ich niemals vergessen werde, ist dieses Lächeln auf seinem Gesicht, das wie die Sonne selbst in die Menge strahlte, während er durch diese hindurch zu den Heiligen Steinen schritt.

Es war ein offenes, ein herzliches und zugleich ein glühendes und sehnendes Lächeln, bei dem seine dunkelbraunen Augen wie zwei schwarze Sterne zu leuchten schienen. Das hört sich wie ein Widerspruch an? Genau das war dieser Mann: ein Widerspruch. Ich liebte und hasste ihn von diesem Augenblick an, da ich ihm zum ersten Mal in die Augen blickte, bis zu seinem letzten, heißen Atemzug.

„Siegfried", knurrte Schilbung. Raven kicherte neben mir.

„Mein Herzog!", grüßte ihn der Mann, der offenkundig Siegfried hieß, mit einer angedeuteten Verbeugung.

„Siegfried", wiederholte sich Schilbung. Diesmal deutete er ein begrüßendes Nicken an.

Dann sagte er: „Du kommst sehr spät zum Thing."

„Dein Bote muss unterwegs von den Wölfen gefressen worden sein. Denn bei mir ist deine Einladung nicht angekommen, mein Herzog."

„Nun - es mag mitunter etwas schwierig sein, dich ausfindig zu machen. Da du ja keine Burg oder Hof mehr besitzt..."

Den letzten Satz sagte er mehr an die Thinggesellschaft als an Siegfried gerichtet. Es ertönte ein verhaltenes Lachen, das rasch wieder verklang. Siegfried lächelte nur. Aber seine dunklen Augen funkelten böse.

„Es sei, wie es sei", hob Schilbung erneut an. „Du bist also mit dem Pakt, den unser Stamm mit den Römern schließen kann und der die Zukunft der Nibelungen sichert, nicht einverstanden. Schön. Eine Gegenstimme unter..." Er hielt inne und breitete die Arme aus, während er sich langsam um sich selbst drehte, so als wolle er die gesamte Thinggemeinschaft in seine Geste einbeziehen. Dann fuhr er fort:

„Einer von wie vielen? Von weit über 100 Edelingen aus den Nibelungengaus. Du bist ein geschätzter Krieger, Siegfried. Und manches Mal auch ein geschätzter Ratgeber. Aber du bist kein Gaufürst. Du bist in dieser Sache stimmberechtigt, aber nicht sprechberechtigt. Muss ich dich daran erinnern, dass ein Gaufürst ohne Gau nach unserem Recht kein Gaufürst ist?"

Ich sah zu Raven herüber. Dieses Mal antwortete er prompt auf meinen fragenden Blick.

„Siegfrieds Vater war der Fürst des Drachengaus unten am Rhing", raunte er mir zu. „Siegfried hätte nach ihm der Gaufürst werden sollen.

Aber als er noch ein Knabe war, wurde sein Gau von dem Christenfürst Fafnir überfallen. Er hat Siegfrieds Familie vollständig ausgelöscht und herrscht seither über das Drachengau. Nur Siegfried konnte ihm entkommen."

Siegfried knurrte etwas Unverständliches, während seine Augen böse funkelten. Dann lächelte er wieder.

„Nun gut, mein Herzog, ich will zugestehen, dass ich nicht redeberechtigt bin, solange ich kein Gaufürst bin. Aber sicherlich willst du den anwesenden Gaufürsten ihr Rederecht nicht absprechen. Und womöglich will einer der anwesenden Gaufürsten sprechen, um mich aufzufordern, darüber aufzuklären, was ich Wichtiges zu den wirklichen Plänen des Flavius Aetius zu sagen habe? Vielleicht der mächtige Arwin aus dem Adlergau? Oder die mächtige Wölfin Brünhild? Oder gar der starke Radumar, Herrscher über die grauen Steine? Und wie steht es mit euch, Hartger? Heißt es nicht, die Eulen können des Nachts so gut sehen, damit sie all die Geheimnisse erspähen können, die des Tags verborgen gehalten werden? Sollte der Fürst der Eulensippe vor einem Geheimnis die Augen verschließen wollen?"

„Genug!", knurrte Hartger. „Du hast etwas zu sagen, Siegfried, das die Thinggesellschaft hören muss? So sage ich dir als sprechberechtigter Gaufürst der Eulensippe: Sprich! Ich will hören, was du zu sagen hast. Also sprich, bei Freyr und allen Vanen!"

„Nun, da man mich auffordert zu sprechen...", begann Siegfried und blickte grinsend in die Menge. „... nun da will ich mich natürlich nicht verschließen. Es sei denn, mein Herzog hat einen Einwand?"

Sein Blick streifte grob in die Richtung, in der sich Schilbung befand. Diesmal waren es die Augen des Herzogs, die Blitze des Hasses aussandten.

„Mach schon, du Wiesel", knurrte Schilbung.

„Da nun einmal alle hier wissen zu wollen scheinen, was ich zu sagen habe, so will ich es geradeheraus tun: Flavius Aetius, der den Nibelungen einen Pakt anbietet, Flavius Aetius, der die Nibelungen vor den Hunnen zu beschützen verspricht, ist nichts als ein dreckiger Verräter!"

Für die Dauer eines Wimpernschlags herrschte absolute Stille auf dem Thingplatz. Dann brach sich eine wilde Unruhe unter den Nibelungen Bahn. Rufe ertönten, die Aetius einen Verräter schalten, andere nannten Siegfried einen Maulhelden, wieder andere forderten Ruhe, damit Siegfried seine Ausführungen fortsetzen könne.

Plötzlich kehrte wieder Ruhe ein in die noch Augenblicke zuvor aufgebrachte Thinggesellschaft. Zunächst war ich verwirrt. Aber dann folgte ich dem Blick meines Tischnachbarn und sah, dass Raven wieder auf den Heiligen Steinen stand und mit ausgebreiteten Armen die Menge zur Ruhe anhielt. Für einen kurzen Augenblick traute ich meinen Augen nicht. Denn ich hatte ihn immer noch neben mir vermutet.

„Freie Nibelungen", hob Raven an. „Der Krieger Siegfried bringt schwerwiegende Anschuldigungen gegen einen möglichen Bündnispartner unseres Stammes vor. Diese Vorwürfe muss er begründen, wenn er seine Ehre nicht verlieren will. Deshalb, oh Siegfried, fordere ich dich auf: Erkläre uns deine harten Worte!"

„Das will ich gern tun", sagte Siegfried. „Vor einigen Wintern herrschte in Rom ein Imperator namens Johannes. Sein Machtanspruch war umstritten. Daher bat er Flavius Aetius um Hilfe. Dieser half ihm mit einem hunnischen Heer. Was glaubt ihr, wie so etwas möglich ist? Wie konnte er – ein Römer – das tun: einfach ein hunnisches Heer herbeiholen und befehligen? Ich will es euch verraten. Das konnte Aetius, weil er unter den Hunnen aufgewachsen ist und dort viele Freunde und Verbündete hat. Aetius ist der Abstammung nach ein Römer. Aber der Herkunft nach ist er ein Hunne. Er wird unseren Stamm niemals vor den Hunnen beschützen. Flavius Aetius ist selbst ein Hunne. Ein römischer Hunne! Wer auf den Schutz von Aetius vor den Hunnen hofft, der macht einen Wolf zum Schäferhund!"

Es erschollen zustimmende Rufe aus den Reihen der Thingteilnehmer. Siegfried nickte zufrieden.

„Mähähä! Mä! Mähä!", ertönte es plötzlich. Schilbung trat neben Siegfried und blökte abermals wie ein Schaf: „Mähä! Mähä!"

Lachen ertönte aus der Thinggesellschaft.

„Du hältst uns also für Schafe, Siegfried?!", rief Schilbung. „Für Schafe, die ohne ein Hündchen hilflos sind? Sieh dich um, Siegfried! Hier sind keine Schafe. Hier sind Wölfe, hier sind Bären, hier sind Krieger! Wir brauchen keinen Schäferhund. Wir brauchen einen Bündnispartner. Das ist etwas anderes."

Zustimmende Rufe erfüllten den Abend. Einige schlugen mit ihren Waffen auf die Schilde.

„Ich sage euch, was Aetius mit den Nibelungen vorhat", rief Siegfried. „Er dient nicht dem Imperator. Denn Valentinian, der Imperator, dient sich ja noch nicht einmal selbst. Er dient seiner Mutter, Galla Placidia. Sie steuert ihren Sohn wie eine Puppe. Alle, auch Aetius, dienen in Wahrheit ihr, die sich selbst Augusta nennt. Und sie ist eine glühende Verehrerin des angenagelten Gottes. Sie will, dass wir alle zu Christen werden."

Siegfried spie aus. Und mir lief ein kalter Schauer den Rücken herunter. Mit dieser Wendung hatte ich nicht gerechnet. Bislang war ich nur Zuschauer dieses absonderlichen Machtkampfes gewesen. Nun aber drohte mein Auftrag und damit auch meine Person zum Gegenstand des Streites zu werden.

„Er will, dass wir Christen werden", schrie Siegfried jetzt. Sein Finger stieß wie ein Dolch in Schilbungs Richtung.

„Und deshalb hat er diesen lächerlichen Priester hierher gebracht!"

Jetzt stieß der Dolch in meine Richtung. Ich spürte, wie mein Magen sich drehte. Panik erfüllte mich.

„Genug!", schrie Schilbung. Dann sagte er in leisem, bedrohlichem Ton: „Es ist genug jetzt. Du kommst hierhin, Siegfried. Auf das Thing deines Herzogs. Du bist nicht sprechberechtigt und redest dennoch am lautesten.

Du bist mein Gast und verhältst dich wie ein tollwütiger Eber. Du stehst hier durch meine Gunst und nennst mich vor allen Edelingen unseres Stammes einen Verräter! Ich sollte dich auf der Stelle an Donars Eiche hängen lassen!"

„Das solltet ihr wahrlich!", rief eine quäkende Stimme aus den hinteren Reihen der Thinggesellschaft.

Die Stimme war so laut, so unangenehm krächzend und quäkend, dass einige Nibelungenkrieger die Gesichter verzogen. Mir kam sie seltsam bekannt vor. Aber ich vermochte auf Anhieb nicht zu sagen, warum das so war.

Ich drehte mich nach der Stimme um. Was ich sah, war ein Wunder. Eine junge Frau mit lockigem, hellblondem Haar, vollen, rosigen Lippen und blassblauen Augen drang durch die Kriegerschar, die sich vor ihr teilte, in Richtung der Thingsteine vor. Das Wunder bestand nun aber nicht in ihrer Schönheit, die ohne Zweifel ebenfalls als ein solches hätte bezeichnet werden dürfen, sondern darin, dass sie mit der lauten, unangenehm quäkenden Stimme für alle Anwesenden nur zu gut vernehmbar sprach, ohne den Mund zu öffnen. Ja noch nicht einmal ihre wunderbaren Lippen bewegten sich als sie rief:

„Bevor ihr ihn aufhängt, mein Herzog, solltet ihr ihn aber noch auspeitschen lassen. Denn er hat eure Ehre in einem Ausmaß verletzt, die keinen schnellen Tod duldet."

Schilbung starrte sie mit aufgerissenen Augen an. Er schien die Sprache verloren zu haben. Denn er bewegte einige Male die Lippen, ohne dass ein einziger Ton sie verließ. Es war der Gaufürst Arwin, der das Schweigen brach:

„Ava!", rief er. „Meine Tochter!"

„Vater!", antwortete Ava. Und seltsam: Ihre Stimme klang klar und weiblich. Das Krächzen war verschwunden.

Arwin lief seiner Tochter entgegen. Nachdem Vater und Tochter sich in die Arme geschlossen hatten, geleitete er sie zu den Thingsteinen. Und jetzt, da sie aus der Menge heraustraten, sah ich, wer oder was die Ursache des Krächzens und Quäkens gewesen war. Neben ihr, bislang aufgrund seiner geringen Größe für meine Augen in der Menge verborgen, ging ein Zwerg. Es war derselbe Zwerg, den ich vor gar nicht allzu langer Zeit im Wald beobachtet hatte. Ich hatte sein Gesicht zwar nicht gesehen, aber seine Stimme, die war wahrlich unverwechselbar. Mit einem Krieger hatte er im Wald über Ava gesprochen, und jetzt ging er an ihrer Seite. Ja, er geleitete sie förmlich.

„Mein Herzog", hob der Zwerg erneut an. „Dieser Mann dort ..." Er wies mit dem Finger auf Siegfried. „Dieser Mann dort hat dich entehrt, Herzog! Du musst ihn bestrafen. Mit dem Tode. Sofort."

„Alberich, du redest wirr", versetzte Schilbung, für den der kleine Mann offenbar kein Fremder war. „Er hat zwar gehörig über die Strenge geschlagen, indem er sich hier wie ein Gaufürst benommen hat, aber deswegen gleich ..."

„Du verstehst nicht, Herzog!“, unterbrach ihn der Zwerg Alberich. „Er hat dich und den Gaufürsten Arwin entehrt, indem er die wunderbare Ava aus deinem Haus geraubt hat. Das dürft ihr nicht hinnehmen!“

Jetzt herrschte absolute Stille auf dem Thingplatz. Schilbung war das zweite Mal innerhalb weniger Augenblicke sprachlos. Ich versuchte in Siegfrieds Miene zu lesen. Trotz der inzwischen fortgeschrittenen Dämmerung, meinte ich, dass ein Lächeln über sein Gesicht huschte. In dieser Situation wirkte es jedoch nicht sympathisch. Es wirkte unheimlich, und mir lief es kalt den Rücken herunter.

„Das sind ungeheuerliche Vorwürfe, Zwerg!“, rief Raven. „Kann die Tochter des Gaufürsten Arwin diese Vorwürfe bestätigen?“

Ava nickte so heftig, dass ihre dicken blonden Locken auf und nieder hüpften.

„Er kam des Nachts in das Haus des Herzogs und hat mich mit einem Messer am Hals in dem Wald entführt.“

„Hat er dich...“

„Nein, mein Ewart, das hat er nicht. Er hat mich nicht geschändet. Aber ich bin mir sicher, das hätte er noch, wenn mich Alberich nicht befreit hätte!“

Ich hätte von Siegfried eine flammende Verteidigungsrede erwartet. Selbst falls er schuldig war, hätte ich erwartet, dass er die Vorwürfe abstritt. Aber nichts dergleichen geschah. Vermutlich hatte auch Raven mit einer, wie auch immer gearteten Reaktion gerechnet. Denn er sah Siegfried fragend an:

„Nun, Siegfried? Hast du nichts zu diesen Vorwürfen zu sagen?“

Siegfried stand auf den Thingsteinen wie ein Kriegsherr. Jung, stark und stolz. Sein blondes Haar flatterte im Abendlicht und seine dunklen Augen blickten in eine Ferne, die nur er zu sehen mochte.

„Es ist alles wahr“, sagte er schließlich. „Ich habe Ava entführt. Aber nicht für mich. Ich habe sie zu ihrem eigenen Glück entführt. Denn ihr Schicksal ist nicht, das Weib von deinem Bruder zu werden, mein Herzog. Freya hat sie für einen jungen Mann von einem anderen Stamm vorgesehen.“

„Was redest du da, Mann!“, fuhr ihn Arwin an. „Ich bin ihr Vater, und ich habe verfügt, dass sie Nilbung, den Bruder unseres Herzogs, heiraten wird. Da hat mir weder irgendeine Göttin noch irgendein dahergelaufener Krieger reinzureden!“

„Nilbung ist weder das Glück noch das Schicksal deiner Tochter“, versetzte Siegfried. „Er ist eine Fehlentscheidung.“

Einige Schritte von mir entfernt erhob sich Nilbung von seinem Platz. Seine Hand griff nach dem Schwert, während er sich knurrend den Thingsteinen näherte.

„Das reicht jetzt“, schrie Arwin. „Ich fordere Rache für die Ehrverletzung, die mir widerfahren ist. Unser Ewart hat mir Rache versprochen, und unser Herzog hat geschworen, mich im Zweikampf mit dem Entführer meiner Tochter zu rächen. Und hier steht er nun und verletzt weiterhin meine Ehre und die deine als Gastgeber. Es wird Zeit für einen Zweikampf!"

Schilbung wollte etwas entgegnen, aber Raven kam ihm zuvor:

„So ist es recht! Die Götter fordern unseren Gehorsam gegen ihren Urteilsspruch ein. Ich sage: der Zweikampf findet im Morgengrauen hier auf dem Thingplatz statt. Es kämpfen unser Herzog, der große und tapfere Schilbung und der Gaufürst ohne Gau, der Drachenkrieger Siegfried. Sie kämpfen um die Ehre und um einen Platz an Wodans Tafel."

Ein Zweikampf - diese Aussichten ließen die Herzen der Thinggesellschaft höherschlagen. Es erklangen laute Jubelrufe, Waffen wurden auf Schilde geschlagen.

Schilbung starrte fassungslos in Ravens Gesicht. Er schien nicht glauben zu können, was hier vor sich ging. Der Ewart hatte ihn, Schilbung, den mächtigsten Edelmann der Nibelungen, zu einem Zweikampf verdammt. Noch dazu war es ein Kampf auf Leben und Tod. Ich glaubte damals und glaube noch heute, dass es dieser Augenblick war, in dem Schilbung erkannte, dass er in einem Netz aus Intrigen gefangen war, das sich langsam, aber unaufhaltsam zusammenzog. Was hätte er noch tun können? Er selbst hatte Arwin im Angesicht der gesamten Thinggesellschaft und bei seiner Ehre geschworen, die Entführung Avas zu rächen. Und Rache - so viel verstand ich inzwischen von den Gepflogenheiten der Nibelungen - war mehr als nur der Ausgleich für eine persönliche Beleidigung. Rache war eine heilige Pflicht. Es war eine Aufgabe zur Widerherstellung des gesellschaftlichen Gleichgewichts. Eine Pflicht gegenüber ihres mächtigen Gottes Diu, der diese Ordnung schützte und liebte. Schilbung hatte keine Wahl, wenn anders er nicht als Feigling und Mann ohne Ehre gelten wollte. So nickte und bestätigte er den Kampf bei Morgengrauen. Auch Siegfried nickte und bestätigte den Kampf. Die Thinggesellschaft, inzwischen einigermaßen berauscht von Honigwein und Bier, schrie ihre Begeisterung über den bevorstehenden Kampf in den Nachthimmel hinauf.

SIEG ODER WALHALLA

In dieser Nacht wankte ich tief verunsichert und durchaus betrunken am Waldesrand entlang zu meiner Hütte. Ich dachte an den Kampf morgen und an mögliche Folgen für den Fall, dass Siegfried ihn für sich entscheiden würde. Ich war ein christlicher Missionar, und Siegfried hatte bei den Thingsteinen sehr deutlich gemacht, was er von mir und meiner Mission hielt. Würde er mich fortschicken? Würde er mich vielleicht sogar foltern oder töten? Man hörte damals Grausames über die Heiden. So erzählte man sich, dass die Nibelungen gefangenen Feinden den Hals aufschnitten, um aus dem daraufhin wild umher spritzenden Blut die Zukunft zu lesen. Würde auch ich so enden? Als Blutorakel?

Diese Gedanken quälten mich, und ich gebe zu, dass ich deshalb trotz des klaren Auftrags des Heiligen Vaters eine Flucht in Erwägung zog. Da vernahm ich ganz plötzlich in der Nähe ein lautes Stöhnen, das aus dem Unterholz des Waldes zu mir herausdrang.

Ich versuchte etwas im Dunkel der Bäume und Sträucher zu erkennen. Der Mond schien hell und beleuchtete das Feld und den schmalen Pfad, der es vom Waldesrand trennte. Aber der Wald wirkte wie eine schwarze Wand. Nur hier und da warf der silbrige Stamm einer Buche das Mondlicht auf geheimnisvolle Weise zurück. Mehr konnte ich nicht erkennen.

Da war das Stöhnen schon wieder! Diesmal näher als beim ersten Mal. Es klang jetzt mehr wie ein Grunzen. Vielleicht ein Tier? Wenn unser Herr es nicht gut mit mir meinte, sogar ein wilder Eber. Ich verlangsamte meinen Schritt. Schließlich mischten sich das Knacken von Ästen und leise spitze Schreie in das Stöhnen. In demselben Augenblick, da mir zu dämmern begann, welche Geräusche ich da hörte, sah ich hinter einem großen Eichenstamm auch schon den Beweis.

Der Mond warf sein fahles Licht auf die nackten, schweißglänzenden Leiber. Wie eine Hündin hockte die junge Frau auf dem Waldboden, während der Mann hinter ihr wieder und wieder zustieß. Sie frönten der Sünde wie Hunde, dachte ich. Oder, so kam es mir plötzlich in den Sinn, wie Wölfe. Denn bei der Frau, deren hellblonde, vom Mondlicht beleuchtete Strähnen wie Blitze im Rhythmus ihrer Körperbewegungen zuckten, handelte es sich um Brünhild, die Fürstin des Wolfgaus.

Ich stand wie angewurzelt neben der Eiche und starrte auf die zuckenden, keuchenden Leiber. Als mich plötzlich der wilde Blick der vor Lust schreienden Brünhild traf, bekreuzigte ich mich und ergriff die Flucht. Brünhild heulte mir nach wie eine Wölfin. Und der große, blonde Mann, der hinter ihr kniete, lachte laut und schallend. Es war Siegfried.

Den ganzen Weg bis zu meiner Hütte sandte ich Stoßgebete zu unserem geliebten Herrn. Ich bat ihn, das Gesehene vergessen zu können. Aber ich war tief im Heidenland. Vielleicht wollte mich Gott hier besonders hart prüfen. Oder das Heidentum hatte mich zu weit von Gott entfernt. Jedenfalls schenkte unser Herr mir kein Vergessen. Das Gesehene spielte sich stattdessen, selbst nachdem ich meine Hütte längst erreicht hatte, wie zwanghaft immer wieder und wieder vor meinem Geiste ab. Schließlich drohte mich der Wahnsinn heimzusuchen, so dass ich Guasa rief, damit sie mich erlöste.

Vom Ende der Welt krochen langsam und graurot die ersten Vorboten des Morgens herauf, als ich aus dem Schlaf emporfuhr. Die Geschehnisse der letzten Nacht überstrahlen alle Gedanken wie ein schrecklicher Albtraum, aus dem ich gerade erwacht war. Dass Avas Wiederkehr, Siegfrieds Erscheinen, die Geschehnisse auf dem Heimweg, dass der bevorstehende Kampf kein Traum gewesen waren, das bezeugte der warme, nackte Körper neben mir, der sich in meine Arme wie in eine Decke eingewickelt hatte. Er gehörte meiner Haussklavin, die ich gestern Nacht in meine Bettstatt geholt hatte, um meinen unaufhörlich kreisenden Gedanken eine andere Richtung zu geben.

Ach Guasa! Wir hätten noch nicht einmal dann eine gemeinsame Zukunft gehabt, wenn die meine nicht durch das Erscheinen Siegfrieds bedroht gewesen wäre. Ein christlicher Bischof und eine heidnische Sklavin? Das würde selbst mir, der, was unchristliche Liebschaften anging, einen überaus zweifelhaften Ruf genoss, nicht möglich sein.

Außerdem stand ja, wie gesagt, durch den bevorstehenden Kampf ohnehin alles auf dem Spiel: meine Zukunft, meine Mission, ja vermutlich sogar mein Leben. Würde Siegfried den Kampf gewinnen, dann würde nicht nur seine Ehre wiederhergestellt sein. Raven hatte mir erklärt, dass nach einem alten Gesetz der Nibelungen ein Krieger, der einen Herzog während eines Things im Zweikampf tötet, dadurch selbst zur Wahl als Herzog steht. Wenn Siegfried den Kampf gewönne, und wenn die Edelleute der Nibelungen ihn zum neuen Herzog machten, dann würde er mich vermutlich töten lassen. Denn ich stand für das, was er verhindern wollte: die Taufe der Nibelungen als Teil eines Bündnisses mit den Römern.

Obwohl ein Teil meines Verstandes mir riet, die wichtigsten Dinge in einen Sack zu packen und das verfluchte Heidenland so schnell wie möglich zu verlassen, blieb ich. Ich blieb um des Kampfes willen, wie ich eingestehe. Ich blieb, um Schilbung siegen und Siegfried sterben zu sehen. Und so beeilte ich mich, um rechtzeitig am Thingplatz zu sein.

Insgeheim hoffte ich, dass Siegfried nicht erscheinen würde. Vielleicht, so sagte ich mir, würde er ja ebenso überraschend verschwinden, wie er tags zuvor aufgetaucht war.

Als ich den Thingplatz erreichte, war der Kampfplatz bereits durch Haselruten markiert. Ein großer Kreis des Todes, dachte ich.

Um den Kreis herum hatten sich die meisten freien Nibelungen versammelt. Einige schienen sogar die Nacht hier verbracht zu haben. Denn sie lagen oder saßen immer noch im Gras oder auf ihren Bänken und hielten halbgefüllte oder leere Trinkhörner in den Händen.

Schilbung stand neben seinem Bruder am Rande des Kreises. Zu ihnen hatten sich die anderen Gaufürsten gesellt. Schilbung und Raven schienen uneinig wegen irgendeiner Sache zu sein. Denn sie diskutierten leise, aber heftig miteinander. Worum es bei diesem Streitgespräch ging, konnte ich nicht verstehen. Plötzlich allerdings verstummten sie. Ihre Köpfe wandten sich um, und mein Blick folgte den ihren.

Siegfried betrat den Thingplatz. Ich weiß, dass es wirkt, als habe ich mir das Folgende nur ausgedacht, um meiner Geschichte Nachdruck zu verleihen. Aber ich schwöre bei unserem Herrn Jesus Christus und allen Aposteln, dass es die Wahrheit ist: In demselben Augenblick, da Siegfried den Thingplatz betrat, krochen die ersten Sonnenstrahlen über das Land. Sie spiegelten sich in der silbernen Schnalle auf seiner Brust, in den silbernen Verzierungen seines Waffengehänges und silbernen Einarbeitungen in seinem Lederwams. Sein offenes blondes Haar fing die Sonne wie ein im göttlichen Atem wehender Heiligenschein. Für den Bruchteil eines Augenblicks vermeinte ich wahrhaftig einen der Engel Gottes vor mir zu sehen. Dann wurde mir schlagartig bewusst, dass auch der Leibhaftige ein Engel Gottes gewesen war, und ich überlegte, ob Siegfried vielleicht der Höllenfürst selbst sein könnte.

Meine Gedanken wurden durch einen jäh aufbrausenden lautstarken Streit zwischen Siegfried und Schilbung von meinen metaphysischen Überlegungen abgezogen. Ich versuchte zu lauschen. Aber auch die anderen Gaufürsten riefen jetzt wild durcheinander, so dass ich kaum ein Wort verstehen konnte. Schließlich beendete Raven den Streit, indem er mit seinem Stab heftig auf die Thingsteine schlug und dabei mit Gesten und Rufen zur Ruhe aufforderte.

„Der Zweikampf zwischen unserem Herzog Schilbung und dem Gaufürst ohne Gau Siegfried wird kein Zweikampf sein", sagte Raven schließlich. „Nilbung, der Bruder des Herzogs, fordert ebenso wie der Gaufürst Arwin sein Recht auf Rache im Zweikampf, da auch seine Ehre durch die Entführung seiner künftigen Braut beschädigt ist. Er will mit der Unterstützung der Götter im Kampf beweisen, dass die Behauptung Siegfrieds, seine Braut Ava sei von den Göttern nicht ihm, sondern einem anderen Mann bestimmt, eine Lüge ist. Nun kann dies alles nur im Kampf gegen die Quelle dieser Ehrverletzungen geschehen. Diese ist niemand anderes als Siegfried. Aus diesem Grund fordert Nilbung, und aus diesem Grund fordert auch unser Herzog Schilbung, dass beide Brüder gemeinsam gegen Siegfried antreten. Es wäre also ein Dreikampf, den wir zu erwarten hätten."

Dieser Gedanke schien den Nibelungen zu gefallen. Denn sie schlugen ihre Waffen auf die Schilde, um Zustimmung zu signalisieren. Hatten Augenblicke zuvor noch einige übernächtigte Krieger im Gras gelegen, um ihren Rausch auszuschlafen, so war die gesamte Versammlung nun hellwach und auf den Beinen.

Raven indes schien die rasche Zustimmung zu einem vereinten Kampf der beiden Brüder gegen Siegfried zu missfallen. Mit hektischen Gesten forderte er zur Ruhe auf.

„Nun, wir werden die Götter entscheiden lassen", rief er und zog drei hölzerne Runenstäbe aus seinem Umhang. „Ich werde die Stäbe befragen, indem ich sie in die Höhe werfe. Landen zwei Stäbe nebeneinander, während der dritte eine größere Entfernung aufweist, so erwartet der weise Wodan von uns einen Zweikampf. Landen die Stäbe aber in gleichem Abstand zueinander, so wird es den von unserem Herzog gewünschten Kampf zu dritt geben."

Nachdem sowohl Siegfried als auch die beiden Brüder ihr Einverständnis signalisiert hatten, warf Raven die Runenstäbe hoch in die Luft.

Nun – sie landeten alle drei in nahezu gleichem Abstand zueinander im Gras. Und wie durch ein Wunder war die Sache beschlossen. Ein lautes Raunen ging durch die Reihen der Nibelungen. Raven nickte, die beiden Brüder nickten, die Gaufürsten nickten, und Siegfried knurrte laut und grimmig. Dann nickte auch er.

Schilbung und sein Bruder Nilbung stellten sich am Rand des Haselrutenkreises auf. Ihnen gegenüber stand Siegfried, umringt von einigen Getreuen, unter denen sich auch die Gaufürstin Brünhild befand.

Siegfried starrte grimmig in Nilbungs Richtung, während ein Krieger Siegfrieds Kurzschwert an seiner linken Hand mit Lederschnüren befestigte. An die rechte wurde währenddessen von einem anderen Krieger eine kurze Kampfaxt gebunden.

Soviel ich wusste, bestand eine Regel für diese Art des Kampfes darin, dass der Gegner verschont werden dürfe, sobald er die Niederlage durch das Ablassen von den Waffen eingestand. Das aber war freilich nicht mehr möglich, wenn die Waffen an den Händen festgebunden waren.

Neben mir stand ein Krieger mit schwarzem Bart und blauen Augen. Er war, soweit ich das an dem Wolfskopf auf seinem Schild erkennen konnte, ein Krieger des Wolfsgaus. Ihn fragte ich, wie Siegfried denn aufgeben konnte, wenn beide Waffen an seine Hände gebunden waren. Der Krieger lachte laut auf.

„Du weißt wirklich gar nichts über uns, was Christus?"

„Christus ist unser Herr. Ich bin nur ein Christ", versetzte ich. Sein irritierter Blick ließ jedoch vermuten, dass ihm diese Unterscheidung nur allzu spitzfindig vorkam. Und so beeilte ich mich hinzuzusetzen: „Aber das ist jetzt auch nicht wichtig. Was ist denn nun mit Siegfried, wenn er aufgeben will?"

„Er kann nicht. Er wird gewinnen oder sterben und nach Walhalla ziehen. Nur wer mit der Waffe in der Hand stirbt, kommt nach Walhalla. So ist das bei uns, Christus. Wer als Einherier nach dem Tod an der Tafel des großen Wodan speisen will und vom unendlichen Bier kosten will, das aus den Zitzen der Ziege Heidrun fließt, der muss tapfer im Kampf und mit der Waffe in der Hand sterben."

Ich sah den Krieger noch einige Augenblicke lang an. Dann wurde meine Aufmerksamkeit durch Siegfried abgelenkt. Der stierte immer noch in Nilbungs dunkle Augen und schrie:

„Deine Mutter wollte scheißen, als sie dich geboren hat. Und ich sage dir, Nilbung: sie hat nichts geboren als stinkende braune Scheiße!"

Nilbung stierte zurück. Er zog sein mächtiges Beidhänderschwert und bewegte sich auf Siegfried zu. Aber Raven trat in die Mitte des Kampfkreises und hielt ihn mit einer Geste zurück, bis die beiden Waffen in Siegfrieds Händen fest verschnürt waren. Dann erklärte er mit einem Nicken den Kampf als eröffnet.

Die beiden Brüder traten in den Kreis. Nilbung trat einen Schritt weiter in Siegfrieds Richtung als der Herzog. Schilbung hatte Balmung, das prächtige Herzogschwert der Nibelungen, gezogen.

Siegfried rief:

„Nilbung, du bist ein feiges kleines Mädchen, dass sich ohne seinen Bruder nicht in den Ring traut. Wodan wird dich in Walhalla zu seiner Magd machen, die uns Kriegern das Bier bringen muss. Aber ich werde es nicht annehmen. Weil ich kein Bier saufe, das mir von einem Mädchen aus Scheiße gebracht wird. Mir gefällt der Gestank nicht!"

Die Thinggesellschaft lachte laut auf. Nilbung aber kochte.

„Ich werde dich zerquetschen wie einen Käfer!", knurrte Nilbung. „Ich werde dir deine Gedärme herausschneiden!"

„Damit du dort hineinkriechen kannst? So wie in den Arsch deiner Mutter, aus dem du bei deiner Geburt gekrochen bist?"

Jetzt wieherten einige Nibelungen vor Lachen. Siegfried aber ging bei seiner Schimpfrede vor den Brüdern auf und ab. Mir fiel auf, dass Nilbung dabei immer näher in Siegfrieds Richtung kam, während dieser sich langsam immer weiter nach links entlang des Haselrutenkreises bewegte. So vergrößerte sich allmählich der Abstand zwischen den beiden Brüdern. Bis Nilbung schließlich fast in der Mitte des Kreises stand, während sich Schilbung wie auch Siegfried am äußeren Rand befanden. Die drei Kämpfer bildeten nun ausgehend von Siegfried die Eckpunkte eines nahezu gleichschenkligen Dreiecks. Siegfried avisierte indessen ausschließlich Nilbung. Fast kam es mir so vor, als ignorierte er den Herzog völlig, den das nicht allzu sehr zu stören schien.

In demselben Augenblick, da mir diese Gedanken in den Sinn kamen, stoppte Siegfried abrupt seine Schimpftirade. Plötzlich rannte er los. Seine Augen und die Spitze seines Kurzschwertes fixierten Nilbung wie ein Falke, der auf seine Beute herniederschießt.

Mit einem entsetzlichen langgezogenen Kampfschrei stürmte Siegfried wie ein wilder Stier auf Nilbung los. Als erfahrener Krieger wusste Nilbung, dass er, wenn er es geschickt anstellte, diese blinde Raserei für sich nutzen konnte. Und so ließ er Siegfried anstürmen.

Bis heute weiß ich nicht, was Nilbung genau plante. Wollte er Siegfried durch eine schnelle Bewegung geradewegs in sein Schwert stürmen lassen? Oder wollte er ihn durch eine Drehung im letzten Augenblick ins Leere laufen lassen, um ihm dann einen Schwertstreich in den Rücken zu versetzten? Was auch immer Nilbung plante, es kam nicht dazu.

Siegfried rannte auf Nilbung zu. Dieser hatte, wie vermutlich jeder Krieger auf dem Thingplatz, seinen Sinn voll und ganz auf seine wie auch immer geplante Abwehr der Attacke gelegt. Nilbung spannte jeden Muskel des Körpers an. Bereit dem blindwütenden Angreifer durch eine schnelle Bewegung den Todesstoß zu geben. Nur dass Siegfried nicht der blindwütende Angreifer war, für den ihn Nilbung und wahrscheinlich auch Schilbung hielten. Wie all die anderen Zuschauer auch, wartete dieser auf die Reaktion seines Bruders auf die blinde Wut des Angreifers.

Siegfried kam jedoch niemals bei Nilbung an. Gerade einmal vier Schritte, bevor er Nilbung erreichte, gerade als alle Zuschauer wie gebannt das Aufeinanderprallen der beiden Kämpfer erwarteten, drehte Siegfried ab und änderte die Richtung seines Laufes. Mit zwei gewaltigen Sprüngen hatte Siegfried den Gegner gewechselt und stach mit seinem Kurzschwert zu.

Ich konnte die Verblüffung in Schilbungs Gesicht über diesen unerwarteten Zug erkennen, und der Unglaube stand noch in seinem Gesicht, als Siegfrieds Schwert ihm unterhalb des Kinns in den Hals fuhr.

Der Aufprall warf Schilbung zurück. Er taumelte, stand aber noch. Siegfried rollte sich über die Wiese ab und kniete jetzt seitlich neben Schilbung. Für den Bruchteil eines Augenblicks fror die Zeit ein.

Dann ließ der Herzog seine Waffen fallen und fasste mit beiden Händen nach seiner Kehle. In raschen Stößen schoss das Blut wie Quellwasser zwischen seinen Händen hindurch. Grauenerregende Angst löste die Überraschung im Blick des Herzogs ab.

Schilbung fiel gurgelnd auf den Rücken. Er starb, während sich sein Blut glucksend auf den Thingplatz ergoss und sich seine Beine immer wieder ruckartig Strecken und beugten.

Siegfried kniete immer noch seitlich neben dem Herzog, als dieser bereits auf dem Boden lag. Sein Blick aber ruhte auf Nilbung. Seine Augen waren kalt, klar und mitleidslos. Nichts von einer blinden Raserei war dort zu erkennen.

„Willst du deinem Bruder nicht sein Schwert in die Hand geben, damit er nach Walhalla ziehen kann?", fragte er leise. „Ich werde dich dabei nicht stören. Danach aber wirst du ihm an die Tafel des Wodan folgen."

Nilbung knurrte vor Wut. Dann entfuhr ihm ein entsetzlicher Schrei des Hasses. Und ich glaubte in seinen Augen jene Raserei aufflackern zu sehen, die noch wenige Augenblicke zuvor in Siegfrieds Miene zu erkennen war.

Schilbung stieß einige grauenhaft unverständliche Laute aus, denen ein Schwall dunkelroten Blutes folgte.

„Das Schwert ...", sagte Siegfried, während er sich langsam aufrichtete.

Nilbung ging zu Balmung, dem mächtigen Schwert seines Bruders, wobei er Siegfried nicht aus den Augen ließ. Mit einem fast verächtlichen Fußtritt beförderte er die Waffe in die Reichweite seines Bruders, der eine zitternde Hand um den mit weichem Leder umwickelten Griff schloss. Dann starb er mit einem leisen Stöhnen.

Ich bekreuzigte mich und betete, dass Gott dem Herzog den Zutritt zu seinem ewigen Reich trotz seines Heidentums nicht verwehren möge. Immerhin hatte er beabsichtigt, den Stamm der Nibelungen in die Arme des Herrn zu führen.

Ein wilder Schrei des Hasses lenkte meine Aufmerksamkeit wieder auf das Hier und Jetzt. Nilbung stürmte wild entschlossen auf Siegfried los. Ich rechnete damit, dass Siegfried auswich und dem Angreifer einen tödlichen Stoß versetzte. Aber Nilbung war ein zu erfahrener Krieger, um in die Falle zu tappen, die er vor dem schrecklichen Tod seines Bruders selbst seinem Gegner gestellt hatte.

Kurz bevor er Siegfried erreichte, täuschte er einen Angriff auf der linken, der Schwertseite Siegfrieds an, wandte sich dann aber nach rechts. Dort trug Siegfried die Kampfaxt. Die konnte er im letzten Augenblick zwar noch zur Abwehr hochreißen. Aber es lag keine Kraft darin. Sie prallte mit einem hellen Laut auf Nilbungs Helm. Nilbungs Schwert fuhr unterdessen wie eine Sense durch Siegfrieds Lederwams. Die Silberverzierungen schlugen Funken, und die Klinge war blutig als sie wieder frei war.

Jetzt standen sich die beiden Männer in drei Schritt Entfernung gegenüber. Siegfried betastete die Wunde in seinem Leib. Dann hob er seinen Blick wieder. Und ich konnte nicht glauben, was ich sah: er grinste. Er war dem Tode geweiht, aber er grinste. Ich bekreuzigte mich abermals.

„Das reicht nicht", sagte er. „Das reicht beileibe nicht!"

Und dann rannte er auf Nilbung zu. Er schlug dabei so heftig, so wild auf den Bruder des toten Herzogs ein, dass dieser glauben musste, ein Gewitter aus Eisen und Stahl müsse sich über ihm entladen.

Immer wieder schlug Siegfried mit der Axt auf den Schild, stieß mit dem Schwert zu. Nilbung hatte Mühe zu parieren und musste schließlich feststellen, dass sein Schild nahezu unbrauchbar geworden war. Siegfried hatte das Lindenholz des Schildes durch eine Unzahl an Axt- und Schwerthieben ganz einfach zu Kleinholz verarbeitet.

Nilbung warf den Schild von sich. Wie sein gefallener Bruder führte auch Nilbung ein sehr großes, schweres Langschwert. Dieses packte er jetzt mit beiden Händen.

Langsam bewegte er sich auf Siegfried zu. Dieser sah ihn herausfordernd an und lächelte. Er lächelte noch, als Nilbung wie ein Wahnsinniger begann mit dem Schwert auf ihn einzudreschen. Siegfried wich zurück, er wich zur Seite, er duckte sich. Aber er schlug nicht zu. Er lächelte nur und wich den Angriffen Nilbungs aus. Das tat er eine ganze Weile lang. Und je länger er dieses Spiel trieb, desto wütender würde Nilbung.

Dann sauste das mächtige Schwert des etwas größeren Nilbung von oben auf Siegfried hernieder. Diesmal jedoch wich Siegfried nicht zurück. Stattdessen fing er den gewaltigen Hieb mit der Axt ab, so dass sich Schwert und Axt zwischen Schafft und Axtschneide verkeilten. Siegfrieds rechter Arm wurde mit der Wucht des Schwerthiebs zu Boden gedrückt. Siegfried ging in die Knie. Fast sah es so aus, als habe Nilbung Siegfried bezwungen. Dieser aber hielt die Waffe des dunkelhaarigen Hünen verkeilt in seiner Axt am Boden. So konnte Nilbung nicht zum entscheidenden Schlag ausholen. Und dann stach Siegfried, immer noch kniend, zu.

Sein Kurzschwert drang tief in Nilbungs Unterleib ein. Beide Männer schrien entsetzlich. Nilbung vor Schmerzen und Hass. Siegfried, weil er wusste, dass er gewonnen hatte.

Er drehte die Klinge um und zog sie heraus, während Nilbung, wie sein Bruder vor ihm, stöhnend auf den Rücken fiel. Der Kampf war vorüber.

Nilbung lag zuckend und keuchend im Gras. Mit zitternden Händen umklammerte er sein Schwert. Siegfried erhob sich und ging ganz langsam zu dem toten Herzog hinüber. Dabei löste er mit den Zähnen die Lederriemen, die ihn an seine Axt und sein Kurzschwert gebunden hielten, und steckte beide Waffen in die Halfter. Als er den Leichnam des Herzogs erreicht hatte, nahm er dessen Schwert Balmung an sich.

Mit langsamen Schritten ging er zurück zu dem sich immer noch im Todeskampf windenden Nilbung.

„Halte dein Schwert fest, mein Freund", sagte Siegfried, während er sich breitbeinig über Nilbungs Brust aufbaute.

„Und halte an der Tafel des großen Wodan einen Platz für mich frei. Dort werden wir uns wiedersehen und gemeinsam unsere Taten feiern."

Dann stieß er ihm das riesige Schwert so heftig durch die Brust, dass es noch unter dem Körper in der Erde versank.

Später nahm er Balmung an sich als sein neues Schwert. Jetzt jedoch wandte er sich der Thinggesellschaft zu.

„Der Herzog und sein Bruder sind tot. Sie waren große Männer und sollen ehrenvoll bestattet werden. Ich jedoch habe nicht nur meine Ehre wiedererlangt. Auch ist das göttliche Siegheil des Herzogs auf mich übergegangen. Denn ich habe ihn im Zweikampf auf dem Thing vor euch allen besiegt und getötet. Ich, Siegfried, Gaufürst des Drachengaus, will euer neuer Herzog und Anführer sein. Und so frage ich euch: wollt ihr mir eure Treue schwören und mir als dem Herzog der Nibelungen dienen, so wie ihr Herzog Schilbung gedient habt?"

Für einige Augenblicke war es still. Dann rief Raven:

„Es ist der Wille der Götter! Heil Siegfried! Heil dir mein Herzog!"

Als erster Gaufürst rief Arwin:

„Heil Siegfried! Heil Herzog Siegfried!"

Ich weiß noch, dass ich überrascht darüber war. Hatte Siegfried doch Arwins Tochter entführt. Aber das schien jetzt vergessen. Denn alle Gaufürsten stimmten mit ein.

„Heil Siegfried! Heil Herzog Siegfried!"

Und als die Krieger sahen, dass ihre Fürsten Siegfried als neuen Herzog wollten, stimmten auch sie ein. Der ganze Thingplatz bebte jetzt von Waffen, die auf Schilde geschlagen wurden und von lauten Rufen:

„Heil Siegfried! Heil Siegfried!"

DER HERZOG DER NIBELUNGEN

„Was würde mir dein Gott raten, Christus?", fragte Siegfried.

Wir befanden uns in der großen Halle des Herzogs der Nibelungen. Heute Morgen hatte dieser noch den Namen „Schilbung" getragen, und ich hatte eine Zukunft gehabt. Jetzt war Schilbung tot. Erschlagen von dem Mann, der nun der Herzog der Nibelungen war und die große Halle bewohnte. Und meine Zukunft? Nun, die galt es jetzt zu verhandeln, damit sie nicht dasselbe Ende wie der ehemalige Herzog fand.

Die Gaufürsten hatten sich in der Halle des neuen Herzogs versammelt, um zu beraten. Darüber, wie es mit dem von Schilbung angestrebten Friedensvertrag mit den Römern und den Hunnen weitergehen sollte. Aber auch darüber, wie es mit mir weitergehen sollte. Immerhin war ich ein

Teil von Schilbungs Plänen gewesen. Meine Aufgabe wäre es gewesen, die Nibelungen zu Christen zu machen. Denn der römische Heerführer Flavius Aetius war der Überzeugung, dass eine Treue der Nibelungen zum römischen Reich nur über die Abkehr vom Heidentum zu machen sei.

„Wir sollten ihn Wodan zum Opfer darbringen", rief Hartger, und seine blauen Augen funkelten angriffslustig. „Dann schenkt uns Wodan vielleicht den Sieg über die Hunnen."

Die anderen Gaufürsten trommelten zustimmend mit ihren Trinkgefäßen auf den großen Holztisch, um den sie sich versammelt hatten. Siegfried, der am Kopfende des Tisches auf einem fellumhangenen Stuhl saß, der alle anderen Stühle am Tisch an Höhe von Sitzfläche und Rückenlehne überragte, sah mich an.

„Nun, Christus, was würde dein Gott mir raten?"

„Ich, ich bin ein Christ. Christus ist unser Herr", stammelte ich. Siegfried und die anderen Fürsten sahen mich an, als hätte ich ihnen gerade mitgeteilt, dass manche Winter kälter wären als andere.

„Nun...?", fragte Siegfried mit einer Geste der Ungeduld.

„Was soll euch ein Gott raten, der so schwach ist, dass er sich von Menschen ans Kreuz schlagen ließ? Vielleicht dass wir ihn kreuzigen sollten?", sagte Arwin trocken. Die Gaufürsten lachten. Auch Siegfried lachte kurz. Dann schlug er mit der flachen Hand auf den Tisch, so dass das Gelächter verstummte.

„Vergesst nicht, dass sich auch der große Wodan an die Weltenesche Yggdrasil gehangen hat. Neun Tage hing er dort, um zu sterben und die Weisheit der Runen zu entdecken. Als er wieder unter den Lebenden weilte, war er weiser und stärker als je zuvor. Und er schenkte uns Menschen die Runen, um das Schicksal zu erkennen. Also warum soll nicht auch der gekreuzigte Gott Weisheit errungen haben?"

Er nickte in meine Richtung zum Zeichen, dass ich nun sprechen solle.

„Die Wege des Herrn sind unergründlich", begann ich leise.

„Was ist unermüdlich?", fragte Radumar, während er auf einem Stück Schweinespeck herumkaute und kleine Fäden aus Fett in seinen blonden Bart troffen.

„Unergründlich!", sagte ich laut. „Die Wege des Herrn sind unergründlich. Ich maße mir nicht an zu wissen, wozu der Herr euch raten würde. Aber nach allem, was uns die Schrift von ihm lehrt, würde er mir wohl nichts antun. Denn ich habe nichts Böses getan. Und selbst wenn ich etwas Böses getan hätte, würde unser Herr gewiss zur Gnade raten."

„Ihr habt Recht", sagte Siegfried. Er setzte eine nachdenkliche Miene auf und strich seinen blonden Bart glatt. „Ihr habt nichts Böses getan. Aber vielleicht werdet ihr das noch. Und da ist es doch besser euch zu töten, bevor ihr etwas anrichtet, oder etwa nicht?"

„Aber das wäre eine Sünde", entfuhr es mir etwas lauter als ziemlich gewesen wäre.

„Was ist eine Sünde?", fragte Siegfried, der ob meiner zutage getretenen Empörung eher belustigt als verärgert zu sein schien.

„Wir Christen glauben, dass Mose uns die zehn Gebote Gottes gegeben hat, um in Eintracht mit seinem Willen zu leben. Jeder Verstoß gegen den Dekalog ist eine Sünde."

„Du meinst, es gibt zehn Gesetze, an die sich alle Christen halten müssen?"

„Ihr sprecht wahr, Herzog Siegfried. Und es ist ein Gebot des Herrn: Du sollst nicht morden. Ich frage euch nun, wäre es nicht Mord, mich, der ich mich keines Vergehens gegen euch schuldig gemacht habe, zu morden?"

Siegfried sah mich belustigt an. Dann schenkte er mir sein gewinnendes Lächeln und sagte:

„Ich töte niemanden, weil er schuldig ist. Ich töte, wenn es nützlich ist. Und euer Tod wäre vielleicht nützlich. Und wenn der Nutzen auch nur darin bestünde, meinen Männern ein wenig Spaß zu gönnen. Radumar hier hätte bestimmt einen Riesenspaß daran, euch mit seinem großen Hammer in die Erde zu klopfen."

Radumar, immer noch auf dem Schweinespeck herum kauend, schmatzte laut und nickte eifrig. Sein Blick glitt dabei liebevoll über seinen großen Kriegshammer, der neben ihm an der Wand lehnte.

Siegfried lachte auf, und mir schnürte es die Kehle zu. Dann wurde der Herzog wieder ernst:

„Ihr sagtet, es gibt Gesetze, an die sich alle Christen halten müssen. Kennt ihr sie alle?"

„Ja", brachte ich lediglich hervor.

„Gut, gut ..."

Siegfried schien über etwas nachzudenken. Denn er schwieg jetzt, wobei er mich lange ansah. Radumar kaute laut schmatzend und hatte sein Stück Schweinespecks schließlich ganz vertilgt. Nun atmete er tief ein, um etwas zu sagen. Aber Siegfried gebot ihm mit einer Geste, selbst auch zu schweigen. Und so saßen alle schweigend an der Holztafel. Man hörte das Feuer knistern und Radumar, der sich ein weiteres Stück des Specks vorgenommen hatte, schmatzen.

Nach einer Weile der Stille, die mir unendlich lange erschien, sich tatsächlich aber nur über wenige Herzschläge erstreckt haben mochte, ergriff Siegfried endlich das Wort:

„Unser verblichener Herzog Schilbung hat uns ein Geschenk gemacht. Dieser kleine Christus hier kann uns sehr viel über unsere Feinde in Rom verraten."

Er hielt kurz inne, dann setzte er nachdenklich hinzu: „Oder über andere Feinde ... Das alles kann uns noch nützlich sein. Deswegen wird er weiterleben. Aber er wird etwas tun müssen. Er wird mein persönlicher Mundschenk werden. Wenn du das tust, Christus, wirst du leben. Was sagst du dazu?"

Dies war ein Angebot, das ich nicht ausschlagen konnte. Ich habe seither viel darüber nachgedacht, ob ich mich mit der Annahme des Angebots versündigte. Aber ich dachte damals, dass es keine Sünde sein könne, mich als Mundschenk für einen heidnischen Fürst zu verdingen. Auf diese Weise würde ich viel über die Heiden lernen und sie mit diesem Wissen besser zum wahren Glauben bekehren können.

So dachte ich damals. Und so wurde ich zum Mundschenk des Herzogs der Nibelungen und zu dessen ständigem Begleiter.

Nachdem mein Schicksal derart besiegelt war, wandten sich Siegfried und die Gaufürsten anderen Dingen zu.

„Nun da wir geklärt haben, was wir mit unserem Christus machen", hob Siegfried an und schlug mir dabei so heftig auf die Schulter, dass ich einige Male husten musste, woraufhin er ein lautes gönnerhaftes Lachen aufstieß. „Nachdem diese Sache geklärt ist, sollten wir über die wirklich wichtigen Fragen beraten. Davon gibt es genau zwei. Diese aber entscheiden auch über die Zukunft unseres Stammes. Die erste Frage ist, wie wir mit dem Angebot der Römer umgehen. Meine Ansicht dazu kennt ihr: wir lehnen es ab. Aber ich will wissen, wie ihr zu der Sache steht. Die zweite Herausforderung sind die Hunnen. Sie rücken von Osten her immer weiter in unser Land. Im Augenblick sind es nur lose Kriegerhorden oder vereinzelte Siedler. Aber sie werden bald in Massen kommen, wenn wir unsere Gaus nicht schützen. Auch über diese Frage müssen wir befinden. Und bedenkt: die Römerfrage und die Hunnenfrage hängen zusammen. Also was sagt ihr?"

Es war Brünhild, die sich als erste zu Wort meldete.

„Ich sage: wir müssen uns um die Hunnen zuerst kümmern. Sie rauben und plündern und vergewaltigen in unseren Gaus. Ich kann meinen Männern nicht zumuten in eine Schlacht, geschweige denn gegen die Römer zu ziehen, wenn ihre Frauen, Kinder und Unfreie in der Heimat nicht sicher sind. Die Männer bleiben auf ihren Höfen, und ich habe dann nicht genug Krieger."

„Töten wir die verdammten Hunnen", knurrte Hartger und schlug mit der flachen Hand auf den Tisch, dass es laut knallte. Sein roter Bart bebte dabei vor Zorn.

„So anziehend ich die Vorstellung toter Hunnen finde", versetzte Arwin, „So sehr muss ich zugleich davor warnen, sie anzugreifen. Zwar können wir die Eindringlinge in unseren Gaus leicht überwinden, aber wir dürfen nicht vergessen, dass Rom seine schützende Hand über sie hält. Sobald wir die Hunnen angreifen, wird es heißen, die heidnischen Barbaren hätten friedliche Verbündete der Römer angegriffen. Und noch ehe wir alle Hunnen vertrieben haben, stehen dann die Legionen des Flavius Aetius bei uns in den Gaus."

„Scheiß Römer", grunzte Radumar.

„Also greifen wir die Römer zuerst an?", fragte Hartger.

„Bei allen Göttern!", entfuhr es Arwin. „Sie werden uns vernichten. Wir sind viel zu wenige."

„Gaufürst Arwin hat weise gesprochen", schloss Siegfried. „Wir brauchen Verbündete. Wir Nibelungen allein können nichts ausrichten. Wir brauchen Verbündete im Südwesten, die uns den Rücken von den Römern freihalten, damit wir in unseren Gaus die Hunnen vertreiben können."

„Das mag sein, mein Herzog", versetzte Arwin. „Nur wer könnte das sein? Die Marser und Usipeter sind selbst gemeinsam zu wenige. Von den Katten sind kaum Siedlungen am Rhing übrig geblieben. Mit wem sollen wir uns verbünden?"

„Was ist mit den Tenkterern?", warf Radumar ein. „Ich kenne ihren Herzog. Bannwart ist sein Name. Er ist ein guter Mann."

„Ich habe gehört, dass er das Frankenland bereist, um sich den Stämmen dort anzuschließen", sagte Brünhild. „Man erzählt sich, dass er in großen Stammesverbünden die Zukunft sieht. Er wird verlangen, dass auch wir uns den Franken anschließen."

„Die Franken sind Römlinge", knurrte Hartger.

„Das sind sie wohl", sagte Arwin und seufzte. „Bleiben noch die Burgunder."

Arwin sah Siegfried an. Es sprach Resignation aus seiner Stimme. Siegfried erwiderte seinen Blick. Für einen Augenblick schienen die beiden Fürsten ein stilles Zwiegespräch zu führen. Schließlich nickte Arwin und senkte den Blick. Siegfried sah ihn noch eine Weile an und sprach dann an die Runde gewandt, während seine Augen weiter auf Arwin ruhten. Der sonst so stolze Gaufürst wirkte jetzt tief traurig.

„Die Burgunder sind uns gewogen. Der Gaufürst Arwin und ich haben bereits vor einigen Monden enge Bande zu ihrem König Gunnuhar geknüpft. Sie werden uns gewiss zur Seite stehen."

„Das mag sein", entgegnete Radumar. „Aber was werden Sie von uns für ihre Treue verlangen. Der Kampf gegen Rom bedeutet ein hohes Risiko und den Verlust vieler guter Krieger für sie. Gunnuhar wird einen hohen Preis verlangen."

Arwin seufzte und sagte dann: „Ja, das ist gewiss."

„Also ist es entschieden", rief Siegfried. „Im kommenden Frühjahr reiten wir gen Burgund. Und dann werden wir sehen, ob wir Gunnuhars Preis zu zahlen bereit sind."

Und so ward es zunächst in der Runde der Fürsten und später am Tage dann auch auf dem Thingplatz von den Edlen der Nibelungen beschlossen.

Noch an diesem Abend bezog ich eine Ecke des großen Langhauses, das vormals Schilbung gehört hatte, und nahm mein Quartier auf einer Bettstatt aus einem Holzrahmen ein, der auf dem Lehmboden des Hauses lag und mit Stroh angefüllt war. Eine Decke aus Schafsfell diente als Auflage über dem Stroh. Meine neue Bettstatt war nicht so bequem wie die, die mir Schilbung in der Hütte am Rande des Dorfes hatte angedeihen lassen. Aber ich war zufrieden. Immerhin ist eine unbequeme Bettstatt um Einiges angenehmer denn als Blutorakel zu enden.

Meine Bettstatt befand sich in einer Ecke des Hauses, in der neben mir zwei Ziegen ihren Platz hatten. Die waren über meine Gegenwart zunächst nicht erfreut, duldeten mich aber endlich doch als ein vollwertiges Mitglied der Hausgemeinschaft.

Auch Guasa, meine mir von Schilbung zugeordnete Haussklavin, musste umziehen. Nachdem ich Siegfried erklärt hatte, dass ich als Mann Gottes Enthaltsamkeit zu üben hatte, verfügte er mit einem Grinsen, dass Guasa und ich dieselbe Bettstatt zu teilen hätten.

So begannen meine Jahre in Siegfrieds Diensten. Es waren keine schlechten Jahre. Zwar kam mich Notger nicht mehr ganz so häufig besuchen wie zuvor und lachte mich dafür aus, dass ich bei den Ziegen schlief, aber er blieb mir nach wie vor gewogen und verrichtete hin und wieder kleine Gefälligkeiten für mich, wie Botengänge oder geringe Tauschgeschäfte.

Im Allgemeinen erging es mir gut in Siegfrieds Diensten. Mir war damals zwar nicht klar und ist es bis heute immer noch nicht, welchen Stand ich hatte. Siegfried hatte mich seinen Mundschenk genannt. Gemeinhin waren es Sklaven, oder wie die Germanen zu sagen pflegten „Unfreie", die dieses Amt bekleideten. Auch war ich kaum mit mehr Befugnissen ausgestattet wie Guasa, die mit mir eine Schlafstelle teilte und unzweifelhaft eine Sklavin war. Dennoch fühlte ich mich nicht wie ein Sklave.

Zum Teil mochte das daran liegen, dass die Unfreien der Germanen zwar genauso wenig Rechte besaßen wie die Sklaven der Römer - sie durften etwa von ihrem Herrn getötet werden, wenn diesem der Sinn danach stand. Ansonsten aber behandelten die Germanen ihre Unfreien nicht schlechter als andere Mitmenschen. Das traf auf römische Sklaven nicht zu, die häufig zum Opfer willkürlicher Grausamkeit ihrer Herren wurden. In dieser Hinsicht waren die heidnischen Barbaren wirklich weniger barbarisch als die christlichen Römer.

Dazu kam noch, dass bei Siegfried diese Sitte seines Volkes überaus deutlich ausgeprägt war. So hatte er, wie es der Brauch verlangte, Sunna, das Weib des ehemaligen Herzogs, zwar zur unfreien Sklavin erklärt und aus dem Langhaus des Herzogs vertrieben. Allerdings nur um ihr ein eigenes Haus samt Dienerinnen am Rande der Siedlung angedeihen zu lassen. Dort ließ er sie unbehelligt und in Frieden ihrem Leben und ihren Angelegenheiten nachgehen.

Alles in allem fühlte ich mich also recht wohl als Mundschenk des Herzogs. Mit der Frage, ob ich nun ein freier, halbfreier oder unfreier Mundschenk war, behelligte ich Siegfried nicht. Der Sommer kam und mit ihm stellte sich eine gewisse Gewöhnung an die Umstände ein. Guasa und ich kümmerten uns um das Haus und die Tiere. Da ich mich auf das Brauen eines obergärigen Bieres verstand, das auch bei sommerlichen Temperaturen reifte, wurde das Langhaus bald zu einem beliebten Festort und Siegfried zu einem angesehenen Gastgeber. Weil nun dieser Umstand seinem Ruf als Herzog zustatten kam und dergestalt seine neue Machtposition festigte, war er sehr zufrieden mit mir. Zumindest schloss ich das aus seinem zunehmend freundlichen Umgang mit mir.

Eines Abends dann, es mochte einige Tage nach dem Thing der Tag-Nacht-Gleiche, meinem zweiten Thing bei den Nibelungen, gewesen sein, lud er mich zu sich an das Feuer ein, das jetzt, da die Tage wieder kürzer wurden, fast jeden Abend inmitten des großen Langhauses brannte.

„Im Frühjahr werden wir in den Krieg ziehen", hob er an, nachdem wir beide einen großen Schluck des von mir gebrauten Bieres genommen hatten. Ich sah ihn fragend an. Aber Siegfried schenkte mir nur sein gewinnendes Lächeln und schwieg.

Schließlich überwand ich meine Beklommenheit und fragte:

„Warum? Werden wir etwa angegriffen?"

Siegfried lachte.

„Nein. Wir werden angreifen."

Dann ließ er seinen Blick ziellos durch das Haus schweifen, um ihn dann wieder auf dem Feuer ruhen zu lassen.

„Ich habe eine alte Rache zu unternehmen", setzte er grimmig hinzu.

Ich muss zugeben, dass ich über diese Begründung überrascht war. Das lag keineswegs daran, dass ich Rache als Christ missbilligte. Zwar traf auch das zu. Denn unser Herr lehrt uns, wenn uns jemand auf die Wange schlägt, die andere Wange ebenfalls darzubieten. Aber mir war bereits damals bekannt, dass viele mächtige Fürsten Fehden und Kriege aus Rache begannen. Nein, womit ich nicht gerechnet hatte, war, wie offen Siegfried mir gegenüber über seine ureigensten Gründe sprach. Noch bevor ich wirklich wusste, um was es eigentlich ging, wusste ich, warum er es tun wollte.

Mehrere Monde hatte ich Siegfried gedient, ohne dass er mir mehr als Befehle oder kurze Zurufe gewidmet hatte. Warum weihte er mich jetzt in seine Pläne ein?

Er schien meine Überraschung zu spüren. Ohne den Blick vom Feuer abzuwenden sagte er:

„Ich erzähle dir das, Christus, weil ich deine Hilfe brauche. Dafür aber musst du mir treu sein. Die Treue eines Mannes zeigt sich aber nicht, wenn der Herr den Getreuen beherrscht. Wahre Treue zeigt sich nur, wenn der Getreue seine Treue gefahrlos brechen kann. Verstehst du, was ich sagen will?"

Nach all den Monden nannte er mich immer noch Christus. Anfangs hatte mich der Frevel geärgert. Dann hatte ich bemerkt, dass Siegfried eine diebische Freude dabei empfand, meinen Ärger über den Frevel zu beobachten. Also hatte ich beschlossen, der Sache keine weitere Beachtung zu schenken in der Hoffnung, ihm würde irgendwann die Lust daran vergehen und er würde mich dereinst bei meinem wahren christlichen Namen nennen. Nun, so weit war es offenkundig noch nicht.

„Ich denke, ihr wollt mir sagen, dass sich Treue nur dann bewährt, wenn die Untreue folgenlos bliebe."

„Du bist schlau wie Logi, der Listenreiche, Christus. Aber du hast Recht. Und weil sich das mit der Treue so verhält, will ich dir jetzt erzählen, warum wir in den Krieg ziehen. Und dann darfst du wählen, ob dein Schicksal in der Treue oder der Untreue liegt."

Siegfried erklärte mir, dass er gegen Fafnir ziehen werde, der sein – Siegfrieds – Drachengau seit vielen Wintern besetzt hielt und ihm als Knaben den ihm zustehenden Besitz geraubt und ihn aus seinem eigenen Gau vertrieben hatte. Er halte sich in einer Burg am Rhing verschanzt, die als uneinnehmbar galt und recht eigentlich die Wehrburg der Vorfahren Siegfrieds war.

Dann erzählte er mir die Geschichte seiner Familie. Ich will sie hier ausführlich wiedergeben.

Es war diese Geschichte seiner Kindheit, die mich dazu brachte, Siegfried am Ende doch zu mögen, ja vielleicht sogar zu lieben. Auch erkannte ich in ihr so viel, das sich für die Verbreitung des wahren Glaubens fruchtbar machen ließ. Und dies war – Gott selbst sei mein Zeuge – einer der Gründe dafür, dass ich mit der Niederschrift der Geschichte begann. Ja, Gott der Herr – da war ich mir ziemlich sicher – hatte mich nicht ohne Grund zum Zeugen dieser schrecklichen Geschichte gemacht.

DIE WILDE JAGD

„Hab ich dich!", rief Gida, während sie den zweizackigen Jagdspeer in das Wasser hernieder schnellen ließ. Sie stand mitten in einem kleinen Fluss, dessen flaches Wasser ihr um die Waden schäumte. Es war Winter. Eine handbreite Schneedecke überzog das Land. Der Bach war einer der wenigen Gewässer, die nicht zugefroren waren. Und obwohl sein Wasser eisig kalt war, hielt Gida in ihren kleinen Lederstiefeln tapfer durch. Denn sie wollte einen Beitrag zum Festmahl des bevorstehenden Julfestes leisten.

Das Mädchen stand breitbeinig. Unter ihm, zwischen den Füßen, gewann der Fluss gleich einer natürlichen Fahrrinne an Tiefe. Dort schossen Forellen stromaufwärts. Das wilde blonde Haar flog um ihren Kopf und die braunen Augen funkelten als sie zustieß.

„Hast du was?", fragte Jordi.

„Sieh, Mutter", rief Gida und hielt ihr den Speer vor die Augen, in dessen beiden Spitzen sich eine große Forelle verfangen hatte.

In diesem Augenblick sprang etwas aus den schneebedeckten Büschen, setzte in einer Wolke des Schneegestöbers über den Bach und schnappte mit einen hellen Schrei nach dem Fisch. Gida jedoch zog den Speer zurück. Der wilde Angriff schlug fehl, und Gida und Jordi lachten laut auf, nachdem sich der kleine blonde Junge, der erfolglos versucht hatte den Fisch zu erlangen, nach seiner Attacke im Schnee überschlagen hatte und jetzt mit verschränkten Armen und trotzig hervorgeschobener Unterlippe wie ein eingeschneiter Busch am Ufer des Baches saß.

Als Jordi bemerkte, dass der kleine Junge – er mochte um die vier Winter alt gewesen sein – äußerst gekränkt wirkte, lächelte sie milde und sagte mit sanfter Stimme:

„Mein kleiner Siegfried, diesen Fisch darfst du nicht nehmen. Er ist Gidas Julgabe für unsere Ahnen, die uns heute Nacht besuchen kommen."

Sofort hellte sich die Miene des kleinen Siegfried auf. Er lächelte seine Mutter an, und forderte sie drängend auf, die Geschichte der wilden Jagd zu erzählen. Auch Gida krempelte ihre Hosenbeine herunter, schüttelte das Wasser von ihren Lederstiefeln und drängte die Mutter zu erzählen.

„Also gut", seufzte Jordi. „Wir haben genug Fische für heute. Gehen wir ins Dorf zurück. Unterwegs will ich euch die Geschichte erzählen."

Sie warf Gidas Fisch in den Weidenkorb, der neben ihr stand. Der Korb war jetzt fast voll von frischem Fisch, den Jordi und Gida gefangen hatten, während der für den Fischfang noch zu junge Siegfried im Schnee herumgetollt war.

„Wie ihr wisst", hob Jordi an, „feiern wir heute die lange Nacht. Es ist die längste und dunkelste Nacht des Winters und der Höhepunkt des Julfestes."

Sie hing sich den Weidenkorb über die Schulter und nahm ihre beiden Kinder an den Händen. Der kleine Siegfried war immer noch über und über mit Schnee bedeckt. Sie schmunzelte bei dem Anblick des kleinen Jungen, der so wild, so lebhaft war, dass sie oft zu der Göttin Freya betete, sie möge sein Gemüt mit dem Altern mildern, da sie sonst einen frühen Tod auf dem Schlachtfeld für ihren Sohn befürchtete. Denn sie wusste: die Hitzköpfe starben immer zuerst. Dann fiel ihr Blick auf Gida. Bei allen Göttern, war sie groß geworden! Es dauerte nicht mehr lange, und sie würde zu einer freien Frau werden.

„Erzähl weiter, Mutter!", drängte Siegfried und zerrte dabei derartig an ihrem Arm, dass sie fast das Gleichgewicht verlor.

„Siegfried!", rief sie tadelnd. Dann fuhr sie fort:

„In der langen Nacht kommt der große Wodan zu uns nach Midgard. Er reitet auf Sleipnir, seinem achtbeinigen Hengst durch den dunklen Nachthimmel. Ihm folgen alle unsere Ahnen. Sie reiten in einer wilden Jagd durch ganz Midgard. Und überall dort, wo ihre Nachkommen Opfergaben an den immergrünen Julbaum hängen, scheren sie aus dem wilden Tross aus, um ihren jüngsten Nachkommen kleine Geschenke dazulassen. Wodan in seiner grenzenlosen Weisheit kennt all die Wünsche der Kinder. Und so wachen die Kinder Midgards morgen früh auf, und einer ihrer Wünsche hat sich erfüllt."

Sie hielt inne und umarmte ihre beiden Kinder. Siegfried schüttelte sich vor Freude.

„Aber seht euch vor!", sagte Jordi und streckte den Zeigefinger in die Luft. „Unter den wilden Reitern ist auch Frau Hel. Sie hält Ausschau nach den unartigen und faulen Kindern."

„Und was geschieht, wenn sie ein unartiges Kind findet?", wollte Gida wissen.

„Für Kinder ist es verboten, die wilde Jagd des großen Wodan zu schauen. Alle Kinder, die nicht auf ihre Eltern hören und die wilde Jagd dennoch erspähen wollen, werden von Frau Hel mitgenommen in ihr Totenreich Helheim. Also bleibt in der langen Nacht stets artig in euren Betten. Ganz gleich, wie wild es draußen zugeht, kommt nicht heraus!"

Gida schlotterte vor Grusel. Siegfried aber rief:

„Ich bin ein großer Krieger und werde Frau Hel mit meinem Speer aufspießen!"

Jordi und Gida wechselten stille Blicke, wobei Gida mit den Augen rollte und Jordi milde lächelte.

„Das machst du bestimmt eines Tages", sagte Jordi. „Aber solange dir noch kein Bart wächst, hältst du dich verborgen, wenn die wilde Jagd beginnt. Verstanden?"

Siegfried nickte mit vorgezogener Unterlippe.

Als sie das große Langhaus in der Mitte des Dorfes erreichten, trat Siegmund heraus. Der Fürst des Drachengaus sah prächtig aus. Sein langes blondes Haar hatte er nach hinten geflochten. Er trug ein dunkelblau gefärbtes Leinengewand mit einem breiten Gürtel aus braunem Leder. Er war groß und muskulös. Über seinen breiten Schultern hing ein Bärenfell, das von einer silbernen Fibel vor der Brust zusammengehalten wurde. In die Fibel waren drei schlangenartige Drachen eingearbeitet, die sich so ineinanderfügten, dass sie drei Kreisen glichen, die ineinander zu einem Knoten verschlungen waren.

Als der Gaufürst Jordi und die Kinder sah, breitete er die Arme aus und lachte laut auf vor Freude.

Die Kinder stürmten auf ihn los. Dann warf er sie abwechselnd in die Höhe. Schließlich schloss er Jordi in die Arme und rief:

„Mein Weib, meine Kinder, ich sehe ihr bringt die Gaben für unsere Ahnen! Bei Donars rotem Bart, ich hoffe, sie mögen Fisch!"

„Siegmund, mein Mann!", sagte Jordi und küsste ihn lange und innig auf den Mund. Siegmund lächelte.

„Kommt ins Haus. Wir haben Hühner über dem Feuer. Heute Abend hängen wir die Gaben an den Julbaum."

Der Abend kam rasch. Gemeinsam ging die Fürstenfamilie dann an den Rand des Dorfes, wo eine mannshohe Tanne stand. Mit kleinen aus Stroh geflochtenen Bändern befestigten Eltern und Kinder die Gaben an den Ästen des Baumes. An jeden Ast, an dem eine Gabe hing, wurde ein trocken gelagerter Kiefernzapfen angebracht.

Auch andere Familien aus dem Dorf schmückten auf diese Art je einen Baum, wobei peinlichst darauf geachtet worden war, dass niemandes Baum größer war als der des Gaufürsten Siegmund. Jede Familie bestimmte zudem je einen Flammenträger, der sich mit einer brennenden Fackel neben der Tanne aufstellte.

Siegmund hielt eine kurze Ansprache, in der er die Ahnen der Drachensippe und die Götter Wodan und Diu anrief. Dann entzündeten die Flammenträger die Kiefernzapfen, so dass ein leuchtender Tannenhain entstand.

Die versammelten Familien umarmten einander und wünschten einander alles Gute für den neuen Sonnenlauf, der mit dem Tag nach der längsten Nacht begann und zur Sommersonnenwende seinen Höhepunkt erreichte. Ab morgen würden die Tage wieder länger werden, und die Eis- und Sturmriesen würden einer nach dem anderen das Land verlassen bis schließlich Ostara das Land bunt und fruchtbar machte.

Das Julfest war ein Fest des Friedens und der Harmonie. Fehden und Feindschaften hatten für diese Zeit auszusetzen. Und Kriege wurden von den Nibelungen um diese Zeit nicht geführt.

So war auch das Julfest eine der wenigen festlichen Begebenheiten, die selbst die Krieger der Drachensippe völlig unbewaffnet begingen. Umso harmonischer lief dann in aller Regel das der Entzündung der Julbäume folgende Fest am großen Feuer ab. Nach einem üppigen Abendmahl mussten die Kinder auf ihre Schlafplätze, während die Erwachsenen weiterfeierten. Dieser Umstand führte dazu, dass das eine oder andere Kind die lauten Feiergeräusche für die wilde Jagd des Wodan hielt und sich darob mäuschenstill in der Decke seiner Bettstatt vergrub.

Auch Siegfried und Gida lauschten den Geräuschen des Fests, nachdem Jordi sie in ihre Decken gekuschelt hatte und wieder in die lange Nacht verschwunden war.

„Was glaubst du, hat Wodan für dich vorgesehen?", fragte Gida ihren Bruder. Siegfried grinste in die Dunkelheit hinein.

„Ein großes Langschwert."

„Du Tölpel! Du bist doch noch viel zu klein für ein Langschwert."

Siegfried verzog das Gesicht. In der Dunkelheit der langen Nacht blieb dieser Widerspruch jedoch unbemerkt. Gida fuhr mit schwärmerischer Stimme fort:

„Ich wünsche mir eine Handspindel. Damit kann ich mein eigenes Garn spinnen."

„Weiber!", versetzte Siegfried. Diesen Ausspruch ließ sein Vater manchmal verlauten, wenn er seinem Unverständnis über eine Äußerung Jordis zum Ausdruck bringen wollte. Mit Siegfrieds heller Kinderstimme klang das indessen so absurd komisch, dass beide Geschwister unweigerlich in lautes Lachen ausbrachen.

Nach einer Weile wurde es still im Zimmer. Schließlich fragte Gida leise:

„Glaubst du, es ist Großvater Siegwolf, der uns die Geschenke bringt?"

Von ihrem Großvater hatten sie viele Geschichten gehört. Er war ein großer Krieger und vor ihrem Vater der Fürst des Drachengaus gewesen. Siegmund hatte viele Geschichten von ihm erzählt. Die spannendste aber war die, die dem Drachengau seinen Namen verlieh. Einst habe unten am Rhing ein menschenfressender Feuerdrache gelebt, der verhinderte, dass sich Menschen in den Hügeln am Rhing ansiedelten. Ihr Großvater, Siegwolf, habe den Drachen mit seiner Streitaxt Lebenräuber getötet. Und so war das Drachengau entstanden und Siegwolf zum Gaufürst desselben geworden.

Seine Streitaxt Lebenräuber hing noch heute über Siegmunds Bettstatt. Für Blots, bei denen große Tiere oder Feinde zu Ehren der Götter geopfert wurden, nutzte Siegmund die Heilige Waffe, um die Rituale auszuführen. In die Schlacht wurde der Lebenräuber jedoch nicht mehr geführt.

„Es ist sicher Großvater, der unsere Geschenke bringt. Hoffentlich mag er unseren Fisch."

„Ja. Hoffentlich", sagte Gida. Dann schliefen die Kinder ein. Ihr Atem ging ruhig und gleichmäßig, während draußen in der Nacht Bier und Honigwein die Runde machten.

Ein Schrei in der Ferne. Das Poltern von Hufschlägen. Ein Mann schreit. Etwas kracht. Wieder Schreie. Die wilde Jagd, denkt der erwachende kleine Junge. Er kommt aus der tiefen Nacht des Schlafes langsam zu sich und erwacht mitten in der langen Nacht. Draußen vor dem Haus toben Wodan und sein Gefolge. Es sind entsetzliche Schreie, die jetzt zu Siegfried herüberdringen. Er versucht sich zu erinnern. Was hatte Mutter gesagt? Frau Hel wäre im Gefolge Wodans und würde alle zwingen im Tross der Toten mitzureiten, die es wagten die wilde Jagd zu erschauen. Oder galt das nur für Kinder?

Da draußen schrien jetzt auch Kinder. Ja, Siegfried hatte das Gefühl, als schrie das ganze Dorf.

„Gida?", flüsterte er. Doch die Schwester blieb stumm. Barfüßig lief er zu ihrer Bettstatt hinüber. Diese war leer. Nicht Gida, dachte Siegfried. Er hatte seine ältere Schwester stets als lästig und bevormundend empfunden. Aber so jung er auch war, so sehr war ihm auch bewusst, dass Gida es immer gut mit ihm meinte und dass er seine Schwester liebhatte. Und jetzt war sie fort. Siegfried hoffte inständig, dass sie noch irgendwo im Haus und nicht der Versuchung erliegen gewesen war, die wilde Jagd zu beobachten. Denn in diesem Fall hatte Frau Hel sie wohl schon eingefangen. Dann wäre Gida dazu verflucht, für alle Zeit in Helheim zu bleiben und in den langen Nächten im Tross des Wodan durch die eisigen Lande zu jagen.

Gidas und Siegfrieds Schlafplätze waren von Bären- und Wildfellen eingefriedet, so dass sie in etwas wie einem Zimmer vom Rest des Langhauses abgetrennt waren. Zögernd näherte sich Siegfried einer Fellwand. Gerade als er eines der Felle zur Seite schieben wollte, hörte er hinter sich den Schrei eines Mädchens. Es war nur einer von zahlreichen Schreien. Aber er erkannte die Stimme seiner Schwester.

Der Schrei war durch die Holzwand hinter seiner Bettstatt zu ihm herübergedrungen. Gida musste sich hinter dem Haus befinden. Also öffnete Siegfried nicht die Fellwand zum Inneren des Langhauses, sondern lief herüber zur Hauswand. Er sprang auf seine Bettstatt und zog einen kurzen, breiten Keil aus der Hauswand. Dadurch wurde ein etwa handflächengroßes Loch sichtbar, das ihm den Blick auf das freigab, was auf der anderen Seite der Hauswand geschah.

Siegfried erstarrte. Er hatte vieles erwartet, aber das hatte sich seine junge Seele nicht ausmalen können. Sämtliche Häuser des Dorfes standen in Flammen. Allenthalben ritten Krieger auf Pferden umher und metzelten mit langen Schwertern, Äxten und Speeren die aus den Häusern fliehenden Dorfbewohner nieder. Sein Blick wurde von einem Ereignis gefesselt, das nur etwa zehn Schritt vom Haus entfernt stattfand.

Zwei der Angreifer hielten Windger, den Schmied des Dorfes, fest, während ein dritter ihm mit seinem Schwert in langsamen Schnitten vom Brustkorb abwärts den Körper öffnete. Als Gedärme aus dem Leib fielen, schrie Windger entsetzlich schrill, bis sein Schrei mit einem glucksenden Geräusch erstarb. Siegfried war wie gebannt von dem Anblick. Eine entsetzliche Angst hatte seinen Blick an Windgers Miene aus Schmerz und Ungläubigkeit festfrieren lassen. Dann erschlafften Windgers Züge, und sein Kopf sank auf die Brust herab. Die Krieger lachten höhnisch und ließen den Körper einfach fallen.

Siegfried fiel wieder ein, warum er den Keil aus der Hauswand gezogen hatte, und suchte hastig nach seiner Schwester. Da war Gida! Zwei Männer zerrten sie an Armen und Haaren vom Haus weg. Sie schrie und wehrte sich verzweifelt. Die Männer lachten. Windgers Peiniger erblickten das Mädchen in demselben Augenblick, da auch Siegfried es gewahrte. Sie liefen herüber und zerrten an Gidas Hosenbeinen und ihrem Nachthemd. Das Mädchen strampelte und kämpfte wie ein wildes Tier. Schließlich aber hatten die Männer Gida entblößt. Nur Überreste ihres Nachtgewands hingen noch an ihr.

Siegfried verstand nicht, was vor sich ging. Nur eines fragte er sich immer und immer wieder. War das wirklich der Tross der wilden Jagd des Wodan? Nirgendwo sah er den Einäugigen noch sah er Frau Hel. Stattdessen liefen überall Krieger herum, die lachten und mordeten. Nein, das waren nicht die Ahnen der Sippe. Niemals würden sie ihre Nachkommen so niedermetzeln.

Gida schrie. Siegfried wusste nicht, wie ihm geschah. Selbst schreien konnte er nicht. So fassungslos war er. Gida schrie abermals. Einer der Männer baute sich breitbeinig vor ihr auf. Die anderen vier hatten je einen Arm oder ein Bein von ihr ergriffen. Die Beine zerrten sie auseinander, und der Breitbeinige vor ihr ließ seine Hose herunter. Er sagte etwas zu ihr, das Siegfried nicht verstand. Aber die anderen Männer lachten höhnisch. Dann drang er zwischen ihre weißen, kleinen Mädchenschenkel.

Gida ließ einen spitzen Schrei hören. Dann brüllte ein Bär. Der Mann über Gida hielt mit einem Mal inne. Der Bär brüllte ein zweites Mal. Gidas Peiniger sah sich um. In diesem Augenblick sprang ein riesiger Mann mit nacktem Oberkörper auf ihn zu. Siegfried hatte ihn zuvor nicht sehen können, weil die Öffnung in der Holzwand nur einen Ausschnitt von dem freigab, das hinter dem Haus geschah. Es war dieser große Mann gewesen, der wie ein Bär gebrüllt hatte.

Der Mann war lediglich mit einem Tuch um die Hüfte bekleidet. Sonst war er vollkommen nackt. Er war groß, muskulös und trug wehendes blondes Haar. In der Hand hielt er Lebenräuber, die Streitaxt von Siegfrieds Großvater. Der Mann war Gaufürst Siegmund, sein Vater.

In demselben Augenblick, da Siegfried seinen Vater erkannte, schwang dieser Lebenräuber. Die Axt fuhr mit einer solchen Gewalt in den Schädel des Mannes mit den heruntergelassenen Hosen hinein, dass dieser zerbarst. Lebenräuber teilte den Kopf in zwei Hälften und trat an der linken Seite des Halses wieder aus. Der halbe Schädel fiel auf die Erde. Dann folgte der Rest des Mannes.

Umgehend ließen die vier Männer von Gida ab und zogen ihre Schwerter. Wie eine Sense fuhr Lebenräuber in ihre Reihen. Eine abgetrennte Hand flog in die Höhe, und einer der Männer schrie entsetzlich. Ein zweiter, stieß einen wütenden Schrei aus und stürmte auf Siegmund los. Der Mann war jung und kräftig. Mit einigen gewaltigen Sätzen war er bei dem Gaufürst. Einen Atemzug später starrten seine hasserfüllten Augen ungläubig auf den Körper hinab, nachdem ein weiterer Streich mit Lebenräuber den Bauch des Mannes schon geöffnet hatte, so dass eine Darmwindung herausquoll.

Die beiden verbliebenen Angreifer besannen sich und richteten in gebührendem Abstand ihre Schwerter auf Siegmund. Dabei riefen sie laut nach Unterstützung.

Immer mehr feindliche Krieger sammelten sich um Siegmund. Bei diesem Anblick traten bei dem kleinen Siegfried, der die Ereignisse durch das Loch in der Hauswand beobachtete, Tränen in die Augen. Die folgenden Ereignisse sah er durch einen Schleier aus Tränen und Rauch, der von den brennenden Häusern herüber quoll.

Die Anzahl der Feinde mochte inzwischen auf zehn, vielleicht fünfzehn teilweise berittene Krieger angestiegen sein. Jedenfalls fühlten sie sich stark genug, um einen erneuten Angriff gegen den vor Wut und Anstrengung schnaubenden blonden Hünen zu wagen.

Zwei Männer traten langsam vor. Wie Donars mächtiger Hammer Mjölnir zuckte Lebenräuber auf sie hernieder und zerschmetterte einem der beiden Männer Schulter und Schlüsselbein. Der andere ließ sein Schwert vorwärts zucken. Siegmund schrie auf, drehte sich um die eigene Achse. Dadurch riss das Schwert ihm zwar eine tiefe Wunde unterhalb der Brust, aber die Wunde war nicht tief genug, um den Gaufürst niederzustrecken.

Durch die Körperdrehung stand Siegmund nun jedoch mitten in den Reihen der Feinde.

Der Widerschein des Feuers, das in den Häusern des Dorfes fraß, ließ Siegmunds fliegendes Blondhaar wie züngelnde Flammen im Winde zittern. Wie ein böser Kriegsgott brüllte und wütete er jetzt unter seinen Feinden. Durch den Schleier aus Tränen und Rauch sah Siegfried seinen Vater kämpfen, wie er nie zuvor einen Mann hatte kämpfen sehen. Die Feinde schrien, sie winselten, und Lebenräuber ging weiter dem grausamen Geschäft des Tötens und Verstümmelns nach. Kurz klammerte sich der kleine Junge an den verzweifelten Gedanken, der große Wodan selbst führe seinen Vater zum Sieg. Aber diese Hoffnung erstarb bereits kurz nach ihrer Geburt.

Mochten es zwei oder sogar fünf Feinde gewesen sein, die Lebenräuber zur Hel schickte. Siegfried hatte nicht vermocht Genaues zu erkennen. Was er sah, war das Stechen der Feinde, die seinem Vater immer neue Verletzungen zufügten, bis dieser letztlich blutüberströmt in die Knie sank.

Plötzlich öffneten sich die Reihen der Feinde, und ein großer, dunkelhaariger Mann trat Siegmund entgegen. Niemals würde Siegfried dieses Gesicht vergessen. Es war kantig und hohlwangig mit dünnen Lippen. Graublaue Augen starrten hasserfüllt auf den Gaufürst.

„Seht!", rief der Mann. „Hier vor mir kniet der Heide Siegmund, der unseren Herrgott verleugnet und den Satan als Drache anbetet. Oder befinden wir uns nicht im Drachengau? Ein Gau, benannt nach dem tiergewordenen Satan."

Dann fiel sein Blick auf Gida, die halbnackt und weinend an einem Baum kauerte. Mit dem gezogenen Schwert wies er auf das Mädchen.

„Siiiiiie", schrie er, wobei er den Vokal lang und schrill dehnte, „siiiie ist die Brut des Satans. Sie muss brennen im Namen des Herrn!"

„Verzeiht, mein Herr Fafnir", meldete sich ein gedrungener Mann mit feistem Gesicht zögernd zu Wort. „Wir dachten, wir könnten ... nun Ja, einige Krieger hatten lange keine Frau, Herr. Und wir dachten, wir könnten ... da es doch nur eine Heidin ist ..."

Fafnir – dieser Name brannte sich in den Geist des kleinen Siegfried ein, niemals würde er diesen Namen vergessen – Fafnir sah den feisten Krieger an. Einen Augenblick lang hielt dieser den Atem an.

„Nun gut. Ihr sollt euren Spaß haben, Gerbrecht. Dann aber muss sie verbrannt werden."

Dann wandte sich Fafnir an Siegmund: „Hörst du, du heidnischer Scheißhaufen? Meine Krieger werden sich jetzt deine Tochter vornehmen, bis ihr Unterleib nur noch ein Klumpen blutiges Heidenfleisch ist. Und dann werden wir sie verbrennen. Denn nur das Feuer Gottes vermag das Gift des Heidentums aus eurer Seele zu brennen."

Dann wandte er sich an die umstehenden Krieger:

„Schlagt ihm erst die Hände ab. Diese Barbaren glauben, dass sie in ein Heidenparadies kommen, wenn sie mit der Waffe in der Hand sterben. Aber was machen sie, wenn sie gar keine Hände haben? Das werden wir heute sehen. Dann tötet ihn. Aber berichtet mir, was er ohne seine Hände gemacht hat. Und bringt mir seine Axt, wenn ihr fertig seid."

Dann sah er sich um. Seine grauen Augen sahen direkt in Siegfrieds Richtung. Unweigerlich zuckte der Junge zurück.

„Durchsucht das Haus da", rief Fafnir, und Siegfried wusste, dass das Haus seiner Eltern gemeint war. „Tötet alle, die ihr findet. Und brennt es verdammt nochmal nieder!"

Siegfried hatte nie davon gehört, dass kleine Jungen nach Walhalla kamen, wenn sie tapfer starben. Aber er hoffte darauf. Denn er wollte nicht ohne seine Familie, nicht ohne seinen rauen aber liebevollen Vater und nicht ohne seine nervige große Schwester sein, die er – das fühlte er jetzt ganz deutlich – über alles liebte. Er würde im Haus nach einer Waffe suchen, und dann würde er zu seinem Vater laufen. Weiter konnte sein kleiner Geist in diesem Augenblick nicht denken.

Aber der Feind war schneller. Gerade als Siegfried die Felle öffnen wollte, die Gidas und seine Schlafplätze umspannten, wurde eines von ihnen mit einem gewaltigen Ruck aus der Aufhängung gerissen und fiel zu Boden.

Spärlich drang das Licht von der Feuerstelle des Hauses durch die neue Öffnung in das Zimmer der Kinder. Der große Mann, der den kleinen Siegfried aus glühenden Augen anstarrte, zeichnete sich wie ein dunkler Geist vor dem flackernden Licht des Feuers ab.

Siegfried erkannte weiß leuchtendes, langes Haar und einen ebenfalls weißen, geflochtenen Bart, in dem ein silberner Ring blitzte. Der Mann trug einen gewaltigen Speer in der Hand.

Siegfried rannte auf den Feind los. Schiere Verzweiflung schien sein kleines Herz ergriffen zu haben. Mit zugekniffenen Augen reckte er die Arme vor, um den Feind zurückzudrängen.

Der Mann ließ in einer schnellen Bewegung den Schafft seines Speeres auf die Arme des Jungen niederschnellen, so dass dessen ausgestreckte Fäuste nach unten wegknickten und den ganzen, kleinen Körper aus dem Gleichgewicht brachten.

Siegfried stürzte und erwartete innerhalb eines Herzschlags auf den Lehmboden des Langhauses aufzuschlagen. Aber das geschah nicht. Stattdessen vollführte der große Mann eine Drehung und packte ihn mit seinem freien linken Arm von hinten um die Hüfte. Er hob den überraschten Jungen hoch und lief umgehend los.

Siegfried schrie und strampelte mit Armen und Beinen. Gegen den festen Griff des weißhaarigen Kriegers konnte er jedoch nichts ausrichten. Dieser hatte ihn wie ein Bündel Reisig unter den Arm geklemmt und lief zum hinteren Ende des Langhauses. Einen Augenblick lang hielt Siegfried inne. Er wunderte sich, warum der Mann nicht den Vorderausgang des Hauses wählte. Dieser Ausgang führte auf den Platz vor dem Haus, wo sein Vater und seine Schwester waren. Wenn er schon sterben musste, konnte er nicht wenigstens bei seiner Familie sein?

Dieser Gedanke brach seinen Widerstand. Sein Schreien und Treten gingen in Weinen und Schluchzen über. Er rief nach seiner Mutter. Seine Mutter, die er so sehr liebte, und von der er gar nicht wusste, wo sie war und ob sie noch lebte.

Der Weißhaarige trat hinaus in die Nacht. Draußen war es so finster, dass Siegfried das Gefühl hatte, in eine Welt ohne Licht einzutauchen. Aber auch der Fremde schien sich an die Dunkelheit gewöhnen zu müssen. Denn er hielt einige Herzschläge lang inne. Doch dann verschloss er die Tür des Hauses hinter sich und ging mit langen Schritten geradewegs in die kalte, dunkle Nacht.

Siegfrieds Augen gewöhnten sich rasch an die Dunkelheit. Er sah den Schemen seines sich entfernenden Elternhauses kleiner werden. Er sah sein Dorf brennen, und mit ihm brannte alles, was in seinem jungen Leben je eine Bedeutung gehabt hatte. Er hörte die Schreie der sterbenden Menschen und versuchte verzweifelt unter ihnen die Schreie seiner Schwester, seines Vaters oder seiner Mutter herauszuhören. Aber die Feuerriesen ließen nicht zu, dass er auch nur einen Schrei zuordnen konnte. Sie wirbelten alles durcheinander und schmolzen es zu einer einzigen Brunst aus Feuer und Leid zusammen. Und nirgendwo war Donar zu sehen, der Riesentöter und Beschützer der Menschen. Logi hatte die Aufmerksamkeit des Donnergottes in dieser Nacht offenbar auf andere Dinge gelenkt, so dass die Feinde und die Feuerriesen ihr grausames Werk vollenden konnten. Niemals zuvor hatte sich der kleine Siegfried so allein gefühlt.

Plötzlich wurde er herumgewirbelt. Der Fremde hob ihn mit beiden Armen hoch und setzte ihn auf ein Pferd. Anschließend schwang er sich hinter dem Jungen auf den Rücken des Tieres, der mit einem Überzug aus Leder bedeckt war.

Dann beugte sich der Fremde nach vorne. Der Bart des Mannes kitzelte in Siegfrieds Ohr, als er sagte:

„Junge, du wirst mit mir kommen. Und du wirst leben. Dein Schicksal, kleiner Drachenfürst, ist es nicht, heute gemordet zu werden. Nicht heute.
"

Es waren die ersten Worte, die der kleine Junge aus dem Mund des Fremden gehört hatte. Und dieser hatte sie eher geflüstert als gesprochen. Aber Siegfried würde sie niemals vergessen.

Sie ritten durch die finstere Nacht und mitten durch Wälder, über kleine Hügel und durch Täler. Sie ritten noch als der Morgen schon graute. Und als die Sonne ihre ersten Strahlen nach Midgard schickte, drehte der kleine Siegfried sich zu dem Krieger hinter ihm um und fragte:

„Wer ... wer seid ihr, Herr?"

„Mein Name ist Raven", sagte der Weißhaarige. „Ich bin der Ewart deines Stammes, mein Junge. Ich bin der Ewart der Nibelungen.

DER DRACHE

„Herr, es ist nicht mehr weit bis zur Flussmündung!", rief einer der Späher, die Siegfried ausgesandt hatte, um den vorausliegenden Weg zu erkunden.

Seit einigen Tagen ritten Siegfried, Raven und ich an der Spitze eines großen Heeres, zusammengestellt von den Gaufürsten des Nibelungenstammes. Wir waren durch dichte Urwälder gereist und folgten nun seit fast zwei Tagen einem Fluss, dessen Verlauf uns durch Wälder und Hügel in das Drachengau führen sollte. Der Fluss, den die Krieger „Sieg" nannten, sollte in den riesigen Strom Rhing münden. Rhing und Sieg beschrieben im Mündungsgebiet die westliche und die nördliche Grenze des Drachengaus.

Siegfrieds Plan war es, das Nibelungenheer bis an die Flussmündung zu führen, um von hier aus den Angriff auf Fafnir vorzubereiten. Bislang jedoch wusste niemand, wie es gelingen sollte, die als uneinnehmbar geltende Wehrburg zu erstürmen. Denn brachte Herzog Siegfried mit ungefähr fünftausend Kriegern auch ein mannstärkeres Heer auf als das des Fafnir, das man auf zweitausend Krieger schätzte, so hatten diese den Vorteil der hohen Palisaden einer Wehrburg. Und die konnten ein der Anzahl nach geringeres Heer schnell zum überlegenen Heer machen.

„Gut", sagte Siegfried und drehte sich im Sattel zu den Gaufürsten und Kriegerführern um. „Wir erreichen bald die Mündung der Sieg. Dort werden wir unser Lager aufschlagen."

Dann wandte er sich an mich: „Und morgen wird sich zeigen, ob dein Schicksal das der Treue oder das der Untreue ist."

Unweigerlich musste ich zurückdenken an jenen so folgenreichen Abend vor mehreren Monden, da mir Siegfried an der Feuerstelle seines Hauses die schreckliche Geschichte seiner Familie und damit den Grund des bevorstehenden Feldzugs gegen Fafnir offenlegte.

An jenem Abend hatte ich entschieden, Siegfrieds Rachefeldzug zu unterstützen. Selbstverständlich hatte ich als Christ das Ansinnen der Rache scharf verurteilt. Ich hatte den Herzog darauf hingewiesen, dass unser Herr Gnade verlange und sich allein das endgültige Urteil vorbehalte, das er, seinen menschgewordenen Sohn Jesus Christus zur Rechten, am jüngsten Tage über einen jeden von uns sprechen werde. Es sei Gottes in seinem Sohn vorgelebter Wille, dass wir unsere Feinde lieben und bei einem Schlag auf die rechte Wange ihm sogleich die linke darboten.

Ich hatte mit Gelächter oder mit einer Strafe wegen meines anmaßenden Verhaltens gerechnet. Immerhin war Herzog Siegfried mein Herr und ich doch so etwas wie sein Diener, wenn nicht gar sein Sklave. Aber Siegfried hatte mich nur lange und nachdenklich angesehen. Schließlich sagte er:

„Dein Gott ist weise, Brictius. Wer so handelt, wie dein Gott es will, der verhindert, dass sich Blutfehden über Generationen und Geschlechter hinweg fortsetzen. Denn Rache sorgt immer dafür, dass der Gegner zurückschlägt. Und das hört dann niemals auf, bis ein Geschlecht ganz und gar ausgelöscht ist. Ich weiß zu schätzen, dass du mir einen aufrichtigen Rat erteilen willst. Aber ich habe keine andere Wahl. Ich liebe meine Familie. Ich liebe meine Mutter Jordi, meinen Vater Siegmund, und ich liebe sogar meine nervige Schwester Gida. Sie wurden vor vielen Jahren von Fafnir schmählich getötet. Deshalb müssen ihre Lebensgeister im trostlosen Reich der Hel ihr Dasein fristen. Dort ist es kalt und ohne Freude. Aber es gibt eine Möglichkeit, sie in Walhalla wiederzusehen. Ich muss ihren Tod so rächen, dass die Götter sie mir nach Walhalla schicken, wenn auch ich dereinst mit der Hand an der Waffe dorthin gehen muss. Wir Nibelungen glauben daran, dass Rache die Pflicht ist, etwas ins Gleichgewicht zu setzen, was aus der Waage gebracht worden ist. Deshalb kann ich Fafnir nicht, wie du empfiehlst, vergeben. Sein Tod muss so grausam, so besonders, so laut werden, dass alle Götter ihn hören, dem Schauspiel beiwohnen und mir der Göttervater selbst dafür seinen Beifall spendet. Nur wenn wir die Götter gut unterhalten, erfüllen sie uns vielleicht einen Herzenswunsch. Verstehst du das?"

In diesem Augenblick fühlte ich mich Siegfried so nah, wie niemals zuvor. Das lag nicht daran, dass er mich zum ersten Mal bei meinem richtigen Namen nannte. Obwohl mir das - ich gebe es offen zu - aus mir unerfindlichen Gründen schmeichelte, fühlte ich mich ihm doch aus anderen Gründen verbunden. Er hatte mir aufrichtig sein Herz geöffnet. Und ich empfand Mitleid mit diesem großen heidnischen Krieger.

„Unser Gott spendet Trost", entgegnete ich etwas hilflos. „Jeder Mensch, der sich redlich bemüht, der seine Sünden bereut und das Richtige tut, wird von Gott in seinem Himmelsreich mit offenen Armen empfangen. Der Herr liebt alle seine Schäfchen. Er kennt jedes Haar auf unserem Kopfe. Und wir verlieren nicht eines, ohne dass Gott es nicht so vorhergesehen und gewollt hatte. Er kümmert sich um uns, und er liebt uns wie ein Vater."

„Ja, wenn es nur so wäre", seufzte Siegfried. Und dann sah er mich mit feurigen Augen an. „Dein Gott wäre wirklich ein Trost. Aber ich kann nicht glauben, dass es einen Gott gibt, der uns wirklich alle liebt. Ein solcher Gott hätte nicht zugelassen, was mit meiner Familie geschehen ist. Nirgendwo in der Welt sieht man Anzeichen dafür, dass ein Gott jedes einzelne Wesen liebt. Und wenn es ihn gäbe, müsste ich meine Familie auch an ihm rächen."

Dann sagten wir beide eine geraume Zeit nichts mehr. Schweigend starrten wir in das tanzende Spiel der Flammen. Siegfried sehnte sich wohl nach dem Trost, den seine Götter nicht zu geben vermochten, und ich sehnte mich nach einer Erklärung für all das Schreckliche in der Welt, die ich meinem Glauben nur so schwer abringen konnte.

Es mochte das Gefühl tiefer Verbundenheit in der Sehnsucht nach Trost gewesen sein. Ganz genau wusste ich nie und weiß immer noch nicht, was mich damals trieb. Fest steht, dass ich Siegfried an diesem Abend schwor, dass ich alles, was einem Christenmenschen geziemte, tun würde, um ihn bei seiner Rache zu unterstützen.

Gott möge mir vergeben, dass ich mich dadurch dem Dienst an einer heidnischen Sache schuldig machte. Ich trug diese Schuld lange im Herzen und trage sie noch heute.

Dessen ungeachtet darf ich wohl dennoch sagen, dass meine Missionen bei den Nibelungen mich dazu befähigt haben, wichtige Errungenschaften im Kampf für die Verbreitung des wahren Glaubens zu erzielen. So konnte ich etwa den Heiligen Vater, seine Heiligkeit Sixtus, den dritten seines Namens, davon überzeugen, bei der Feier der Geburtsstunde unseres Herrn Jesus Christus zur besseren Annahme des wahren Glaubens durch die germanischen Stämme deren Bräuche wie die Weihe der Tanne in der langen Nacht oder die Beschenkung der Kinder in die christlichen

Feierrituale zu übernehmen. Auch war die Erkenntnis für die Verbreitung des wahren Glaubens sehr hilfreich, dass das Heidentum auf Erden keinen Trost zu spenden vermag. Es kennt nur Tapferkeit und Rache, wo wir Liebe und Vergebung kennen. Das hat mich das Beispiel Siegfrieds gelehrt, und ich habe vielen Missionaren des wahren Glaubens, die sich anschickten das heidnische Germanien zu bekehren, die Botschaft des Trostes anempfohlen. Und so glaube ich denn heute, dass ich im Willen unseres Herrn handelte, als ich Siegfried die Treue versprach.

Dieses Treueversprechen lag nun einige Monde zurück, als wir mit unserem Heer die Siegmündung erreichten. Ich hatte während des Heerzugs oft an mir gezweifelt. Immerhin zog ich in einem heidnischen Heer gegen einen, soweit mir bekannt war, christlichen Fürst. Hatte er auch schlimme Taten begangen. Er war immer noch ein Bruder im wahren Glauben. Und Siegfried war ein Heide. Durfte ein guter Christ einem Heiden im Kampfe gegen einen Christen beistehen?

Nun, die Gründe für meine Entscheidung sind hinreichend dargelegt. Auch habe ich meine Zweifel erwähnt. Diese quälten mich jedoch nur bis zu dem Tag, da wir die Siegmündung erreichten. Dort geschah etwas, das mich in meinem Entschluss derart festigte, dass ich fortan nicht den geringsten Zweifel empfand. Von diesem Ereignis will ich nun berichten.

Einige der Späher Siegfrieds hatten das Mündungsgebiet weiter erkundet und waren auf eine kleine Siedlung gestoßen. Zunächst waren die Bewohner angesichts der gut gerüsteten Krieger in Angst geraten und hatten einen Fluchtversuch unternommen. Da unser Heer aber bereits einen Großteil des Mündungsgebiets besetzt hielt, hatten sie die Fluchtpläne aufgegeben und sich den Spähern auf dem Dorfplatz ergeben. Es handelte sich um 26 Männer verschiedenen Alters und drei alte Frauen. Als Siegfried und ich gemeinsam mit den Gaufürsten der Nibelungen eintrafen, befanden sich die Späher gerade mitten im Verhör der Dorfbewohner.

Die Gespräche stockten sofort als die Späher Siegfried bemerkten. Sie traten auseinander, so dass er mit den Gaufürsten und mir wie durch eine kurze Gasse zu den Befragten gelangte.

Siegfried schwang sich von seinem schwarzen Hengst und trat vor die Dorfbewohner. Er lächelte in die Runde der Bewohner, die alle ehrfurchtsvoll den Blick gesenkt hatten. Denn aus dem Verhalten der Späher bei Siegfrieds Ankunft und dessen Erscheinung bestand für sie kein Zweifel daran, dass sie einen mächtigen Kriegsherrn vor sich hatten.

„Wer ist der älteste von euch?“, fragte Siegfried.

„Das bin ich, Herr.“

Ein älterer Mann mit graublondem Bart, sonnengegerbtem, schmutzigem Gesicht in einem zerschlissenen Kittel trat vor.

„Sieh mich an“, forderte Siegfried den Alten mit milder Stimme auf. Erst jetzt wagte dieser es den Blick zu heben.

Als seine Augen Siegfrieds Blick trafen, erschauerte er sichtlich. Ja, er erschrak geradezu. Er riss Augen und Mund auf und stammelte etwas ebenso hastiges wie unverständliches.

Siegfried lachte.

„Bin ich so hässlich, Alter!?"

Die umstehenden Krieger lachten ebenfalls.

Aber dann bemerkte Siegfried, dass auch die umstehenden Dorfbewohner ihn mit derselben ungläubigen Miene anstarrten wie der Alte. Er bedeutete den Kriegern mit einer Handbewegung zu schweigen und sah den Alten ernst an.

„Was stammelst du da? Sprich deutlich! Und habe keine Furcht. Wir sind nicht hier, um euch zu schaden."

„Verzeiht mir bitte, mein Herr, aber ihr seht fast genauso aus wie .... wie ..."

Na, wie wer denn? Nur raus mit der Sprache! So lange ich nicht aussehe wie eines von Logis Kindern mit der Angrboda, kann ich alles ertragen!"

Wieder erscholl lautes Gelächter unter den Kriegern.

„Nein Herr, das ist es nicht", gab der Alte zurück. Dann atmete er tief ein und sagte mit fester Stimme:

„Ihr seht aus wie unser vor vielen Jahren gefallener, viel geliebter Fürst. Ihr seht aus wie der Gaufürst Siegmund."

Jetzt war es Siegfried, der den Alten mit geöffnetem Mund sprachlos anstarrte. Schließlich brachte er mit belegter Stimme hervor:

„Du kanntest den Gaufürsten?"

„Ja, Herr."

Siegfried wies seine Krieger an, die Befragung fortzuführen. Er selbst führte den Alten mit sich fort. Sie gingen über eine Auenwiese in Richtung der Flussmündung. Worüber sie sprachen, kann ich nur erahnen. Denn ich blieb mit den anderen Gaufürsten zurück.

Es war Gaufürst Arwin, der jetzt die Befragung fortsetzte. Obwohl die Dorfbewohner bereitwillig alle Fragen beantworteten, erfuhren wir nichts von Belang, das uns geholfen hätte, die Wehrburg Fafnirs zu erobern. Dafür erfuhren wir einiges über Fafnir selbst, das zu wissen ich uns lieber erspart hätte. Denn es war nicht dazu angetan, die Lust der Krieger auf eine Schlacht gegen Fafnir zu steigern.

Fafnir wurde „der Drache Gottes" genannt. Das lag nicht nur daran, dass er sich selbst als Herrscher über das Drachengau so nannte. Vor allem hing es mit der Art zusammen, wie er seine Feinde behandelte.

Alle Gefangenen, die ihm seine Krieger brachten, unterteilte er in Barbaren und Christen. Die Christen – meistens handelte es sich um Römer oder Krieger verbündeter Völker wie der Ubier, die auf der gegenüberliegenden Seite des Rhings in römischen Städten und Festungen lebten – die Christen wurden gegen eine Zahlung von römischem Geld oder im Tausch gegen Silber, Gold oder Waffen an den Feind übergeben. Manchmal schlug ihnen Fafnir zuvor die Schwerthand ab, damit der Freigelassene nicht den Feind als Krieger stärken konnte. Aber selten wurde ein Christ getötet, berichteten die Dorfbewohner.

Bei den heidnischen Barbaren ging er indessen anders vor. Sie wurden in langen Winternächten zu Dutzenden an hohe Holzkreuze gefesselt, die auf einem gewaltigen Felsvorsprung standen, der unterhalb der Wehrburg über den Rhing ragte. Dann ließ er riesige, zuvor eigens errichtete Scheiterhaufen unter den Kreuzen entzünden.

Die Feuer und die Schreie der Sterbenden flogen lange und weit durch das Rhingtal und das Drachengau. Fafnir sah den Opfern beim Sterben zu, lauschte ihren Schreien, atmete ihr brennendes Fleisch und blieb manches Mal bis ihr grausiges Sterben beendet war auf dem Felsvorsprung stehen.

Bereits diese Erzählung ließ mich erschaudern, und ich zweifelte nicht einen Augenblick an ihrer Wahrheit. Was uns die Dorfbewohner allerdings danach berichteten, führte dazu, dass sich selbst der hartgesottene Radumar, der von sich selbst behauptete ein Herz aus grauem Stein in der Brust zu tragen, schütteln müsste.

Als Arwin fragte, warum es unter den Dorfbewohnern nur die beiden alten Weiber gebe und ob sie die jungen Frauen aus Furcht vor uns versteckt hielten, schlugen fast alle die Augen nieder. Einige drehten sich sogar weg oder verbargen die Gesichter in ihren Händen. Endlich ergriff eines der beiden alten Weiber das Wort:

„Der Drache lässt alle jungen Mädchen aus dem Gau in seine Burg bringen. Jeden Sommer lässt er alle Dörfer durchsuchen. Dann schändet er sie immer und immer wieder. Und dann im Winter … sie tragen dann oft ein Kind im Leib …"

Die Alte brach ihre Rede ab. Sie schluchzte vernehmlich, und Arwin legte ihr eine Hand auf die Wange. Sie ergriff die Hand und sah ihn mit einem Mal fast trotzig an. Schließlich fuhr sie mit heiserer, aber fester Stimme fort:

„Im Winter lässt er sie nackt auf einem angespitzten Holzpfahl aufsitzen. Den stellen seine Männer dann auf. So bohrt sich der Pfahl immer tiefer in ihre Leiber. Sie schreien oft eine ganze Nacht hindurch. Aber den Morgen erleben sie nie. Denn bevor die ersten Lichtstrahlen kommen, entzündet er unter ihnen Scheiterhaufen. Sie brennen bereits, wenn der neue Tag kommt."

Dann sackte die Frau auf die Knie nieder und brach in ein entsetzliches Weinen und Kreischen aus. Die zweite Frau kam zu ihr und legte ihren Arm um sie. An Arwin gewandt sagte sie:

„Bitte verzeiht ihr, Herr. Sie hat auf diese Weise ihre Kinder verloren. Sie hatte vier Mädchen."

Arwin nickte verständnisvoll.

Ich trat vor. Bis heute weiß ich nicht, welcher Dämon mich trieb, mein Wort an die Dorfgemeinschaft zu richten. Aber ich weiß, dass nach diesem kurzen Wortwechsel mein erschütternder Entschluss, dem Heiden Siegfried dabei zu helfen, den Christen Fafnir niederzuwerfen, fester als jemals zuvor stand. Ich trat vor und sagte an die Dorfbewohner gewandt:

„Ich bin Brictius, Bischof des Caesarodunum, das man auch als Tours im Land der Franken und Gallier kennt. Ich bin ein christlicher Geistlicher, und ich kann euch allen versichern, dass der Fürst Fafnir nicht im Namen

Christi unseres Herrn handelt. Unser Herr spendet Liebe, Trost und Schutz den Armen und Leidenden. Euch alle möchte ich einladen, mit mir über das Christentum zu reden. Vielleicht vermag es ja ein wenig Trost zu spenden."

Arwin rümpfte die Nase, und die Gaufürstin Brünhild schüttelte langsam den Kopf. Aber sie erwiderten nichts. Stattdessen ergriff einer der jüngeren Männer aus den Reihen der Dorfbewohner das Wort:

„Das ist sehr freundlich von euch, Herr ..."

Offenbar war ihm mein Name entfallen.

„Herr Bischof", sagte er schließlich, noch bevor ich meinen Namen wiederholen konnte. „Das geht aber nicht, Herr Bischof. Der Drache verbietet es uns, Christen zu werden."

„Er tut was?", fragte ich entsetzt.

„Er verbietet es, Herr. Er will, dass wir Heiden bleiben", sagte er.

„Damit er uns weiter wie Sklaven behandeln und unsere Töchter pfählen kann", fuhr ein anderer junger Mann mit zerzausten langen roten Haaren dazwischen. „Fafnir ist ein Stück Dreck, das getötet werden muss!"

„Wie heißt du?", donnerte eine Stimme hinter mir. Siegfried war zurückgekehrt und näherte sich uns. Der aufgebrachte junge Mann zuckte zusammen. Dann hob er trotzig das Kinn und entgegnete:

„Mein Name ist Degenhard, Herr. Und wenn ihr mich töten wollt, nur zu! Ich werde nicht leugnen, dass ich den Drachen hasse und töten will. Er ist ein grausames Monster, er quält unsere Frauen, ja unsere Kinder, bei Wodan! Jeder Mann, der noch seine Eier hat, sollte ihn töten wollen."

Siegfried zog Balmung, das mächtige Langschwert des Nibelungenherzogs, und berührte mit der Spitze das Kinn des jungen Mannes.

„Degenhard!", donnerte Siegfrieds Stimme erneut. Degenhard zitterte, aber er erwiderte weiter trotzig Siegfrieds Blick. „Du hältst dich also für einen Mann mit Eiern? Dann gib Acht, dass sie dir niemand abschneidet. Denn Männer wie dich, Männer mit Eiern, brauche ich in meiner Haustruppe. Ich bin Siegfried, Herzog der Nibelungen, Sohn des Siegmund und rechtmäßiger Gaufürst des Drachengaus. Ich bin gekommen, um mir zu nehmen, was mir nach dem Willen der Götter gehört. Und ich werde den Drachen Fafnir töten."

Die Dorfbewohner fielen auf die Knie. Selbst die alte Frau beendete ihr Schluchzen und starrte Siegfried an. Dann riefen sie einer nach dem anderen:

„Heil Siegfried. Heil dir, Herzog Siegfried!"

Noch auf der Stelle schworen alle Männer des Dorfes Siegfried ihre Treue. Degenhard war der erste, der das tat. Und Siegfried ließ ihm ein Schwert, einen Schild und einen Speer bringen zum Zeichen, dass er nun ein Krieger der Nibelungen sei.

Dann ließ Siegfried das Heerlager errichten. Es war ein grauer und kalter Tag. Immer wieder regnete es, und die Flussauen bestanden mehr aus Schlamm denn aus Wiese. Die Männer fluchten, während sie notdürftige

Unterstände errichteten oder verzweifelt versuchten mit dem durchnässten Holz Feuer zu entfachen.

Am Abend saßen Siegfried und ich zu zweit etwas abseits der anderen an einem kleinen Feuer. Er hatte mich zu sich gebeten. Immer noch regnete es wie aus Kübeln. Während der vergangenen Tage, ja der vergangenen Monde sogar, wenn ich mich recht bedenke, hatte Siegfried sich sehr für das Christentum interessiert. Seine Wissbegier war so groß gewesen, dass in mir sogar die Hoffnung gekeimt war, ich könne ihn zum wahren Glauben bekehren.

Als wir jetzt am Feuer saßen, fragte er mich weiter aus:

„Was sagt so ein Geistlicher Christus wie du? Gibt es Redewendungen, an denen jemand erkennen kann, dass er es mit einem Priester oder einem ... wie nanntest du sie noch gleich ...? Ach ja: Mönch! Gibt es Redewendungen für Priester und Mönche?"

Darüber dachte ich eine Weile nach. Gewiss, wir Geistlichen bemühten oft die Heilige Schrift. Aber das waren keine Redewendungen. Das waren heilige Worte, die nicht einfach nur so daher gesagt wurden. Zunächst fiel mir nichts ein. Dann aber erklärte ich ihm, dass wir oft das Kreuzzeichen machten und unseren Herrn dankend erwähnten.

„Und wir sagen ‚Amen', wenn wir unsere Zustimmung zu etwas ausdrücken."

Siegfried nickte und murmelte ein leises „Amen" vor sich hin.

Dann erklärte er mir seinen Plan zur Eroberung der Wehrburg, und ich war maßlos enttäuscht als ich erfuhr, dass er sich nur deshalb für das Christentum interessiert hatte, weil er die Wehrburg Fafnirs durch eine List einnehmen wollte. Und zu dieser List gehörte es, dass Siegfried sich seinen Feinden gegenüber als ein christlicher Jungpriester ausgeben wollte.

Ich sah ihn lange an. Ich sah diese breiten Schultern, die hünenhafte Gestalt, das fast kindliche Gesicht mit dem spitzen, blondroten Bart, umrahmt von wildem, langem Blondhaar. Ich sah sein sympathisches, lebensbejahendes Lachen, blickte in seine glühenden braunen Augen. Und ich sah einen Anführer, einen großen Kriegsherrn. Ich sah sogar schon damals etwas wie einen Freund. Und ich sah etwas Dunkles, Dämonisches an ihm, das immer durchzubrechen drohte. Aber was ich nicht sah und was ich mir bei bestem Willen und aller Anstrengung meines Geistes nicht vorstellen konnte war, dass irgendjemand diesen Mann für einen Mann Gottes halten könnte. Es war so, als wollte man einen Bären zum Hirschen machen, bloß indem man ihm ein Geweih aufsetzte. Kurzum: Ich glaubte nicht an den Erfolg dieser List.

Siegfried tat meine Bedenken mit einem lauten Lachen ab.

„Du bist wirklich ein ängstlicher Hase, Christus!", rief er. „Morgen früh brechen wir auf."

Damit war es beschlossen. Siegfried versammelte die Gaufürsten und Kriegerführer der Nibelungen und erklärte ihnen, was er am nächsten Tag von ihnen verlangte. Und dann verschwand er irgendwo im Heerlager.

Ich beschloss einen Spaziergang zur Siegmündung zu unternehmen. Der Regen hatte plötzlich ausgesetzt, und für den Augenblick klärte der Nachthimmel auf. Der Frühling roch aus den Bäumen. Ich stapfte durch das hohe Gras bis zum Fluss und folgte am Ufer dessen Wasserlauf. Als ich die Mündung der Sieg erreichte, sah ich den vollen Mond durch die Wolken brechen. Wie ein glühendes Auge sah er auf mich herab. Sein Licht spiegelte sich im Wasser der beiden Flüsse, die sich in einem gewaltigen Strudel vermischten und als ein einziger Strom weiter flossen. Der ohnehin mächtige Rhing wurde noch mächtiger. Die Sieg wirkte immer noch in ihm, aber sie war doch verschwunden.

Unweigerlich musste ich an die Geschichte der Menschen denken. Sie ist wie der Rhing: mächtig und unaufhaltsam fließt sie dahin. Und die Geschlechter und Religionen fließen in sie hinein und verlieren sich schließlich in ihr. War das Christentum, war meine Religion wie die Sieg, oder war sie wie der Rhing? Würde sich das Christentum irgendwann im Strom der Geschichte auflösen? War das Heidentum der Strom, in dem sich der wahre Glaube verlieren würde? Oder war es umgekehrt?

Ich ließ mich auf einem Stein am Ufer der Mündung nieder und sah den beiden Flüssen zu, wie sie sich im ständigen Ringen und Winden vereinigten. Der Mond starrte vom Himmel hernieder als erwartete er etwas von mir. Ich ertappte mich bei dem absurden Gedanken, dass die Götter mir ein Zeichen geben wollten. Sogleich verbat ich mir diesen heidnischen Gedanken. Ich schüttelte mich und den Gedanken aus meinem Kopf. In diesem Augenblick hörte ich eine Stimme.

Die Stimme war weiblich, soviel verstand ich. Sie sprach gedämpft und in einiger Entfernung, so dass ich zunächst nichts verstehen konnte.

Sie näherte sich in einem kleinen Wäldchen, das bis auf wenige Schritte an das steinige Mündungsufer reichte. Ich lauschte angestrengt und bemerkte, dass sich eine zweite, männliche Stimme mit der ersten zu einem Gespräch vermischte. Obzwar ich immer noch kein einzelnes Wort verstand, erkannte ich sehr deutlich, dass sich die Stimmen meinem Standort näherten. Es handelte sich um einen Mann und eine Frau, die beide nicht beritten waren. Das wusste ich nun. Und ich vermutete, dass sie genau wie ich vor ihnen die Siegmündung zum Ziel ihres Wegs hatten.

Bis heute kann ich nicht genau erklären, wovor ich mich fürchtete. Denn recht eigentlich war das Mündungsufer diesseits der beiden Flüsse vollständig von den Nibelungen besetzt, so dass es kein Feind sein konnte, dessen Stimme ich vernahm. Dennoch beschloss ich, mich vor den Neuankömmlingen zu verbergen.

Ich sah mich auf dem felsigen Mündungsufer um. Die Steine hier waren nicht höher als meine Knie und nicht breit genug, um sich hinter ihnen zu verstecken. Auch war eine Flucht durch das kleine Wäldchen ausgeschlossen. Es blieb nur ein alter Baumstamm am Uferrand übrig, den der Rhing irgendwann angespült hatte. Er lag auf eine Weise da, dass vom Mündungsufer aus nicht einsehbar war, was sich unmittelbar hinter ihm befand. Und so warf ich mich kurzerhand der Länge nach in das feuchte Kieselbett hinter dem Treibholzstamm.

Die Stimmen kamen näher, und ich hörte die Schritte, wie sie in den Steinen des Ufers knirschten. Ich schmiegte mich enger an den Stamm, so dass mir der modrige Holzgeruch in die Nase stieg.

Sie kamen näher in meine Richtung. Fast hatten sie mich erreicht, aber dann hielten sie unerwartet inne und ließen sich auf den Steinen des Ufers nieder.

„Wir könnten uns zusammentun", sagte die weibliche Stimme. Sie klang beängstigend nah, und ich erschrak. Denn abgesehen davon, dass sich die Quelle dieser Stimme nur wenige Schritte von mir entfernt befand, erkannte ich sie wieder. Sie gehörte Brünhild, der Fürstin der Wolfsippe.

„Niemand würde es wagen, unserer Verbindung zu widersprechen."

Es folgte ein langes Schweigen, währenddessen mir der Gedanke, möglicherweise nicht zu erfahren, mit wem die Gaufürstin sprach, unerträglich wurde. Und so schob ich mich langsam, Stück um Stück vorwärts, bis ich eine Stelle erreicht hatte, wo sich unter dem Baumstamm, der mich verbarg, eine kleine Kuhle befand. Was wie ein Durchgang für Mäuse wirkte, war für mich wie der Sehschlitz eines Wachturms. Ich konnte beobachten, ohne selbst gesehen zu werden. Und ich sah und erkannte den Mann, der bei Brünhild saß. Es war der Herzog selbst. Es war Siegfried, der Anführer der Nibelungen, dessen langes blondes Haar im Mondlicht leuchtete wie Feuer.

Endlich brach er das Schweigen.

„Wenn ich morgen nicht zu Fafnir gehe, werden die Nibelungen womöglich die Achtung vor mir verlieren", hob er an. „Vielleicht werden sie mich nicht länger als ihren Herzog dulden. ‚Was ist ein Herzog, der sein eigenes Gau nicht zurückerobern will?', werden sie fragen. Aber das ist es nicht. Das alles könnte ich ertragen, wenn ich dafür mit dir zusammensein könnte, meine liebe Brünhild."

Siegfried schob ihr mit dem Finger zärtlich eine ihrer weißen Haarsträhnen hinter das Ohr und küsste sie lange auf ihre Wange.

„Aber was ist es dann?"

Siegfried wandte sich merklich. Er wollte die Frage nicht beantworten, und eine Zeit lang schien es so, als würde er sich schlicht weigern. Dann aber seufzte er und sagte:

„Vor vielen Jahren war ich mit Raven bei einer Völva, einer Seherin. Sie lebte weit nördlich von hier in einer Felshöhle tief im Wald. Sie gab mir einen Trank aus vergorenem Apfelsaft und Fliegenpilzen und anderen Zaubermitteln. Es dauerte nicht lange, bis ich in einen Rausch verfiel. Dann schnitt sie mich in die rechte Hand und stellte mir allerlei seltsamer Fragen. Ich durfte meine Antwort nicht aussprechen, sondern musste mein Blut mit schwungvollen Handbewegungen gegen eine Felswand in der Höhle schleudern. In den entstandenen Mustern las die Völva mein Schicksal. Dann schlief ich ein. Als ich aufwachte, lag ich vor der Höhle in feuchtem Moos. Raven und die Seherin waren nirgends zu sehen. Da hörte ich aus der Höhle ein Grunzen und Schnaufen. Ich ging also mit gezogenem Schwert zurück in die Höhle. Und was sehe ich da? Der alte Raven macht sich über die Seherin her, die auch nicht abgeneigt war. Kannst du dir das vorstellen?"

Siegfried schüttelte den Kopf und lachte laut. Brünhild sah ihn weiter erwartungsvoll an. Als er jedoch keine Anstalten machte seine Erzählung fortzusetzen, fragte sie, ihn liebevoll tadelnd:

„Dein Schicksal. Was war das Schicksal, das die Völva vorhergesehen hatte?"

„Wie? Ach ja. Mein Schicksal."

Siegfried seufzte vernehmlich und holte tief Luft.

„Die Seherin ist hinab in die Anderwelt gestiegen und hat dort die drei Schwestern befragt, die Nornen, die am Fuße des Weltenbaumes Yggdrasil sitzen und unser Schicksal zu einem Faden verweben. Urd, die älteste der drei Schwestern, hat ihr gesagt, dass sich aus meiner Abstammung die Aufgabe einer gewaltigen Rache ergibt. Ich muss ein schreckliches Ungeheuer töten. Verdanda, die zweite Schwester, sagte, ich werde einen Freund finden, der mir die Augen öffnet, und eine Frau mit weißen Haaren, die für mich wahre Liebe und reines Glück bedeutet. Skuld, die jüngste der drei, aber sagte, es sei nicht der Wille der Götter, dass ich glücklich werde. Die Götter wollen, dass ich große Taten vollbringe und unsterblichen Ruhm erringe. Aber das gehe nur, wenn ich auf mein Glück verzichte. Verstehst du, Brünhild?"

Seine Stimme brach, und ich konnte kaum glauben, was ich sah: Der Herzog der Nibelungen, der gefürchtete Krieger Siegfried, der die Brüder Nilbung und Schilbung in einem schrecklichen Dreikampf besiegt und die Macht über den Stamm der Nibelungen an sich gerissen hatte, rang mit den Tränen.

„Die Götter wollen nicht, dass ich glücklich werde. Du bist die Frau, die Verdanda der Völva angekündigt hat."

Mit seiner rechten Hand schob er ihr abermals eine ihrer weißen Haarsträhnen hinter das Ohr.

„Du bist die Frau mit den weißen Haaren, die Liebe und Glück bedeutet."

Brünhild sah ihn lange schweigend an. Dann sagte sie:

„Urd hat wahr gesprochen. Du musst eine Rache unternehmen und dafür ein Ungeheuer, einen Drachen, töten. Auch Verdanda hat nicht gelogen. Ich bin hier. Und ich will dich glücklich machen, dich lieben. Ich bin deine Frau mit den weißen Haaren. Warum sollte dann die dritte Schwester lügen?"

Siegfried senkte den Kopf. Brünhild schüttelte sich. Dann reckte sie trotzig ihr Kinn empor und sagte:

„Verflucht sei Skuld! Sie möge an ihrer Spindel ersticken!"

Dann erhob sie sich, zog mit einem Ruck das gesamte Wams über ihren Kopf und schwang sich rittlings auf Siegfrieds Schoß. Dieser sah auf und blickte geradewegs auf ihre kleinen, festen Brüste. Diese starrten ihn fordernd wie die Augen eines Waldfrosches an. Siegfried grinste. Und da war es wieder: dieses lebensbejahende, gewinnende, ja spitzbübische Grinsen, das diesen großen Mann trotz all seiner Taten und obwohl er ein Heide war für mich und für so viele anderen Menschen unwiderstehlich anziehend machte.

Ich grub mein Gesicht in die Steine des Ufers und hielt mir mit beiden Händen die Ohren zu. Ich hörte Brünhilds schweren Atem, ich hörte Siegfried grunzen, und die Wellen des Rhings schlugen regelmäßig und leise klatschend auf das steinerne Ufer, und der Mündungsstrudel von Sieg und Rhing drehte sich schneller und schneller, und die beiden Gewässer vereinigten sich und wurden unaufhaltsam eins.

Ich sah mich zurückversetzt an jenen Ort in jene Zeit des Abends vor dem Kampf Siegfrieds gegen Schilbung. Ich hatte Siegfried und Brünhild unfreiwillig bei derselben Sünde beobachtet wie die, der ich nun beizuwohnen gezwungen war. Damals hatte ich in den Armen Guasas, meiner ehemaligen Haussklavin, Ablenkung gesucht. Doch sie war während des Heerzugs gegen Fafnir mit den meisten anderen Frauen in der Siedlung geblieben. Und so sandte ich in Gedanken zahlreiche Gebete zum Himmel, um mich von den Ereignissen jenseits des Baumstammes abzulenken.

Ich betete und flehte so sehr um Blindheit und Taubheit, um das Paar auf der anderen Seite des Baumstammes weder sehen noch hören zu müssen, dass ich gar nicht bemerkte, wie sich der Atem der beiden Liebenden nach heftigen Schreien beruhigte. Auch hörte ich die Schritte nicht, die sich näherten. Ich war dermaßen in mein Gebet vertieft, dass ich noch nicht einmal das Knacken und leichte erzittern des Treibholzstammes bemerkte, als jemand wuchtig einen Fuß auf den Stamm setzte, um sich im nächsten Augenblick auf dem Stamm und damit genau über mir aufzubauen.

Erst als über mir ein gewaltiges Lachen ertönte sah ich auf. Über mir stand, völlig nackt – der Schein des Mondes spiegelte sich in seinem von der Sünde feucht glänzenden Geschlecht – Siegfried, der Herzog der Nibelungen. Und er lachte. Er lachte so laut, dass es mir Angst machte.

„Brünhild!", rief er, immer noch lachend. „Du musst dir ansehen, was der Rhing hier mit dem Treibholz angeschwemmt hat! Bei Wodans Auge, das glaubst du nur, wenn du es selber siehst."

Brünhild, die ebenfalls vollkommen entblößt war, trat neben Siegfried auf den Baumstamm und legte den Kopf schief.

„Seltsames Treibholz, das uns die Wasserweiber da ausgespuckt haben. So dürr und dünn. Ob das wohl gut brennt?"

Siegfried lachte laut, während er wieder hinter dem Baumstamm verschwand. Ich starrte Brünhild mit aufgerissenen Augen an. Ihr Leib war von Kämpfen vernarbt. Aber sie war dennoch schön. Ihre Brüste waren klein und fest, ihre Hüften waren weiblich gerundet. Aber nicht so breit, dass sie unbeweglich zu machen schienen. Die Arme und Beine waren stark, aber dennoch weiblich. Sie schien zu bemerken, dass mir gefiel, was ich sah. Denn sie lächelte verständnisvoll.

Ich wollte mich aufrichten, etwas Angemessenes sagen oder das Kreuzzeichen machen. Aber da war plötzlich etwas an meiner Kehle. Siegfried war zurück. Und er hatte sein Langschwert Balmung mitgebracht, dessen tödliche Spitze nun über meinen Hals kratzte.

„Sag mir, Christus, was ist das mit dir? Immer wenn ich meine Brünhild pflüge, erscheinst du mir. Was soll das?"

„Ich … ich …" Ich hatte keine Ahnung, was ich sagen sollte.

„Ich weiß nicht, Herr. Bitte verzeiht mir. Ich weiß nicht, warum mich Gott immer zu euch führt, wenn ihr … ich kann nichts …. ich wollte das nicht", stammelte ich.

„Ich sollte deinen Kopf abschneiden und ihn in den Rhing werfen als Opfergabe für den mächtigen Njörd, der das Meer und die Winde beherrscht. Er könnte uns eine Menge Fische den Rhing hinauf schicken, damit unser Heer nicht verhungert."

„Oder du schneidest ihm die Augen heraus", warf Brünhild ein. „Wir könnten sie dem blinden Gott Hödur opfern und ihn bitten, Fafnirs Späher mit Blindheit zu schlagen, damit sie unser Heer nicht entdecken."

„Guter Vorschlag!", rief Siegfried begeistert.

„Herr … bitte", stammelte ich.

„Andererseits … ich brauche dich morgen früh. Du bist die Brautjungfer."

Mein Unverständnis muss sich deutlich auf meinem Gesicht abgezeichnet haben. Denn Siegfried lachte laut, zog die Klinge zurück und forderte mich mit einer Handbewegung auf mich zu erheben. Er lehnte das Schwert an den toten Baumstamm und begann damit, seine Kleidung zusammenzusuchen. Brünhild tat es ihm gleich. Und während sie sich bekleideten, ließ ich mich auf dem Baumstamm nieder. Ich atmete wie ein Hase, der nach langer Jagd knapp einem Wolfsrudel entkommen war. Endlich fasste ich all meinen Mut zusammen und nahm den Gesprächsfaden wieder auf:

„Sagt mir, Herr, wie habt ihr das gemeint?"

„Was denn?", fragte Siegfried.

„Ihr sagtet, ich sei eure Braut. Demnach wäret ihr als ein Bräutigam vorgesehen? Dazu möchte ich zu bedenken geben, dass ich als Mann Gottes der Ehe entsagt habe und …"

„Du bist die Brautjungfer", unterbrach mich Siegfried.

„Wa …", brachte ich hervor und zog vermutlich ein recht dummes Gesicht dabei. Siegfried lachte.

„Er wird eine wunderschöne Brautjungfer", lachte Brünhild. „Fast so hübsch wie der Donnergott mit seinem roten Bart."

„Der Donnergott? Jesus Christus möge mir helfen, aber ich verstehe nicht", sagte ich.

Siegfried und Brünhild hatten ihre ledernen Wamse und die Hosen aus fester Wolle samt ihren Waffen angelegt. Er grinste und wies mich mit einer Kopfbewegung an, ihm zurück in Richtung des Uferwäldchens zu folgen.

Als wir zu dritt eine Weile gegangen waren und in der Ferne bereits das Gelage des Heeres vernahmen, sagte Siegfried:

„Mein Plan ist es, dass wir beide uns morgen früh als christliche Priester verkleiden, um in die Wehrburg zu gelangen. Ich will, dass Fafnir uns bereitwillig die Türen öffnet, weil er glaubt, wir brächten ihm etwas, das er will. So wie der Donnergott Donar es dereinst bei dem Riesen Trümm getan hat."

Er sah meinen fragenden Blick und setzte hinzu:

„Die Geschichte kennst du nicht, wie? Nun gut. Du weißt ja, dass Donar einen riesigen Hammer hat. Mjölnir, der ihm von Zwergen geschmiedet wurde. Donar liebt seinen Hammer, und ganz besonders gern benutzt er ihn, um Riesen zu töten. Er tötet Eisriesen, die im Winter alles Leben bedrohen, er tötet Sturmriesen, die unsere Dörfer und Wälder verwüsten, und er tötet manchmal auch Feuerriesen, die alles verschlingen, was sie zu fassen bekommen. So beschützt er uns Menschen. Aber er tötet auch Riesen mit seinem Hammer, weil es ihm Spaß macht. Deshalb hassen ihn alle Riesen."

„Glaubt ihr, dass euer Gott die Menschen liebt?", fragte ich. „Immerhin hilft er ihnen ja, wenn das stimmt, was ihr sagt." Ich bekreuzigte mich, und Siegfried lachte.

„Liebe? Vielleicht liebt Donar einige von uns", sagte Brünhild. „Aber ich glaube das Riesentöten liebt er mehr."

„Ja, und du kannst es sehen, Christus. Immer wenn Mjölnir den Kopf eines Riesen zerschmettert, zuckt ein Blitz durch den Himmel. Und dann hörst du das donnernde Lachen Donars, der sich über einen getöteten Riesen freut. Manchmal schlägt Donar so heftig zu, dass er den Schädel des Riesen vollständig zerschmettert und der Schwung seines Hammers erst von einem Baum oder etwas anderem gebremst wird."

Ich sah Siegfried an. Der Mond spiegelte sich in seinen dunklen Augen, und es war, als leuchteten sie vor Begeisterung.

„Donar ist also, wie du dir vorstellen kannst, nicht sehr beliebt bei den Riesen", fuhr Siegfried grinsend fort. „Und eines Tages gelang es dem Riesen Trümm, Donars geliebten Hammer Mjölnir aus Asgard, der Heimat der Götter, zu stehlen. Er ging damit nach Jotunheim, wo die Riesen geboren wurden. Logi fand den Riesen und überbrachte die Forderungen des Trümm an die Götter. Wenn Sie den Hammer zurückhaben wollten, müssten sie ihm Freya zur Frau geben. Ohne Freya werden aber die Leiber unfruchtbar und Wunden heilen nicht mehr. Deshalb wollten die Götter das nicht."

„Außerdem war Trümm ein außerordentlich hässlicher Riese", flocht Brünhild ein. „Niemand, und schon gar nicht die schöne Freya, wollte so einen hässlichen Riesen heiraten. Deshalb weigerte sich auch Freya selbst, auf den Handel einzugehen."

Siegfried nickte und fuhr fort:

„Schließlich ersannen die Götter eine List. Der große und mächtige Gott Donar wurde als Freya verkleidet, um ihn statt der Göttin zur Hochzeit ins Land der Riesen zu schicken. Weil Donar einen mächtigen roten Bart trägt und auch sonst nicht besonders weiblich wirkt, wurde sein Antlitz hinter einem langen und fein gewobenen Schleier verborgen. Und weil die Götter fürchteten, dass die Riesen auf der Hochzeit die donnernde Stimme Donars erkennen würden, begleitete ihn Logi, der seine Gestalt verändern kann und sich in eine junge Frau verwandelte. Er sollte als Brautjungfer die Gespräche in Jotunheim führen, so dass Donar unerkannt bliebe. Und genau so machen wir es auch, Christus."

Ich war mir nicht ganz sicher, ob ich Siegfried richtig verstanden hatte und zog die Stirn in Falten. Obwohl der Mond uns kaum genug Licht spendete, so dass wir unseren Weg gerade noch sahen, schien Siegfried meinen fragenden Blick zu bemerken. Denn er fuhr mit einer Erklärung fort:

„Ich sehe meinem Vater sehr ähnlich. Das würde Fafnirs Misstrauen hervorrufen. Deshalb verkleide ich mich als christlicher Priester, so wie Donar sich als Braut verkleidet hat. Aber ich bin kein Christ und weiß nicht, was ein Christ so redet. Ich weiß nur, dass ihr immer ‚Amen' sagt und seltsame Handbewegungen vor der Brust macht. Weil ich aber nicht wie ein Christ zu reden vermag, so wirst du mitkommen und das Reden übernehmen. So wie Logi das als Donars Brautjungfer getan hat. Verstehst du jetzt? Du bist die Brautjungfer, ich bin die Braut."

Siegfried lachte. Brünhild rollte mit den Augen, und ich sagte seufzend: „Ja, Herr."

Und ich verstand wirklich. Ich verstand, auf welchen Wahnsinnsplan ich mich eingelassen hatte.

Wir hatten das Heerlager inzwischen fast erreicht. Siegfried erörterte mir noch einige Einzelheiten seines Plans. Nach und nach wurde mir dabei klar: dieser Plan war wahnsinnig und waghalsig. Er war allerdings auch so absonderlich, dass kaum jemand auf eine solche Idee kommen würde. Gerade das aber war unser Vorteil. Die Abwegigkeit unseres Vorhabens. Und vielleicht würde der Herr uns den Sieg als Belohnung für unsere Waghalsigkeit schenken. Aber ich glaubte nicht wirklich daran.

Als wir das Heerlager erreichten, zogen sich Siegfried und Brünhild in ein notdürftig aus Ästen und Fellen errichtetes Zelt zurück. Ich sah ihnen nach. Denn ich wollte wissen, an welchem Ort sie sich betteten. Ein drittes Mal wollte ich nicht Zeuge ihrer sündigen Vereinigung werden. Und eine solche, da machte ich mir keine falschen Hoffnungen, stand unmittelbar bevor.

Ich begab mich an das große Lagerfeuer, an dem die Gaufürsten Hartger, Radumar und Arwin mit ihren Kriegerführern saßen und aus Hörnern und Holzbechern das mitgebrachte Bier tranken. Arwin begrüßte mich freudig und lud mich ein, neben ihm Platz zu nehmen.

Die Stimmung unter den Kriegern war gut. Sie schienen sich geradezu auf den bevorstehenden Kampf zu freuen. Und auch Arwin, den ich als eher ernsten Zeitgenossen kennen gelernt hatte, feierte an diesem Abend recht ausgelassen.

Er zeigte reges Interesse an meiner Religion. So fragte er etwa, ob wir Christen auch nach Walhalla gelangen könnten, wenn wir einen tapferen Tod stürben.

Ich erklärte ihm, dass es im Christentum nicht auf den Tod ankäme, sondern auf das Leben, das man gelebt habe. Das gefiel ihm, und er nickte sehr oft zustimmend. Dann fragte er mich, woran wir Christen denn erkennen könnten, ob wir ein gottgefälliges Leben lebten. Ich erklärte ihm, dass es dazu zwei Wege gäbe - entweder man lebe nach dem Vorbild Jesu Christi oder man tue das, von dem unsere geliebte Mutter Kirche uns erkläre, es sei das dem Vorbild Jesu Christi Entsprechende. Daraufhin lachte er laut auf. Und er sagte, dass er sich sehr für das erstere interessiere.

Ich hatte auch einige Fragen an ihn, die jedoch eher weltlicher Natur waren. Seit ich Siegfried das erste Mal gesehen hatte - damals im Wald abseits des Thingplatzes - hatte ich mich gefragt, ob die Entführung Avas, Arwins Tochter, aus Schilbungs Haus womöglich nur eine List gewesen war, um einen Zweikampf zwischen Siegfried und Schilbung zu bewirken. Arwin lachte und sagte:

„Nun muss ich dir etwas über unsere Götter erzählen. Sie lieben die Unterhaltung, aber sie hassen Stillstand und Langeweile. Immer wenn Ihnen langweilig ist, suchen sie unsere Gesellschaft und machen uns das Leben schwer. Wenn sie uns aber aufsuchen, und wir unterhalten sie gut, indem wir waghalsige Unternehmungen durchführen oder tapfer kämpfen, dann schenken sie uns ihre Gunst. Und du wirst nicht bezweifeln, mein lieber Brictius, dass unser Plan, meine Tochter von Siegfried entführen zu lassen und ihn durch ein Götterurteil zum Herzog zu machen, waghalsig und tapfer zugleich war. Und sieh dir Siegfried an: Er ist der Herzog, und die Götter lieben ihn."

Und dann fügte er leise und mehr zu sich selbst denn zu mir hinzu:

„Er wird wohl nicht lange leben. Aber die Götter lieben ihn, weil er ihnen die Langeweile vertreibt."

Dann lachte er und trank einen gewaltigen Schluck aus seinem Trinkhorn. Ich sah ihn nachdenklich an und dachte darüber nach, ob ich ihn fragen sollte, warum er der Überzeugung sei, Siegfried werde kein langes Leben genießen. Dann fiel mir etwas anderes ein, und meine ursprüngliche Frage hatte ich darüber rasch vergessen.

„Sagt mir, Gaufürst Arwin", hob ich an, „kennt ihr die Geschichte, wie euer Gott Donar einem Riesen namens Trümm verheiratet werden sollte?"

Arwin sah mich überrascht an. Sicherlich dachte er darüber nach, mich über den Grund für meine Neugier zu befragen. Schließlich ließ er es jedoch bei einem Achselzucken bewenden und sagte schlicht:

„Ja. Das tue ich."

„Nun ich kenne sie nur zum Teil", versetzte ich. „Ich weiß, dass Donar als die Göttin Freya verkleidet wurde, weil der Riese sie von den Göttern zur Frau begehrte. Im Gegenzug versprach er, Donars Hammer, den er zuvor entwendet hatte, zurückzugeben. Der verkleidete Donar ging mit dem in eine Brautjungfer verwandelten Logi wirklich zur Hochzeit ins Reich der Riesen. Und der Riese Trümm empfing sie an seiner Tafel. Aber was geschah dann? Mehr weiß ich nicht. Und ich brenne darauf vom Ausgang der Geschichte zu hören."

Arwin grinste, wobei das Flackern des Feuers von seinen weißen ebenmäßigen Zähnen widerschien. Er zupfte genüsslich an seinem geflochtenen Kinnbart.

„Nun zunächst aß Donar. Besser gesagt: er fraß. Neun riesige Lachse schlang er hinunter", erklärte Arwin. „Das kam selbst dem ungeschlachten Trümm seltsam vor. Logi aber sagte ihm …" Arwin kicherte leise, fuhr dann aber fort: „… Logi sagte ihm, dass die Braut sich in den vergangenen Nächten so sehr nach ihm verzehrt habe, dass sie neun Nächte und neun Tage keinen einzigen Bissen herunterbekommen habe und jetzt dringend heiraten wolle. Deshalb müsse Donars Hammer geholt werden, um mit ihm die eheliche Verbindung zu segnen und sie anschließend möglichst rasch zu vollziehen. Und dann …"

Arwin unterbrach sich abermals. Diesmal lachte er laut und schallend.

„Stellt euch vor: Der Riese hebt auf dem Brautbett den Schleier. Aber statt der schönen Freya findet er vor sich einen riesigen, muskelbepackten Mann mit rotem Bart und einer Stimme wie Donner. Eine sehr liebliche Braut!"

Jetzt prustete er vor Lachen, und die Krieger, die mit uns am Feuer saßen und zugehört hatten, lachten ebenfalls laut auf.

Schließlich beruhigte sich Arwin, als er sah, dass ich nicht besonders belustigt wirkte.

Das lag nur zum Teil daran, dass ich mich an der absurden Vorstellung eines rotbärtigen Donnergotts im Brautkleid und entsprechender Verblüffung des Riesen bei diesem Anblick nicht erfreuen konnte. Eher noch lag das daran, wie tief befremdlich es auf mich wirkte, dass diese germanischen Krieger über einen ihrer mächtigsten Götter derbe Zoten zum Besten gaben. Entweder die Heiden waren wirklich gottlos, wie viele Christen behaupten, oder sie gingen davon aus, dass ihre Götter Humor, ja einen recht derben Humor sogar, besaßen.

Arwin jedenfalls bemerkte meinen ernsten Blick und fuhr mit der Geschichte fort.

„Der Riese Trümm ließ Mjölnir, den mächtigen Hammer Donars, holen, um Freyas Schoß zu segnen. Aber zur Vermählung kam es nicht. Als Donar den Hammer auf seinem Schoß fühlte, begann er zu lachen. Erst leise, dann – als er den Hammer an seinem kurzen Schaft zu fassen bekam – laut und donnernd. Die Riesen zuckten zusammen. Über hundert Riesen gehörten der Hochzeitsgesellschaft an. Sie alle erschraken zu Tode, als sie Donars schreckliches Donnergrölen vernahmen. Dann schlug Donar zu. Mit einem gewaltigen Hieb zerschlug er Trümms mächtigen Schädel. Dieser zerbarst wie ein Tonkrug, der gegen einen Felsen geschleudert wird.

Dann warf Donar das Hochzeitsgewand samt Schleier ab. Rot und voller Mordlust glühten seine Augen, als er in die Runde blickte. Logi verkroch sich unter der Tafel. Denn er ahnte, was nun folgte. Blitze durchzuckten den Saal und das donnernde Lachen und Grollen des Donnergottes erscholl so laut, dass man es bis nach Midgard, wo wir Menschen leben, hörte. Donar erschlug sie alle. Alle Riesen und Riesinnen, alle Gäste der unglücklichen Hochzeitsgesellschaft starben unter dem mächtigen Hammer. Es gab keinen einzigen Riesen, dem Donar nicht mit einem gewaltigen Schlag den Schädel zerschmettert hätte. Und nach jedem Todesschlag lachte Donar laut und donnernd. Und so endet die Geschichte von Donar und Logi als Braut und Brautjungfer – mit vielen Toten und dem Lachen des Donnergottes."

LIST UND LÜGE

Irgendetwas versetzte mir einen Stoß zwischen die Rippen. Irgendwer schien mich von Ferne zu rufen. Und dann spürte ich einen weiteren Stoß in den Rippen. Diesmal war der Stoß so heftig, dass ich schlagartig hellwach wurde und in die Nacht starrte.

Ich blickte in zwei dunkle Augen, die mich aus einem Gesicht heraus musterten, das fast vollständig in der Kapuze einer Mönchsrobe verborgen war. In ihnen schimmerte der Widerschein des rot glimmenden Lagerfeuers, neben dem ich eingeschlafen war.

„Wa … was?", stammelte ich.

„Aufstehen, Christus. Walhalla wartet auf uns."

Die Stimme und das folgende jungenhafte Grinsen gehörte dem Herzog. So viel war nun klar. Und noch etwas wurde mir bewusst: dieser Mann spielte keine Spielchen. Er würde heute versuchen seinen waghalsigen Plan umzusetzen und die Wehrburg des Mannes, den man den Drachen Gottes nannte, unbewaffnet und lediglich in Begleitung eines christlichen Priesters anzugreifen. In Gedanken rief ich Jesus Christus und seine Mutter, die Heilige Jungfrau Maria, an. Warum, so fragte ich beide, warum musste ausgerechnet ich dieser Priester sein?

Es war noch finstere Nacht, als wir aufbrachen. Wir ritten das steinige Ufer des Rhings entlang. Vom gegenüberliegenden Ufer drang sanft das schwache Licht der Römerfeuer zu uns herüber. Sie halfen den Soldaten, die das Reich bewachten, größere Mengen von Barbaren, die die flüssige Außengrenze des Reichs überqueren wollten, rechtzeitig zu erkennen und durch einen Pfeilhagel zurück an ihr Ufer zu schicken.

Uns halfen die Römerfeuer dabei unseren Weg zu halten. Auf diese Weise kamen wir schneller voran, als mir lieb war.

Der Regen hatte irgendwann wieder eingesetzt. Wir ritten lange am Rhingufer entlang. Als wir bereits völlig durchnässt waren, folgten wir einem kleinen Pfad bergauf in den Wald. Endlich schirmten die noch dünn belaubten Bäume immerhin ein wenig des Regens ab. Wir ritten tiefer in den Wald und folgten schließlich einem Wildpfad, der uns einen großen Hügel hinaufführte.

Als wir den Gipfel des Hügels erreichten, schimmerte der graue Vorbote des Tages am Ende der Welt. Siegfried sprang von seinem großen schwarzen Hengst und wies mit der Hand in eine Richtung. Ich folgte ihr mit meinem Blick. Und da war sie. Auf einem riesigen Felsenberg, der sich unmittelbar über dem Rhing erhob, stand sie. Die Wehrburg des Drachengaus.

„Wir nennen sie den Drachenfels", sagte Siegfried, und ich bemerkte wohl den Stolz, der in seiner Stimme mitschwang.

Drachenfels war in der Tat ein passender Name. Denn die Burg wirkte wie die Fortsetzung des Felsens, auf dem sie stand. Er wirkte, wie ein riesiger liegender Hund, der seinen Kopf aufrecht hielt. Die Rhingseite des Felsens stieg fast senkrecht in die Höhe, während die den Wäldern zugewandte Seite sanft wie der Rücken eines liegenden Hundes anstieg, so dass der Felsen hier eher wie ein Hügel wirkte. Den Kopf des liegenden Tieres bildete die aus dunklem Holz erbaute Burg mit ihren beiden Türmen. Den sanft fallenden Abhang säumten mächtige Holzpalisaden. Hinter diesen konnte ich viele kleinere Hütten mit Stroh- und Moosdächern ausmachen. Hier lebten Fafnirs Krieger mit ihren Familien, wie mir Siegfried erklärte. Ich versuchte ein Gotteshaus auszumachen. Es war entscheidend für das Gelingen unseres Plans, dass es weder ein Gotteshaus noch einen Priester in Fafnirs Wehrburg gab. Und so hielten wir Ausschau nach Gebäuden, die Raum für eine Messe böten. Wir warteten und beobachteten das Erwachen der Burgbewohner. Wenn sich zeigte, dass sie sich des morgens zu einer Messe versammelten, dann würde auch ein Priester anwesend sein, der diese Messe las. Oh, wie ich mir wünschte, Anzeichen für die Anwesenheit eines Geistlichen zu erspähen. Denn in diesem Fall, würden wir unverrichteter Dinge zurückkehren ins Heerlager. Das ganze Wahnsinnsunterfangen, in das ich, ich weiß bis heute nicht recht wie, hineingeraten war, würde abgebrochen, noch bevor wir größeren Schaden nehmen konnten. Aber ich entdeckte beim besten Willen nichts Geistliches, nichts Kirchliches im Inneren der Wehrburg. Und nachdem wir das Treiben im Inneren der Burg bis zum Vormittag beobachtet hatten, setzten wir unseren Weg ins Unheil fort.

Siegfried bestand darauf, dass ich als „Oberpriester" weiter reiten dürfe, er aber als mein „Priesterknecht" zu Fuß gehen müsse. Da sein schwarzer Hengst allerdings das wertvollere Tier war, wechselte ich das Pferd und ritt fortan das schlachterprobte Pferd des Herzogs. Mein Pferd ließen wir in der Hoffnung zurück, es werde den Weg zum Heerlager finden.

Unterwegs zur Burg Fafnirs mussten wir ein bewaldetes Tal durchqueren, durch das sich ein kleiner Fluss wand. Noch heute, wenn ich die frische Morgenluft des Waldes atme, denke ich oft an diesen letzten Weg unserer verhängnisvollen Reise zurück. Ich rieche die Bäume, den Tau des Morgens, den Nebel. Ich höre das Knistern der Tiere im Laub, das Singen der Lerchen und das leise Plätschern des Baches. Und ich erinnere mich daran, wie ich damals dachte, das Leben sei schön. Viel zu schön, um an den Tod zu denken. Viel zu schön, um überhaupt an die Zukunft zu denken. Und ich erinnere mich an Siegfried, der neben mir ging und ähnlich zu empfinden schien. Denn ich hörte ihn laut und genussvoll atmen.

Und ich erinnere mich an das Gespräch, das er plötzlich begann.

„Ich liebe Brünhild. Hast du jemals eine Frau wirklich geliebt, Christus?", fragte er wie beiläufig, während wir den steinigen Abhang hinunterstiegen, der zu dem kleinen Fluss in der Talsohle führte.

Zunächst glaubte ich mich verhört zu haben. Dann aber erinnerte ich mich daran, dass er mir vor einigen Monden ebenso unerwartet wie er jetzt über seine und meine Liebe sprach die Geschichte seiner Familie offenbart hatte. Und da ich damit rechnete den Tag nicht zu überleben, entschloss ich mich aufrichtig zu antworten:

„Ja, Herr. Sie ist der Grund, warum ich hier bin."

Jetzt war es Siegfried, der überrascht war. Er hielt mitten im Schritt inne und sah mich an.

„So? Das klingt nach einer Geschichte. Erzählst du sie mir?", fragte er.

Und mir fiel - erstaunlich genug - kein Grund ein, warum ich das nicht tun sollte. Also begann ich meine Geschichte zu erzählen. Während wir uns auf dem Weg in den Tod befanden, erzählte ich die Geschichte der Liebe meines Lebens.

Ich berichtete aus dem Jahr des Herrn 419, in dem ich das erste Mal in diese blassblauen Augen blickte. Und ich sah das Gesicht wieder vor mir, zu dem es gehörte. Sah die dunkelblonden Haare, die es einrahmten, sah die etwas zu bleiche helle Haut, die schmalen aber wohl geschwungenen Lippen. Und ich hörte die sanfte, ja süße Stimme, wie sie sagte:

„Wenn Gott gewollt hätte, dass wir keuch leben, dann hätte er uns ein weiteres paar Hände zum Beten gegeben anstatt einer Rute und einer Vase."

Das hatte mir Schwester Sigune zugeraunt, während einer meiner Priester sich in einer Messepredigt über die Pflicht für Geistliche erging, ein keusches Leben zu führen. Ich zog die Brauen hoch und sah sie teils streng, teils belustigt an. Das hatte ich von einer Nonne aus dem Schwesternkloster des Ordens der Heiligen Mutter Maria von Tours nicht erwartet. Außerdem sah die junge Ordensschwester Sigune mit ihrer blassen, mädchenhaften Schönheit so gar nicht nach Ungehorsam aus. Und noch etwas beeindruckte mich an dieser Äußerung. Ich war der Bischof. Ein mächtiger Fürst der Kirche. Zwar war ich bereits damals für meinen Hang zu den weltlichen Dingen bekannt, ja vielleicht sogar ein wenig berüchtigt, aber ich war das geistliche Oberhaupt in Tours.

Das eine ist es, hinter dem Rücken eines Geistlichen über dessen angeblichen sittlichen Verfehlungen herzuziehen. Etwas anderes aber ist es, durch eine unsittliche Bemerkung ihm gegenüber die Wahrheit der Gerüchte einfach vorauszusetzen. Ich sah sie tadelnd an, und sie schlug beschämt die Augen nieder. Noch innerhalb der folgenden zehn Tage bot ich ihr eine Stelle als Helferin in meinem Hause an. Sigune willigte ein.

Fortan sahen wir uns täglich. Über viele Monde und Winter hinweg entwickelte sich ein zartes Pflänzchen der Liebe zwischen uns. Dieses wuchs und wuchs, bis sich im Winter des Jahres 426 herausstellte, dass Sigune ein Kind unter dem Herzen trug. Selbstverständlich war es mein Kind. Daran bestand kein Zweifel.

Ebenso selbstverständlich folgten das Zetern des Klerus, das Tratschen der frömmelnden Bürgerschaft und das gehässige Zischen der alten Jungfern.

Ich tat das Notwendige. Die Vaterschaft stritt ich ab, behielt Sigune aber in meinen Diensten, um weiter für Sie sorgen zu können.

Endlich wurde der Druck übergroß. Ein junger Priester, der aus jeder Pore religiösen Eifer schwitzte, führte eine regelrechte Hetzjagd gegen mich. Er sprach die Leute auf der Straße an, erläuterte ungefragt meine sittliche Verkommenheit, unterbrach meine Predigten durch Geschrei und Hasstiraden. Kurzum: meine Amtsausübung wurde zu einem einzigen Spießrutenlauf. Nur ein Wunder hätte noch dazu führen können, dass ich mein Bischofsamt hätte behalten können. Also beschloss ich kurzerhand ein ebensolches zu vollbringen. Ein Wunder, vollbracht durch meine eigene Hand und ermöglicht einzig durch Gottes Eingreifen, sollte ein für allemal meine Rechtschaffenheit im Angesichts Gottes beweisen.

„Was ist ein Wunder?", fragte Siegfried. Wir hatten das Tal inzwischen durchschritten und befanden uns im Anstieg auf den Drachenfels. Er hatte mir die ganze Zeit aufmerksam zugehört.

„Nun ein Wunder ...", hob ich an. „Ein Wunder ist etwas, das nur durch die Hilfe Gottes möglich ist."

„So etwa, wenn Freya uns eine Heilung nach einer schweren Krankheit schenkt, oder Diu dafür sorgt, dass Frieden und Gerechtigkeit in einem streitlustigen Volk herrschen?"

„Nein", versetzte ich entschieden. „Das sind Dinge, die von selbst durch die Natur oder durch uns Menschen geschehen. Dafür braucht es keinen Gott."

Dabei hatte ich überzeugter geklungen, als ich wirklich war. Siegfried runzelte die Stirn und fragte:

„Was also ist ein Wunder?"

Ich überlegte einige Herzschläge lang, dann sagte ich:

„Ein Wunder ist es, wenn unser Herr Jesus über Wasser geht, Lahme zum Gehen bringt oder Wasser zu Wein macht."

„Ah – Zauberei also!"

„Nein. Zauberei ist Täuschung. Bei einem Wunder geschieht das Unmögliche wirklich und wahrhaftig."

„Ah! Und du? Welches Wunder hast du vollbracht, Christus?"

„Ich? Nun ja, also das war so: man nötigte mich, meine Rechtschaffenheit im Angesicht Gottes zu beweisen. Ich musste mich einem Gottesurteil aussetzen. Nur so schien es noch möglich, dass ich Sigune und mein Bischofsamt behalten konnte. Und genau deshalb setzte ich mich dem Gottesurteil aus. Es bestand in einer nur durch ein Wunder lösbaren Aufgabe.

Ich aber löste sie: Ich trug glühende Kohlen vom Tor der Stadt bis zur ewigen Ruhestätte des Heiligen Martinus auf dem Kirchplatz. Das waren immerhin tausend Schritte."

Siegfried blieb stehen und zog die Brauen hoch. Dann betrachtete er meine Hände, die keine Brandnarben aufwiesen.

„Ich trug die Kohlen in meinem Mantel", gab ich zu.

Jetzt musterte er mein Gewand.

„Es war ein Ledermantel", räumte ich ein, und da sich seine Brauen weiter zusammenzogen, senkte ich den Blick und sagte kleinlaut:

„Ich hatte Weinschläuche mit Wasser gefüllt und in den Mantel genäht ..."

Siegfrieds Miene erhellte sich schlagartig. Er lachte laut und schallend auf. Dann schlug er mir so heftig auf die Schulter, dass ich um ein Haar gestürzt wäre.

„Wir beide, Christus, sind aus ähnlichem Holz geschnitzt. Aber sag mir, wie kann es sein, dass du ein Wunder vollbracht hast, und doch nicht bei deiner Liebe in Tours geblieben bist?"

„Nun, ich schätze", sagte ich leise, „meine Gegner haben geahnt, dass ich kein wirkliches Wunder vollbracht hatte. Jedenfalls habt ihr Recht, mein Herr: ich musste sowohl Tours als auch meine Sigune verlassen und eine lange Reise zu unserem Heiligen Vater in Rom antreten. Und dieser schickte mich zu den Nibelungen."

„Warum hast du deine Geliebte nicht einfach mitgenommen? Oder warum seid ihr nicht einfach davongelaufen, um an einem anderen Ort ein anderes Leben zu führen? Zu zweit, vielleicht mit Kindern."

Darüber dachte ich lange nach. Tatsächlich hatte ich in Erwägung gezogen, mit Sigune zu flüchten. Was hatte mich abgehalten?

„Ich schätze, es war einfach der Wille Gottes, dass ich diese Reise antrat. Warum sonst hätte er zugelassen, dass die Kleriker und Bürger mich trotz des Wunders aus der Stadt jagten? Hätte er gewollt, dass ich mit Sigune glücklich werde, hätte er diesen Scheinheiligen in Tours den Glauben an das Wunder geschenkt ..."

Siegfried hielt inne. Er fasste mich mit beiden Händen an den Schultern und sah mir mit seinen dunkelbraunen Augen direkt in die meinen.

„Wir haben mehr gemeinsam, als ich dachte", sagte er. „Auch meine Götter wollen nicht, dass ich glücklich werde. Ich liebe Brünhild, wie du inzwischen bemerkt haben dürftest. Mein Schicksal aber ist es nicht, mit ihr glücklich zu werden."

Er klang traurig, und für einen Augenblick schien seine Stimme zu brechen. Dann aber, ganz plötzlich, glühten seine Augen und er rief mit Begeisterung in der Stimme:

„Mein Schicksal ist es, unsterblichen Ruhm zu erlangen und den Kriegertot zu sterben. Dann werde ich als Einherier in die heiligen Hallen des großen Wodan einziehen. Tagsüber werde ich gegen Freunde und Feinde aus meinem alten Leben kämpfen. Jeder, der im Kampfe fällt, wird sich dann am Abend wieder erheben. Und alle gemeinsam werden wir in den

Hallen Wodans trinken und feiern und uns mit unseren Weibern vergnügen. Und Brünhild wird dort sein. Und dort werden wir glücklich sein."

Er strahlte mich mit seinem jungenhaften Lächeln an. Dann wurde er ernst und fragte mich: „Wie steht es um euren Gott? Schenkt auch er euch ein glückliches Leben in der Anderwelt, wenn ihr tapfer sterbt?"

„Nun ja", sagte ich, und ich gab mir Mühe ähnlich begeistert zu klingen wie Siegfried, was mir jedoch nicht recht gelingen wollte. „Nun ja, wir kennen auch ein Leben nach dem Tod. Und es wird voller Freude und Frieden sein. Wir werden bei Gott, unserem Schöpfer, sein. Und er wird uns mit seinem ewigen Licht erleuchten und mit seiner unendlichen Liebe erfüllen. Aber das wird nur für diejenigen zutreffen, die sich in diesem Leben frei von Sünde halten. Nur wer frei ist von aller Sünde, wer rein ist, wird an Gottes Seite sitzen dürfen."

Siegfried zog die Brauen zusammen. Dann schüttelte er sich kurz und sagte:

„Ich komme nach Walhalla. So viel steht fest."

Dann setzten wir unseren Weg fort. Es war nicht mehr weit bis zum unteren Tor der Burg. Inzwischen war es vollends Tag geworden. Sogar die Sonne brach manchmal zwischen den Wolken hindurch. Der Wald roch jetzt nach austreibenden Bäumen, ja geradezu nach Zukunft. Nach einer Zukunft, die wir nicht hatten, dachte ich.

Ich hatte damit gerechnet, dass uns auf unserem Weg vom Heerlager bis zur Wehrburg mindestens ein halbes Dutzend von Fafnirs Spähern begegnen würde. Und darunter wären sicherlich einige gewesen, die uns unangenehme Fragen gestellt hätten. Aber nichts dergleichen geschah. An diesem Morgen war es, als seien Siegfried und ich die einzigen Menschen, die außerhalb der Burgpalisade durch den hügeligen Wald streiften. Siegfried schien meine Gedanken erraten zu haben. Denn als wir fast in Sichtweite der Burg waren, sagte er mit leiser Stimme zu mir:

„Entweder sie wissen bereits, dass unser Heer am Rhing liegt, oder Fafnir ist dumm. Einen anderen Grund dafür, dass wir keine Späher sehen, kann ich mir nicht vorstellen. Beide Möglichkeiten sind gleich gut für uns."

Ich nickte heftig, während ich innerlich mindestens ebenso heftig zweifelte.

„Möge uns der Herr bescheiden, dass ihr richtig liegt."

„Amen", sagte Siegfried. Ich sah ihn fragend an. Er aber zuckte mit den Achseln.

„Das sagt ihr Christen doch immer. Und ich bin ab jetzt ein Christ. Dein Priestergeselle, so wie wir es besprochen haben."

In diesem Augenblick führte uns unser Weg aus dem Wald heraus auf eine ungefähr zweihundert Schritt breite Wiese. An deren gegenüber liegender Seite ragte die Wehrburg des Drachen empor. Wir blickten auf Palisaden so hoch wie drei Männer. Wir sahen das Innere der Burg mit dem Berg ansteigen, und wir sahen die eigentliche Burg.

Es war ein gewaltiges auf einem Steinfundament errichtetes Werk aus dunklem Holz. Zwei Türme ragten auf dem felsigen Gipfel des Bergs in die Höhe und wirkten selbst von der flachen Seite des Berges, die wir erstiegen, aus gesehen bedrohlich und uneinnehmbar.

Ich schnaufte mehrmals tief und vernehmlich. Siegfried knurrte leise. Inzwischen befanden wir uns in Sichtweite des unteren Burgtores, durch das man in den weitläufigen und steil ansteigenden Burghof gelangen konnte. Ich hatte gerade noch Zeit mir vorzustellen, dass laut Siegfrieds Schlachtplan hier der Hauptangriff unseres Heeres erfolgen sollte, da erscholl eine Stimme vom Wehrgang über dem Tor:

„Heda, Fremde! Wer seid ihr? Und was wollt ihr?"

„Seid gegrüßt, Freund", rief ich. Gedanklich spielte ich noch einmal die Geschichte durch, von der Siegfried wollte, dass wir sie Fafnir und seinen Getreuen erzählten.

„Wir sind Priester aus Rom. Es schicken uns seine Heiligkeit, Vater Coelestin, erster seines Namens, und Flavius Aetius, römischer Comes und erster Heermeister Roms zu eurem Herrn Fafnir, genannt der Drache, mit einer dringenden Botschaft."

Wir hörten Stimmen, die auf dem Wehrgang miteinander sprachen. Schließlich rief dieselbe Stimme, die unser Anliegen zu wissen verlangt hatte:

„Was ist das für eine Botschaft?"

„Sie ist nicht nur dringend", rief ich zum Wehrgang hinauf. „Sie ist auch vertraulich für Herzog Fafnir bestimmt. Wir bitten also um Einlass und Anhörung. Im Namen Roms!"

„Amen!", rief Siegfried. Ich sah ihn mit gerunzelter Stirn an. Er aber zuckte nur mit den Achseln. Dann viel mir wieder ein, dass Siegfried ja die Rolle meines Hilfspriesters spielte. Und „Amen" - das hatte er mir erklärt - würden wir Christen ja ständig sagen. Also gehörte der Ausspruch zur Rolle, die er spielte. Ich musste schmunzeln über den betulichen Ehrgeiz, mit dem Siegfried seiner Rolle als Christ offenbar gerecht zu werden trachtete.

Auf dem Wehrgang waren indes erneut Stimmen zu hören. Endlich rief die uns bereits bekannte Stimme herab:

„Ihr wartet dort. Wir besprechen mit dem Drachen, ob er eure Anwesenheit duldet."

Als nächstes hörten wir das Geklapper von Waffengehängen, und hinter der Palisade schien sich etwas in Bewegung zu setzen. Dann geschah eine geraume Zeit lang nichts mehr. Ich spielte bereits mit dem Gedanken, dass uns Fafnir vielleicht einfach hier vor dem Tor stehen lassen würde. So wie manch ein frommer Christ die Bettler, die ihn nach einer Messe um eine Gabe Brotes bitten, das er nicht entbehren kann, einfach nicht beachtet. So würde uns Fafnir nicht beachten, bis uns Hunger und Durst zum Abbruch unseres Unterfangens zwängen. Dann hörten wir plötzlich, wie jenseits der Palisade abermals etwas in Bewegung geriet.

Das zweiflügelige Holztor wurde geöffnet. Ein feister Krieger mit kahl geschorenen Schläfen, graublondem Haar, einem ebensolchen Bart und einem sehr roten Gesicht trat zu uns heraus. Ein anderer Krieger wies in unsere Richtung und sagte leise etwas zu dem Rotgesichtigen. Dieser ging geradewegs auf uns zu und sagte mit barscher Stimme:

„Wer seid ihr, Fremde?"

„Ich bin Brictius, Bischof von Tours und Gesandter seiner Heiligkeit, Vater Coelestins, erster seines Namens, und das hier", ich wies mit dem Kinn auf Siegfried, der mit gesenktem Haupt einige Schritte hinter mir stand. „Das hier ist Pater Ludger, mein Hilfspriester und der zweite Sohn Lüdegers, des Königs der Sachsen."

Es war das erste Mal, dass ich die geplante Lüge aussprach. Neugierig beobachte ich, dass die kleinen Augen in dem roten Gesicht mit einem Mal interessiert auf meiner Begleitung ruhten.

Unsere Lüge barg zwei Gefahren. Zum einen wussten wir keineswegs, ob Fafnir und sein Gefolge die Familie des Sachsenkönigs kannten. Die Sachsen lebten nördlich der Nibelungengaus. So hätte entweder Fafnir oder Lüdeger das Gebiet der Nibelungen durchqueren müssen, um einander auf direktem Wege zu begegnen. Eine derartige Durchreise war jedoch nicht bekannt. Selbstverständlich hieß das nicht, dass die beiden Edlen sich nicht kannten. Es hieß lediglich, dass wir nichts von einer persönlichen Bekanntheit wussten. Bestand sie aber, so wäre unsere Lüge gescheitert, und wir wären verloren.

Das zweite Risiko lag darin, dass wir nicht mit Bestimmtheit wussten, ob der Sachsenkönig überhaupt einen zweiten Sohn besaß, geschweige denn, wie dessen möglicher Name war. Wir verließen uns schlichtweg darauf, dass auch unter Fafnirs Gefolge niemand war, der das wusste.

Der rotgesichtige Krieger musterte Siegfried eine kurze Weile.

„Du bist der Sohn König Lüdegers?", fragte er.

„Amen", sagte Siegfried. Als der Krieger mich daraufhin fragend ansah, zuckte ich mit den Achseln und sagte:

„Sein Vater will, dass er Priester wird, und er gibt sich alle Mühe."

Das schien ihn zu überzeugen. Denn er grinste mich an und sagte:

„Nun gut. Mein Name ist Garlef. Ich bin der Kriegerführer Fafnirs des Drachen. Und ich heiße den Priester Brictius und Ludger, den Sohn des Sachsenkönigs Lüdeger, willkommen. Tretet ein und betretet die Wehrburg Drachenfels."

Wir betraten eine sanft ansteigende Wiese, auf der sich ein großes Heerlager befand. Es war groß, allerdings kleiner als das unsere, das die Gaufürsten der Nibelungen einen halben Tagesmarsch nördlich von hier errichtet hatten. Ich versuchte in Siegfrieds Miene zu lesen. Der aber sah sich um und schien die Menge der Krieger abschätzen zu wollen. Garlef, der unsere Blicke richtig deutete, sagte:

„Hier leben ungefähr zweitausend Krieger. Dann wohnen noch etwas mehr als hundertfünfzig Krieger in der Burg."

Er wies mit dem Kinn zum Gipfel des Berges, wo sich hinter einer zweiten Palisade die Türme der eigentlichen Burg erhoben.

Wir durchschritten das Lager. Dabei bemerkte ich, dass es noch nicht lange bestehen konnte. Denn die Krieger bewegten sich zielorientiert und in voller Kriegsrüstung durch die Zeltstadt. Vom Müßiggang, der sich einstellte, wenn Krieger über längere Zeit keine Schlacht austrugen, war hier noch nichts zu spüren. Auch wurde an der einen oder anderen Stelle noch am Zelt gebaut oder ein Unterstand gegen den Regen errichtet. Alles in allem herrschten hohe Betriebsamkeit und Disziplin im Lager. Das war ein Zustand, der in einem Heerlager in aller Regel nicht lange Bestand hatte. Zumindest waren das meine Erfahrungen. Also war dieses Lager erst vor kurzer Zeit und daher auch wahrscheinlich aus einem bestimmten Anlass heraus erbaut worden. Nur zu gerne hätte Ich gewusst, was dieser Anlass war. Ich glaubte in Siegfrieds besorgter Miene zu lesen, dass er ähnliche Gedanken hatte.

Nachdem wir das Lager durchschritten hatten, stieg der Hang steiler an. Er wurde steiniger und war jetzt mehr ein Berg denn ein Hang. Schließlich erreichten wir das obere Tor, das umgehend geöffnet würde, nachdem die Wachen Garlef erkannt hatten.

Das Innere der Burg bestand aus einem ebenen Hof, der von ungefähr zehn kleineren Wohnhäusern gesäumt wurde, einigen Stallungen, in denen Tiere untergebracht waren, und sechs Schmieden, aus welchen Hammerschläge und zischende Geräusche zu uns herausdrangen. Auch das deutete darauf hin, dass sich Fafnir zum Krieg rüstete.

Am Ende des Burghofes, leicht erhoben auf dem flachen Gipfel des Berges, stand der Palas mit zwei riesig wirkenden Türmen. Garlef steuerte geradewegs auf ihn zu.

Einige Schritte vor dem Tor mussten wir warten. Garlef ging zunächst alleine hinein. Ich betrachtete das jetzt riesig auf mich wirkende Gebäude aus dunklem schweren Eichenholz. Obwohl ich die Steingebäude der Römer kannte und für ihre Standhaftigkeit und Widerstandsfähigkeit bewunderte, flößte mir dieser Palas aus hartem Holz Ehrfurcht ein.

Nach einigen Augenblicken trat Garlef zu uns heraus und wies uns an ihm ins Innere des Gebäudes zu folgen.

Dort warteten zwei hochgewachsene Krieger, die uns auf Waffen durchsuchten. Ich trug mich mit der Sorge, dass Siegfried einen Dolch oder ein Messer verborgen hielt. Aber das war glücklicherweise nicht der Fall. Und so führte uns Garlef wenig später in den großen Saal der Burg.

Der Saal war mindestens drei Manneslängen hoch und wurde durch kleine Luftschlitze unter der Decke und Wandfackeln spärlich erleuchtet.

An den Wänden waren Waffen angebracht. Sie hingen in einer Höhe, dass sie selbst für einen hochgewachsenen Mann nicht erreichbar waren. Es handelte sich um die Waffen getöteter Feinde, wie uns Garlef zuraunte. Ich sah mich im Saal um. Der Saal war groß, und es waren viele Waffen. Bei Gott, wie viele es waren!

Mein Blick viel auf Siegfried. Auch er hatte seinen Blick über die Waffen schweifen lassen. Jetzt aber starrte er unverwandt und mit versteinerten Gesichtszügen in die Höhe. Ich folgte seinem Blick. Er schien auf einer alten Streitaxt zu haften, die in einer Ecke des Saales unter der Decke hing. Ich vernahm ein leises Knurren. Dann schüttelte er den Kopf und folgte uns durch den Saal.

Hier befanden sich in Reihen angeordnete lange Tische mit Stühlen. Auf einer Erhöhung am Ende der Tischreihen stand eine quer zum Verlauf der Tischreihen aufgestellte Tafel. An deren Mitte befand sich ein thronähnlicher Stuhl.

Von diesem erhob sich ein großer, dunkel bekleideter Mann, als wir den Saal betraten.

Er stieg von dem Podest herab und trat auf uns zu. Genau vermag ich sein Alter nicht zu nennen, aber er mochte gut um die 50 Winter alt gewesen sein. Sein dunkles, glattes und langes Haar war hier und da leicht ergraut. Sein Gesicht war hohlwangig, seine Lippen schmal. Sein Antlitz wirkte nicht wie das eines Kriegers. Eher strahlte es die besonnene Askese eines Priesters aus. Dazu passten seine blaugrauen Augen, die uns analytisch, aber nicht feindselig musterten. Dazu passte aber auch seine sanfte, bedächtig anmutende Stimme, mit der er uns willkommen hieß.

„Gelobt sei der Herr!", sagte er und nickte uns zu.

„Gelobt sei Jesus Christus!", erwiderte ich.

„Amen", sagte Siegfried.

„Vor euch steht", hob Garlef an, „Fafnir, der Drache Gottes und Herrscher über diese Burg und das Land diesseits des Rhings. Und dies hier" – mit einer kurzen Handbewegung deutete er auf Siegfried und mich – „sind Brictius, Bischof von Tours und Gesandter seiner Heiligkeit, Vater Coelestin, erster seines Namens, und Pater Ludger, sein Hilfspriester. Er ist der Sohn Lüdegers, des Sachsen."

„Es ist mir eine aufrichtige Freude", sagte Fafnir, nachdem er Garlef zugenickt hatte, „einen Gesandten des Heiligen Vaters empfangen zu dürfen. Wie geht es Coelestin? Und wie geht es meiner teuren Freundin Galla Placidia? Ihr habt sie gewiss beim Heiligen Vater in Rom angetroffen."

Innerlich zuckte ich zusammen. Nur unter Aufbringung all meiner Kräfte vermochte ich es, äußerlich gelassen zu bleiben. Zumindest hoffte ich, dass mir Fafnir meine Erschütterung nicht anmerkte.

Wir hatten damit gerechnet, dass Siegfrieds Tarnung erkannt würde. Denn wir wussten nicht genug über die Familienverhältnisse des Sachsenkönigs, als dessen Sohn sich Siegfried ausgab. Dass uns aber meine kleine Lüge der päpstlichen Gesandtschaft zum Verhängnis werden könnte, daran hatte ich nicht im Traum gedacht.

Die Tatsache, dass Fafnir den Heiligen Vater persönlich kannte, war an sich bereits schlimm genug. Konnte es doch bedeuten, dass er von meiner wirklichen Mission Kunde besaß, die darin bestanden hatte, die Nibelungen im wahren Glauben zu unterrichten. Wenn Fafnir das wusste, waren wir verloren. Und da Coelestin, wie mir durchaus bekannt war, gegenüber Vertrauten und politischen Freunden sehr gern von seinen missionarischen Unternehmungen berichtete, war das nicht unwahrscheinlich.

Zu diesen politischen Freunden des Heiligen Vaters zählte, wie ich ebenfalls wusste, die Mutter des jungen Imperators Valentinian, Galla Placidia. Sie war eine enge Vertraute des Heerführers Flavius Aetius und leidenschaftliche Unterstützerin der Verbreitung des wahren Glaubens. Wenn Fafnir wirklich in diesen Kreisen verkehrte, dann war es durchaus möglich, dass er bereits von dem Tod der Verbündeten Schilbung und Nilbung und damit nicht nur von meiner wahren Mission, sondern auch von deren Scheitern wusste.

All das trug nicht gerade dazu bei, dass ich mich sicherer wähnte. Ich fühlte, wie sich meine Brust verengte. Angst stieg in mir auf. Ich atmete schneller. Viel zu schnell. Es fehlte nicht viel, und ich wäre vor Angst schreiend losgerannt.

Ich spürte bereits, wie die Schwertstöße Fafnirs meinen Leib durchstachen. Noch waren es nur die Blicke seiner mich prüfenden Augen, die wie Schwertstöße in mich hineindrangen. Ich wollte, aber ich konnte nichts sagen. Ich war wie gelähmt.

„Amen!", rief Siegfried plötzlich. Dieser Ausruf kam so unerwartet, war so deplatziert, dass ich für einen Augenblick meine Angststarre vergaß. Ich starrte ihn stirnrunzelnd an.

Als ich wieder auf Fafnir blickte, sah Ich, dass auch er Siegfried mit demselben fragenden Blick bedachte wie ich. Ich verstand, dass mich Siegfried gerade gerettet hatte.

„Er nimmt sein Amt als Hilfspriester manchmal etwas zu ernst", sagte ich und lachte dabei ein wenig zu erleichtert. Fafnir schien das nicht zu bemerken.

Dann sagte ich, den Gesprächsfaden wieder aufnehmend:

„Ich komme unmittelbar von einer Audienz beim Heiligen Vater in Rom." Und das war gelogen. Als ich keine Reaktion in Fafnirs Gesicht erkennen konnte, log ich weiter. Der Herr möge mir verzeihen! Ich log, und ich empfand keine Reue, keine Scham. Ich log und betrog einen Christenmenschen im Auftrag des Heiden Siegfried.

„Der Heilige Vater hat mich zu euch gesandt, um euch zu warnen und um euch die Unterstützung Roms anzubieten."

Fafnir zog die Brauen hoch. Seine graublauen Augen musterten mich kalt und abschätzig.

„Ihr sollt mich warnen? Vor wem?"

„Nun, vor Siegfried, dem Nibelungenherzog. Er ist mit einer großen Streitmacht auf dem Weg zu euch. Er will euer Land nehmen."

Fafnirs graublaue Augen musterten mich immer noch. Jetzt jedoch schienen sie eher neugierig als feindselig.

„Erzähle weiter", forderte er mich auf.

„Der Heide Siegfried hat Schilbung, den romtreuen und rechtmäßigen Herzog der Nibelungen, getötet. Jetzt folgen sie ihm, dem Heiden und

Götzenanbeter. Dadurch sind die Nibelungen zu Feinden Roms und zu Feinden der heiligen Kirche geworden. Sie müssen bekämpft werden."

„Darüber lohnt es sich in der Tat zu sprechen", stellte Fafnir fest. Er wies uns Plätze an der auf dem Podest stehenden Tafel zu und winkte einigen Sklavinnen zu, die uns Bier, Brot und Trockenfleisch brachten.

„Also, wir haben dieselben Feinde", nahm er den Faden unseres Gesprächs wieder auf, nachdem wir einige Schlücke des Bieres getrunken hatten. „Ihr werdet jedoch nicht zu mir gekommen sein, um mit mir diese Erkenntnis zu teilen. Ich habe die Erfahrung gemacht, dass Rom und die Kirche einen ganz wesentlichen Charakterzug gemeinsam haben. Wisst ihr, welcher das ist?"

Als ich ihn achselzuckend anblickte, entblößte er seine weißen ebenmäßigen Zähne zu einem feindseligen Grinsen und sagte:

„Ich habe gelernt, dass weder Rom noch die Kirche jemals germanisches Gebiet betreten, um zu geben. Sie kommen nur, wenn sie etwas wollen. Was also will die Kirche? Sagt mir, Brictius von Tours: Was ist es, das der Heilige Vater von mir will?"

„Nun, Herr, ich sehe und erkenne an, dass ihr eure Erfahrungen mit Rom und der Kirche gemacht habt. Und ich mache euch nichts vor: auch ich komme mit einem Anliegen. Dennoch will ich behaupten, dass dieses Anliegen auch das eure sein dürfte."

„Ich höre", sagte Fafnir auffordernd.

„Herzog Siegfried bedroht euch, Herr. Nicht Rom, nicht die Kirche. Und er dürfte schon bald hier sein, um euch anzugreifen."

Diese Worte ließ ich wirken. Fafnir jedoch zeigte keine Regung. Er sah mich weiter an und wartete geduldig darauf, dass ich fortfuhr. Das tat ich.

„Ihr werdet euch gewiss freuen zu hören, dass der Heilige Vater euch zu unterstützen wünscht."

„Will er für mich beten?", fragte Fafnir trocken.

Siegfried lachte laut auf. Als Fafnir und ich ihn daraufhin tadelnd ansahen, kniff er die Lippen zusammen und presste schließlich ein „Amen" heraus, was sowohl Fafnir als auch ich mit einem Kopfschütteln quittierten.

„Das auch, Herr, auch beten will er für euren Sieg", versetzte ich. „Aber er schickt mich auch mit tausend Kriegern zu euch. Wenn ihr das Angebot annehmt, werden sie für euch kämpfen."

„Welche Krieger sind das?"

„Es sind die Krieger meines Vaters Lüdeger des Sachsen, Herr", meldete sich jetzt Siegfried zu Wort. „Sie werden angeführt von Hartwin dem Untersetzten, dem Kriegerführer meines Vaters, und sie sind auf dem Weg hierhin. Sie werden euch unterstützen gegen Siegfried den Nibelungen, der ebenfalls auf dem Weg hierhin ist, was euch eure Späher sicherlich bereits gemeldet haben."

Fafnirs graublaue Augen ruhten jetzt auf Siegfried. Erst jetzt schienen sie ihn als Person wahrzunehmen. Es lag eine Mischung aus Neugier und Überraschung in diesem Blick. Schließlich sagte Fafnir:

„Warum sollte euer Vater mir helfen?"

„Er hilft nicht euch", wandte ich ein. „Er hilft dem Heiligen Vater. Und er tut dies als seine Pflicht vor Gott und unserem gemeinsamen Kampf gegen das Heidentum."

Und als ich sah, dass sich Fafnirs Blick verfinsterte, setzte ich hinzu:

„Und vielleicht auch, weil er einen Teil des Nibelungenlandes nördlich der Sieg als Lohn erhoffen darf, wenn das Land von den Heiden befreit wurde."

Fafnirs Miene hellte sich kurzfristig auf, nur um sogleich wieder in die ihm eigene anteilnahmslose Kälte zu verfallen.

„Also gut", sagte er. „Und was will der Heilige dafür, dass er mir Hartwin den Untersetzten samt seinen tausend Männern schickt?"

„Der Heilige Vater will", sagte Ich, „dass ihr zwei Dinge tut. Das eine ist: Er wünscht, dass ihr den Heiden des Nibelungenlandes, das euch nach dem Sieg über Siegfried zufällt, den wahren Glauben bringt. Eure Taten zur Verbreitung des wahren Glaubens haben euren Ruhm bis nach Rom getragen. Nun sollt ihr ihn ausweiten, indem ihr auch die Nibelungen zu Christen macht und somit das vollbringt, was Herzog Schilbung nicht zu vollbringen vermochte. Das zweite ist: ihr sollt mich zu eurem obersten Priester machen. Zunächst hier in eurer Burg, dann - nach dem Sieg - in den Gebieten jenseits der Sieg."

Er sah mich lange prüfend an. Ich aber hielt seinem Blick stand.

„Der Heilige Vater Coelestin, erster seines Namens, schickt mir zwei durchnässte Wanderer ohne Dokumente, ohne Siegel, ohne Geleitschutz", sagte er, und seine Stimme wurde dabei lauter und bedrohlicher. War der Eindruck, den ich bislang von ihm hatte, eher der eines Priesters - kalt, herablassend und ein wenig geistreich - so schimmerte hier zum ersten Mal eine andere, bösartige Seite seines Wesens durch. „Er schickt mir euch beide, um mir so ein Angebot zu unterbreiten? Ihr versteht sicherlich, dass ich eure Vertrauenswürdigkeit im Angesicht Gottes auf die Probe stellen muss."

Ich musste an die Berichte aus dem Dorf an der Siegmündung von brennenden und gepfählten Menschen denken und schluckte mehrmals mit trockener Kehle. Aber Siegfried hatte auch vorhergesehen, dass Fafnir zweifeln würde. Und er hatte mir erklärt, was ich in diesem Fall zu tun hatte. Ich entgegnete:

„Mein Herr Fafnir, für unsere Aufrichtigkeit wird Hartwin der Untersetzte selbst bürgen. Er hat uns von den Gauen seines Herrschers im Norden hierher geleitet. Morgen wird er mit seinem Heer hier eintreffen, und seine Anwesenheit muss euch Beleg genug für unsere Wahrhaftigkeit sein."

Fafnir erhob sich langsam von seinem Stuhl. Er nickte zwei Wachen zu, die sich an der hinteren Wand des Saals postiert hatten. Sie gingen sogleich zur Mitte der Wand und schoben einen riesigen Querbalken aus einer Halterung aus Eisen. Erst jetzt bemerkte Ich, dass die Rückwand des Saals fast vollständig aus einem riesigen zweiflügeligen Tor bestand.

Als die Wachen das Tor öffneten, drang ein eisiger Wind zu uns herein. Wir blickten auf eine riesige Felsplattform. Unterhalb des Felsens schlängelte sich in der Tiefe das blaue Band des Rhings durch die hügeligen Wälder. Die Sonne stand blutrot am Himmel und würde bald in das Ende der Welt eintauchen. Am Rande der Felsplattform wuchsen drei wuchtige Pfähle aus drei Scheiterhaufen in den rot leuchtenden Himmel.

„Nun, ich bete für euer Seelenheil", sagte Fafnir wie beiläufig, während er seinen Blick abwesend durch den Saal und dann in Richtung der Scheiterhaufen schweifen ließ. „Wenn der Untersetzte nicht kommt, beweist das, dass ihr lügt. In diesem Fall muss ich eure Seelen von der Sünde des falschen Zeugnisses und der niederträchtigen Lüge durch das heilige Feuer des Drachen Gottes befreien."

Ich starrte ihn an - vermutlich so weiß im Gesicht wie die Wolken an einem Sommertag. Er aber ließ den Blick weiter schweifen, als habe er uns gerade nicht mit dem Flammentot bedroht, sondern eine beiläufige Bemerkung über den Wasserstand des Rhings fallen gelassen.

„Amen im Namen des Gottes Jesus", rief Siegfried plötzlich. Fafnir starrte ihn an und schüttelte den Kopf, und ich zog die Brauen zusammen. Er trat hinaus auf die Felsplattform. Siegfried und ich sahen uns an. Sollten wir ihm folgen?

Als hätte er unsere Gedanken gelesen wandte er sich um und bedeutete seinen Sklavinnen uns nachzuschenken. Dann wies er die Wächter an, das Tor wieder zu schließen. Und damit war Fafnir fort und unser Gespräch mit ihm jäh beendet.

In dieser Nacht schlief ich unruhig. Fafnir hatte uns mit Schlafplätzen bestehend aus altem Stroh und Decken aus Schafsfellen bedacht. Das unbehagliche Stroh war jedoch nicht der Grund für meine Unruhe.

Mitten in der Nacht setzte ein Unwetter ein. Donner durchrüttelte die Nacht, Blitze schimmerten durch die Fensterschlitze und Regen prasselte auf das Dach. Ich begann mich zu fragen, was Fafnir tun würde, wenn Hartwin der Untersetzte, der Siegfrieds Erfindung war, eigentlich Radumar hieß und der Fürst der Grausteinsippe war - wenn Hartwin am nächsten Morgen nicht kam. Nun, Fafnir würde uns zweifellos töten. Und unser Tod würde grausam sein. Auch daran bestand kein Zweifel.

Diese Gedanken ließen mir keine Ruhe. Wie die ständigen Donnerschläge rissen sie mich immer und immer wieder gerade dann zurück in das Hier und Jetzt, wenn der Schlaf mich fast erreicht hatte. Ich verbrachte die gesamte Nacht in einem angsterfüllten Dämmerzustand, während Siegfried neben mir schnarchte wie ein grollender Bär.

Erst als bereits der Tag graute, fiel ich in einen kurzen tiefen Schlaf, der mir einen grausamen Traum bescherte. In diesem Traum sah ich wie unser Herr ans Kreuz geschlagen wurde. Über dem Kreuz hockte ein Mann und schlug kichernd die langen Nägel in die Hände und Füße. Ich näherte mich diesem Mann von hinten. Angst umfasste mein Herz mit eisernem Griff als ich meine Hand nach dem Schergen ausstreckte, der vor den Füßen des Heilands hockte und Schlag um Schlag kichernd seine langen Nägel in die heiligen Füße hineintrieb.

Ich ergriff endlich seine Schulter. Das dunkle Gewand, das er um den Leib trug, fühlte sich kalt und nass an. Ich packte fester zu. Aber der Mann ließ nicht ab von seinem Werk. Er kicherte nur wie ein Wahnsinniger.

Dann endlich hielt er inne und wandte mir sein Gesicht zu. Ich werde dieses Gesicht niemals vergessen. Nicht weil es ein hässliches Gesicht war. Nein, ganz und gar nicht. Eine eiskalte Hand presste mein Herz zusammen, als ich erkannte, wessen Gesicht sich mir offenbarte. Das Gesicht, das mich jetzt herausfordernd anstarrte, war dasselbe Gesicht, das dem Manne gehörte, der gerade ans Kreuz geschlagen wurde. Ich sah auf den Mann am Kreuz. Und auch sein Gesicht, das dasselbe war wie das des Schergen mit den Nägeln zu seinen Füßen, starrte mich mit derselben Miene an. Es waren zwei Gesichter. Eines gehörte dem Erlöser und eines dem Mörder, und doch war es ein und dasselbe Gesicht unseres Herrn. Ich begann in meinem Traum zu schreien, die Gesichter lachten mich aus.

„Christus!", rief eine Stimme. „Christus! Hör auf zu schreien. Der Tag ist da!"

Das war Siegfried. Er trat mir unsanft auf mein Becken und rüttelte mit dem Fuß meinen Rumpf. Ich schlug die Augen auf, und er grinste mich auf seine jungenhafte Art an.

„Heute werden wir Feinde töten, Christus! Viele Feinde!"

DIE RACHE DES HEIDEN

Der Regen hatte aufgehört. Stattdessen war lautes Rufen zu hören. Männer mit klirrenden Waffen hasteten an dem Stall vorüber, der uns als Nachtlager gedient hatte.

„Sie kommen", sagte Siegfried leise und grinste mich an. Während ich gründlich verängstigt war, schien er sich geradezu auf die bevorstehenden Ereignisse zu freuen, obwohl sie nichts als Kampf, Leid und Tod bringen würden. Ich bekreuzigte mich und bat den Herrn um Vergebung für meine Lügen und um Verschonung vor dem Tode. Siegfried sah mir bei meinem Gebet zu, das ich halblaut sprach. Als ich fertig war, lachte er.

„Wie könnt ihr nur lachen, Herr?", zischte ich. „Es werden Menschen sterben, vielleicht auch ihr. Wie könnt ihr euch nur auf den Kampf freuen?"

„Ich kämpfe gerne", sagte er schlicht und schien aus seiner Sicht damit eine hinreichende Antwort gegeben zu haben. Ich aber sah ihn stirnrunzelnd an. Abermals begann ich an meiner Entscheidung zu zweifeln, dem Heiden Siegfried zu folgen. Es lag, so empfand ich es damals, etwas von Todessehnsucht im Glauben der Germanen. In der Schlacht zu sterben schien etwas Erstrebenswertes zu sein. Immerhin glaubten sie daran, dass sie in diesem Fall in die Halle ihres mächtigsten Gottes Wodan einziehen würden.

Es sollte noch lange Zeit und einige Schlachten brauchen, bis ich wirklich verstand, dass es auch unter den Heiden Menschen gab, die Kampf und Tod ebenso verabscheuten wie jeder gute Christ. Aber ich stellte auch fest, dass diese es waren, die zuerst in der Schlacht starben. Krieger, wie Siegfried, die eine Lust am Kämpfen und am Töten empfanden, lebten länger. Sie überlebten, weil ihre Lust am Kampfe größer war als ihre Angst vor dem Tod. Und alles, was man mit Lust tut, macht man besser, als wenn man es mit Angst täte.

Siegfried und ich legten unsere Gewänder an. Gerade, als ich meine Robe zugeschnürt hatte, riss jemand das Tor zu unserem Stall auf. Mit hoch roten Wangen und vor Anstrengung schnaufend betrat Garlef das Gebäude.

„Der Drache will euch sehen", keuchte er. „Kommt mit zur Kampfplattform!"

Wir folgten Garlef durch den Innenhof der Burg zum Haupttor, durch das man hinaus auf den Hang gelangte, wo Fafnirs Heer lagerte. Wir durchquerten das Tor jedoch nicht sondern erstiegen die steile Holztreppe zur Kampfplattform. Hier stand Fafnir mit einigen Kriegern und blickte ins Tal.

Fafnir sah beeindruckend aus. Denn er hatte seine volle Kriegsrüstung angelegt. Er trug ein Langschwert in mit Gold und Silber verzierter Scheide und ein Kurzschwert in einer an sein Bein gebundenen Lederscheide. Auf dem Rücken hatte er statt eines Schildes oder einer Streitaxt - beides wäre nicht ungewöhnlich gewesen - ein drittes, ein riesiges Beidhänderschwert geschnallt. Sein Helm war glattpoliert und mit eingearbeiteten Silberkreuzen verziert. Trotz des dunkel bewölkten Himmels schienen sie zu leuchten. Unter dem Helm wallte Fafnirs langes dunkles Haar hervor. Das bei weitem Prächtigste an seinem Anblick aber war das Kettenhemd. In dieses waren in Feuer gehärtete, daumennagelgroße Metallschuppen eingearbeitet. Sie bestanden aus besonders leichtem und dünnem Stahl und waren nach der Feuerhärtung nicht geschliffen worden, so dass sie in dunklem Schwarz schimmerten.

Garlef hatte uns am Vorabend von diesem Hemd erzählt. Es werde das „Drachenhemd" genannt und mache seinen Träger unverwundbar. Jetzt wusste ich, dass dieser Name gerechtfertigt war. Denn mit seinen schwarzen Schuppen erinnerte es den Betrachter wirklich an die Haut eines Drachen.

Als Fafnir uns sah, unterbrach er sein Gespräch mit den ihn umringenden Kriegern und rief uns zu sich.

„Brictius, ihr hattet mir Männer und einen Untersetzten versprochen", sagte er ohne uns zu begrüßen. „Meine Männer melden, dass zwei Heere kommen. Seht!"

Er wies mit der Hand auf den Wald gegenüber der Burg, aus dem sich immer mehr Männer herausschälten.

„Ein weiteres Heer befindet sich weiter nördlich. Ich muss wissen, ob das dort unten die Männer sind, die ihr mir versprochen habt."

Natürlich waren das Radumar und seine Grausteinkrieger. Denn dies sah Siegfrieds Plan genau so vor. Ich kniff die Augen zusammen, blinzelte und gab vor mit aller Anstrengung erkennen zu wollen, wer dort auf die Burg zumarschierte. Radumar, der anhand seiner gedrungenen Statur und des riesigen Kriegshammers auch aus großer Entfernung gut zu erkennen war, hatte ich längst ausgemacht. Aber ich blickte noch eine Weile wie suchend im Tal umher. Dann zeigte ich auf Radumar und rief begeistert:

„Da ist er, Herr! Da ist Hartwin der Untersetzte. Er ist gekommen, und er hat seine Krieger gebracht."

„Das ist gut", sagte Fafnir. „Sie werden ihre Treue im Kampf gegen das andere Heer beweisen können. Wenn ihr auch in Bezug auf dieses die Wahrheit gesprochen habt, dann ist jenes andere Heer das Heer des Nibelungen Siegfried. Die Sachsen werden unseren äußeren Ring verteidigen. Wenn der Nibelunge sie alle getötet hat, wird er so geschwächt sein, dass wir ihn durch einen Ausfall vernichten werden."

Dann wandte er sich wieder seinen Kriegern zu:

„Ihr habt gehört, was ich gesagt habe. Das Tor bleibt geschlossen."

Das war das Ende für unseren Plan, der vorsah, dass Radumar als Hartwin der Untersetzte ins Innere der Burg gelangte. Nicht um hier bei der Verteidigung zu unterstützen, sondern um den Nibelungenkriegern das Tor zu öffnen. Hatte Fafnir den Plan durchschaut?

Ich wusste es nicht. Sicher war nur, dass er ihn durchkreuzt hatte. Denn Radumars Krieger der grauen Steine würden nicht gegen ihren eigenen Stamm kämpfen. Und spätestens, wenn die beiden Heere aufeinanderträfen, würde unsere List offenbar.

Vor meinem inneren Auge baute sich eine Erinnerung auf. Es war das Bild der drei Pfähle und der drei Scheiterhaufen, die auf der Opferplattform auf der anderen Seite der Burg auf uns warteten.

Ich wandte mich zu Siegfried um in der Hoffnung auf Rat und Zuversicht. Siegfried aber stand nicht mehr hinter mir. Hastig blickte ich mich um. Der Nibelunge war von der Kampfplattform verschwunden. Einen Herzschlag lang dachte ich daran, einfach zu fliehen. Dann aber zügelte mein Verstand die Angst. Wohin hätte ich auch fliehen sollen? Selbst wenn ich das Burgtor hätte passieren können, war eine Flucht aussichtslos. Es waren mindestens tausend Schritte bis zum unteren Tor der äußeren Palisade. Ich hätte ein ganzes Heer von Kriegern durchqueren müssen.

„Brictius!"

Ich fuhr herum. Es war Fafnir, der mich zu sich winkte. Ich atmete tief durch, sandte ein stilles Gebet an unseren Herrn und ging zu dem Mann, der sich selbst der Drache Gottes nannte.

„Kennt euch dieser Hartwin?", fragte er. Ich nickte.

„Gut", sagte Fafnir. „Ihr geht hinunter zum äußeren Tor und redet mit ihm. Ihr sagt ihm, dass wir sehr dankbar sind für seine Dienste und dass wir den Herrn preisen dafür, dass er ihn uns schickt. Und dann erklärt ihr ihm, dass er und sein Heer vor unseren Toren gegen die Nibelungen kämpfen werden. Garlef wird dich begleiten."

Noch heute erinnere ich mich an das Gefühl, das mich durchdrang, während wir zwischen den unzähligen Kriegern den Abhang hinab zum unteren Tor gingen. Es war eine Mischung aus Angst, Verzweiflung und - ja auch das - Hoffnung. Ich hoffte, dass unsere List am Ende doch irgendwie gelänge. Ich hoffte, dass der Herr auf meiner Seite war. War es nicht gut und richtig, die Menschen im Land zwischen Rhing und Sieg von der Tyrannei Fafnirs zu befreien? Oder begann ich doch eine schlimme Sünde, indem ich mich an der Seite eines Heiden gegen einen christlichen Herrscher wandte?

Garlef hatte während des gesamten Wegs geschwiegen. Als wir die Kampfplattform über dem unteren Tor betreten hatten und über die Brustwehr hinunter auf die sich hinter Radumar sammelnden Krieger blickten, sagte er:

„Es ist falsch, die guten Männer von Lüdeger zu opfern."

Er sah mich aus seinen kleinen, listigen Augen mit einer Mischung aus Hoffnung und Erwartung an. Ich aber war so überrascht, dass ich nicht mehr als ein verblüfftes Nicken zuwege brachte.

„Außerdem glaube ich nicht, dass sie für uns kämpfen werden, wenn wir sie vor unseren Toren den Nibelungen zum Fraß vorwerfen, anstatt mit ihnen Seite an Seite in die Schlacht zu ziehen."

Dann beugte er sich über die Brustwehr und rief:

„Willkommen auf dem Drachenfels! Hier herrscht Fafnir, genannt der Drache. Mein Name ist Garlef. Ich bin der Kriegerführer hier. Und dies hier..."

Er wies mit beiden Händen in meine Richtung.

„Dies hier ist Brictius von Tours, der oberste Priester der Drachenburg."

Das war eine neue Information. Ich versuchte in Garlefs Zügen zu lesen, ob es sich um eine spontane Notlüge oder die Wahrheit handelte. Seine Miene jedoch verriet mir nichts. Er sah aus, als habe er gerade eine Selbstverständlichkeit ausgesprochen.

„Seid Ihr...", hob er etwas zögerlich zu fragen an. „Seid ihr der, den man den Untersetzten nennt?"

„Wo, beim Auge des Wodan, ist Ludger, der Sohn unseres Herren König Lüdeger von Sachsen?", knurrte der, den man den Untersetzten nannte. Er hatte sich inzwischen aus seinen Reihen gelöst, war bis zur Palisade vorgetreten und stand unmittelbar unterhalb des Teiles der Brustwehr, über den wir uns beugten.

„Er ist bei unserem Herrn in der Burg", sagte Garlef. „Es geht ihm gut."

Ich wusste nicht, ob Garlef die Wahrheit sagte oder log. Da ich hoffte, dass es Siegfried wirklich gut ging und ich keinen Anlass sah zu glauben, dass das nicht der Fall sein könnte, nickte ich zur Bestätigung, als der Untersetzte mich fragend ansah.

„Also gut", sagte Radumar. „Ich bin Hartwin der Untersetzte, Kriegerführer Lüdegers des Sachsen. Und dies hier ..." Er beschrieb eine ausladende Geste mit der Rechten. „Das sind tausend Männer, die im Namen unseres Königs mit euch gegen die Nibelungen kämpfen werden."

Die Krieger - allesamt erfahrene Schwert- und Speerkrieger - schlugen die Waffen gegen die Schildbuckel und brüllten einen Kampfschrei.

„Wir sind hier, um Nibelungen zu töten und eure Burg zu verteidigen", rief der Untersetzte, als das Geschrei der Krieger verklungen war. Ich weiß noch, wie ich Radumar von der Kampfplattform aus ansah. Ein gedrungener Kerl mit einem starken Körper ebenso breit wie hoch und etwas zu langen Armen. Ich dachte damals, dass „der Untersetzte" wirklich ein passender Name für ihn wäre.

Und ich weiß noch heute, wie wenig seine Aussprache nach dem Dialekt der Sachsen klang. Das Verräterischste aber war der Anruf Wodans bei der Begrüßung gewesen. Beim Auge des Wodan hatte er Auskunft über den Verbleib Siegfrieds eingefordert. Und das, obwohl die Sachsen unserer Lügengeschichte gemäß zum Christentum konvertiert waren. Garlef schien das alles entweder nicht zu bemerken, oder er ließ sich nichts anmerken.

„Haltet euch zum Kampf bereit", rief Garlef. „Unsere Späher haben berichtet, dass das Nibelungenheer bald hier sein wird."

„Wir sind bereit an eurer Seite zu sterben. Öffnet das Tor!"

Garlef wand sich neben mir. Erstaunt nahm ich zur Kenntnis, dass er sich nicht wohl dabei zu fühlen schien, den Untersetzten zu opfern. Er hustete vernehmlich. Dann sagte er schließlich:

„Wäret ihr auch bereit die Burg vor den Toren zu verteidigen?"

„Was redet ihr da?", rief Radumar. „Macht jetzt das Tor auf! Die Nibelungen kommen!"

„Wir können euch nicht hereinlassen. Unser Herr Fafnir möchte, dass ihr die Burg außerhalb der Palisaden verteidigt."

Ich hörte Radumars Knurren bis hinauf auf den Wehrgang. Er schwang seinen riesigen Streithammer und ließ ihn in den Erdboden vor der Palisade niederfahren. Ich hörte einen dumpfen Aufprall.

„Möge Diu mir beistehen, aber ich werde mit meinen Männern in diese Burg gelangen. Entweder ihr lasst mich jetzt herein und wir kämpfen gemeinsam gegen die Nibelungen. Oder ich warte auf die Nibelungen und werde gemeinsam mit ihnen in diese Burg eindringen. Dann jedoch als euer Feind."

Garlef starrte den Untersetzten eine geraume Zeit unverwandt an. Schließlich senkte er den Blick.

„Verfluchte Scheiße!", knurrte Garlef. Dann winkte er den Torwächtern zum Zeichen, dass das Tor geöffnet werde. Sie hoben die beiden mächtigen Verschlussbalken aus der Verankerung und zogen das Tor auf. Dies war Garlefs großer Fehler, und er würde viele tapfere Männer das Leben kosten.

Siegfrieds Plan sah vor, dass Radumar und seine Krieger ins Innere der Burg gelangten. Dort sollten sie das Vertrauen zu den Kriegern Fafnirs aufbauen und sich mit ihnen verbrüdern. Radumar sollte das Vertrauen

Fafnirs gewinnen und so in die innere Burg gelangen. Wenn die Nibelungen angriffen, würden Radumar und seine Männer dann dafür sorgen, dass beide Burgtore - das untere zum Burggelände sowie das obere zur eigentlichen Burg - geöffnet wären. So lautete, wie gesagt, der Plan.

Ich rechnete daher nicht damit, dass Radumar unmittelbar nach Öffnung des Tores angreifen würde. Aber genau das tat er. Meine Verblüffung darüber lässt mich noch heute, viele Jahre später erzittern. Und das Grauen, das dann geschah, werde ich niemals vergessen.

Radumar hob seinen Hammer und warf ihn sich über die rechte Schulter. Mit entschlossener Miene ging er, gefolgt von seinen Kriegern auf das geöffnete Tor zu. Garlef stieg über eine Leiter vom Wehrgang hinab, von dem aus ich das Geschehen beobachtete. Er sprang auf halber Höhe von der Leiter und eilte Radumar entgegen. Irgendetwas schien ihn zögern zu lassen. Denn ungefähr zehn Schritte, bevor er den Fürst der grauen Steine erreichte, verlangsamte er seinen Lauf. Radumar indes ging mit langen, geraden Schritten auf ihn zu. Vielleicht war es der jahrelang in zahlreichen Schlachten geübte Kriegerinstinkt, vielleicht war es der kalte Blick in den Augen des Untersetzten. Ich vermag nicht zu sagen, was Garlef dazu veranlasste drei Schritte vor dem Zusammentreffen innezuhalten und seine Hand auf den Knauf seines Schwertes zu legen.

In demselben Augenblick, da er mit der ganzen Hand den Griff des Schwertes umfasste, um es aus der Scheide zu ziehen, schnellte der gewaltige Kriegshammer aus grauem Stein von Radumars Schulter hernieder und zertrümmerte den Schädel von Fafnirs Kriegerführer. Ich hörte das Knacken der Schädeldecke bis hinauf auf den Wehrgang. Es war ein fürchterliches Geräusch, dem eine rote Wolke aus Blut folgte. Sie schwebte wie ein Heiligenschein über Garlefs Kopf, in dem ein riesiger Hammer steckte. Dann sank zunächst sein Schwert zurück in die Scheide und dann Garlef zu Boden. Als Radumar den Hammer aus dem Schädel zog gab es ein knackendes, plätscherndes Geräusch. Es klang, als habe jemand einen großen Stein in ein flaches Gewässer geworfen, der auf steinernen Grund aufschlug.

Ich schüttelte mich vor Ekel und Abscheu. Denn in der kurzen Zeit, die ich mit Garlef verbracht hatte, hatte ich - das wurde mir erst jetzt klar - auch begonnen ihn zu mögen. Aber das spielte jetzt keine Rolle mehr. Garlef war zu Gott gegangen. Ich hatte den Blick bereits gen Himmel gewandt und wollte ein Gebet für ihn zu unserem Herrn senden, da holte mich Radumars gewaltiger Angriffsschrei zurück in das Hier und Jetzt. Eine der beiden Wachen, die das Tor geöffnet hatten, war herbeigeeilt, um Radumar zur Rechenschaft zu ziehen. Ein gewaltiger Schlag des Kriegshammers traf den Mann vor die Brust, worauf er Blut spuckend zusammensank.

Inzwischen waren zahlreiche Krieger der grauen Steine im Inneren der Burg angekommen. Die zweite Wache war längst tot. Während einige Krieger damit begonnen hatten, das riesige Holztor zu zerstören, versammelten sich immer mehr Krieger hinter Radumar. Allmählich wurde erkennbar, was sie vorhatten. Sie formierten einen Eberkopf.

Ein Eberkopf ist eine keilförmige Kampfformation. Angeführt von zwei oder drei Kriegern verbreitert sich der Keil nach hinten. Ein Eberkopf hat das Ziel wie eine Speerspitze aus Kriegern in die feindlichen Reihen einzudringen und diese aufzubrechen. Nur dass es noch keine feindlichen Reihen gab.

Fafnirs Krieger waren vollkommen unvorbereitet. Viele trugen weder Wams noch Kettenhemd. Die Äxte und Schwerter waren nicht geschärft, und an eine Kampfformation war ebenfalls nicht zu denken. Der Eberkopf fuhr in die Reihen der feindlichen Krieger wie ein Speer in einen nackten Leib.

Ich sah halbnackte Männer bluten, sah Krieger rennen und sterben, hörte das Schreien und Röcheln der Sterbenden und das Wehklagen und Weinen der Frauen. Radumars Krieger wüteten gnadenlos. Es war keine Schlacht, der ich beiwohnte. Es war ein Gemetzel.

Der Eberkopf mit Radumar an der Spitze beschrieb einen blutigen Halbkreis mitten durch die Reihen des Feindes. Als Radumars Tross das Burgtor erreicht hatte, verlangsamte sich die Vorwärtsbewegung. Denn allmählich hatte sich auch der Feind formiert. Hörner waren geblasen worden, Rufe waren erschollen und in Windeseile hatte sich ein Schildwall gebildet. Dieser wuchs jetzt rasch an.

Radumar formte vor dem Tor der Burg ebenfalls einen Schildwall. Durch die Schneise, die sein Eberkopf in das Heerlager des Feindes geschlagen hatte, strömten jetzt seine Krieger und vergrößerten den Schildwall der Grausteinkrieger. Das alles führte dazu, dass sich nun ein großer und ein riesiger Schildwall gegenüberstanden. Radumars Schildwall war trotz einiger Verluste im Eberkopf ziemlich groß und deckte fast die gesamte Länge der Burgpalisade ab. Aber der Schildwall des Feindes war erkennbar größer. Für einige Herzschläge standen sich die Bollwerke aus Menschen und Waffen schweigend gegenüber. Lediglich das Stöhnen, Schreien und Ächzen der Verwundeten war zu vernehmen. In diese Stille hinein ertönte eine laute und klare Stimme von der inneren Brustwehr der Burg:

„Wer bist du, Verräter?", rief Fafnir, der unmittelbar über dem fest verschlossenen Tor der Burg stand. „Wer bist du, dass du Gott und den Heiligen Vater verrätst und dich mit den Nibelungen gegen Gott und gegen mich verbündest?"

Radumar drehte sich um und schrie:

„Ich bin Radumar, Fürst der Grausteinsippe. Und wir alle hier sind Nibelungen. Wir sind gekommen, um uns zu holen, was uns gehört! Wir sind hier, um uns das Drachengau zu holen!"

Die Krieger warfen die Hände in die Höhe und brüllten ihren Kampfschrei hinaus.

„Nun Radumar, der heute qualvoll verbrennen wird", sagte Fafnir, „ich bin Fafnir, der Drache Gottes. Und mein Feuer wird euch vernichten."

Dann verschwand Fafnir hinter der Brustwehr. Und mir wurde schlagartig bewusst, in welch aussichtsloser Lage sich Radumars Krieger befanden. Vor ihnen ein feindlicher Schildwall, der größer war als der ihre. Hinter ihnen die hohe Palisade der inneren Burg, die jede Flucht unmöglich machte. Über ihnen schließlich versammelte sich Fafnirs Haustruppe, die geschützt durch die Brustwehr unbehelligt Pfeile und Wurfgeschosse herniedergehen lassen konnte. Es war eine Aussichtslosigkeit, die schlimmer nicht hätte sein können.

Nun, mit dieser Vermutung lag ich falsch. Es wurde schlimmer, viel schlimmer! Denn was ich für eine leere Drohung, eine Phrase Fafnirs gehalten hatte - die Ankündigung, Fafnir werde Radumar und seine Krieger verbrennen - war keine leere Drohung gewesen.

Wenige Herzschläge, nachdem Fafnir hinter der Brustwehr verschwunden war, tauchten dort entlang der gesamten Palisade Krieger auf, die Gegenstände in den Händen hielten, die an aufgeblasene Froschbacken erinnerten. Ich spürte sogleich, dass dies nichts Gutes bedeuten konnte. Und aufgrund der Entfernung - Ich stand immer noch auf dem Wehrgang der unteren Palisade - war nicht genau erkennbar, um was es sich handelte. Viel später, lange nach der Schlacht, habe ich herausgefunden, dass es sich um Schweinsdärme handelte, die Fafnir mit Pech und Fett hatte füllen und von zwei Enden verknoten lassen. Diese Schweinsdärme warfen die Krieger nun auf den sich schräg unter ihnen befindlichen Schildwall der Nibelungen. Die Därme zerplatzten auf Helmen, Schilden, Kettenhemden und Köpfen. Die dunkelbraune dickflüssige Substanz klebte wie Harz an den Kriegern. Dieser Vorgang wiederholte sich ein einziges Mal. Die Nibelungenkrieger fluchten, doch ihr Schildwall hielt stand. Noch wussten sie nicht, was Fafnir vorhatte. Mir indessen schwante Böses. Denn ich hatte den Einsatz von Brennpech schon erlebt.

Verzweifelt schrie ich Radumars Namen. Ich wollte ihn warnen, ihm erklären, dass er fliehen müsse, weil jetzt das Feuer käme. Aber er konnte mich nicht hören. Und selbst wenn er mich hätte hören können, wäre meine Warnung wirkungslos geblieben. Denn wohin hätte er fliehen sollen? Vor ihm stand der feindliche Schildwall in all seiner Macht. Hinter ihm war die Palisade, auf der jetzt abermals Männer erschienen. Diesmal hielten sie große Langbögen in den Händen. Und brennende Pfeile.

Als der erste Pfeil traf, ertönte ein einziger kurzer Schrei. Dann war eine große Flamme zu erkennen und ein schriller, nie enden wollender Schrei folgte. Dutzende weitere Pfeile flogen, weitere Schreie ertönten, und im Schildwall der Grausteinkrieger brach sich das Feuer Bahn. Menschen brannten wie Fackeln. kampferprobte Krieger schrien schrill wie Weiber, sie weinten vor Schmerzen, riefen nach ihren Müttern und sanken brennend in die Knie.

Fafnirs Speerkrieger stachen wild auf die brennenden und sich in Flammen windenden Krieger ein. Radumars Schildwall hatte sich binnen weniger Herzschläge in einen brennenden Tumult aus verbranntem Fleisch, sterbenden Kriegern und herzzerreißenden Schreien verwandelt.

Mit Tränen des Entsetzens in den Augen wandte ich mich ab. Ich drehte mich um und blickte ins Tal, blickte in Richtung des Waldes, aus dem Radumars Krieger gekommen waren. Ich konnte dem Grauen nicht weiter zusehen und suchte mit meinem Blick verzweifelt nach einer Rettung, die es nicht gab.

Über dem Wald, hoch in der Luft, kreisten zwei Adler. Sie schienen den Wald zu beobachten. Ich kniff die Augen zusammen. Etwas war merkwürdig an diesem Wald. Er schien sich zu bewegen. Er schien voll zu sein. Voll mit Leben. Voll mit – Kriegern!

Und genau das war er auch. Einen Herzschlag später brachen sie aus dem Wald hervor und überschwemmten die Wiese vor dem Burgtor wie die Flut einen flachen Strand. An ihrer Spitze rannte brüllend, das gezogene Schwert fest in der Hand, Hartger. Auf seinem Schild prangte die fliegende Eule, das Wappentier der Eulensippe. Und da, schräg neben ihm, rannte Arwin. Und mir wurde klar, dass es seine Adler waren, die ich hatte kreisen gesehen.

Es war mir nicht möglich die Anzahl der Krieger abzuschätzen, die auf die Burg zustürmten. Ich weiß nur, dass es viele waren. So viele. Und sie alle strebten auf das geöffnete Burgtor zu, das Radumars Krieger zerstört hatten, bevor sie ihrem Herrn in den tödlichen Schildwall gefolgt waren.

Radumars Schildwall hatte sich durch das Feuer des Drachen fast vollständig aufgelöst. Aber die noch lebenden Krieger kämpften wie Dämonen, und inzwischen hatten sie auch die Feinde aus der Formation gebracht. Diese waren zwar in der überwältigenden Mehrheit, für den Augenblick aber waren sie damit beschäftigt diese Übernacht zu nutzen, indem sie so viele Nibelungen töteten wie möglich. Dies wiederum hielt sie davon ab zu bemerken, dass Arwin und Hartger in ihrem Rücken mehrere Eberköpfe zum Angriff formierten. Auch als Hörner vom Inneren der Burg als Warnsignale erschollen, ließen Fafnirs Krieger nicht von Radumars Männern ab. Zu sicher, zu greifbar erschien ihnen der Sieg, um sich zu besinnen. Erst als die Eberköpfe wie Messerstiche in ihre Reihen fuhren, bemerkten Fafnirs Krieger, dass der sicher geglaubte Sieg eine Falle war. Radumars verbliebene Krieger waren der Amboss auf dem Arwin und Hartger den Feind mit ihren Eberköpfen wie mit Hammerschlägen zertrümmern wollten.

Die Hammerschläge wüteten in den Reihen des Feindes wie Wölfe im Blutrausch in einer Herde Schafe. Nie werde ich die Schreie und das Wehklagen vergessen. Nie werde ich vergessen, dass ich sah, wie die stolzesten Krieger wie Kinder weinten, bevor sie starben.

Es gibt einen Augenblick in jeder Schlacht, in dem es keine Kontrolle, keine Ordnung mehr gibt. Es herrschen dann blinde Raserei und Vernichtungswille. Nur ein Sieg oder eine völlige Erschöpfung der Körper kann die sich selbst zerfleischende Masse dann noch beruhigen. Dieser Zustand breitete sich unaufhaltsam über das Schlachtfeld vor der Burg des Drachen aus.

Ich versuchte im Getümmel etwas zu erkennen. Und tatsächlich! Da war Radumar! Er lebte, und er – von Ruß geschwärzt und mit Blutflecken übersäht – schwang seinen Hammer durch die Reihen des Feindes und verbreitete dort Leid und Entsetzen. Ich sah, wie sein Hammer einem blonden Jüngling den Schädel zerschmetterte, der kaum das Mannesalter erreicht hatte und nichts als einen zarten Flaum statt eines Bartes im Gesicht trug.

Erneut wandte ich den Blick ab. Und abermals bemerkte ich etwas, das sich abseits der Schlacht zutrug. Brünhild und ihre Wolfskrieger hatten das untere Tor durchquert. Aber sie formierten keine Eberköpfe, und sie griffen auch nicht ins Schlachtgeschehen ein. Stattdessen folgten sie in einer langen Reihe, Krieger nach Krieger, ihrer Gaufürstin, die sie entlang der äußeren Palisade um das Schlachtfeld herum führte. Zunächst dachte ich, sie wolle sich an den feindlichen Reihen vorbei schleichen, um sich Radumar und seinen Kriegern anzuschließen. Aber Brünhild ließ auch diese hinter sich. Sie lief an der inneren Palisade um die Burg herum. Ich sah ihr wehendes Haar mit den weißen Strähnen in der Ferne, und dann verschwand sie. Ich vermutete, dass sie auf die Rückseite des Gebäudes zu gelangen versuchte, wo sich die Felsplattform mit den Scheiterhaufen befand.

Ich hielt Ausschau nach Siegfried. Aber er war nicht unter den Kriegern, die sich auf der Burgpalisade zeigten. Zumindest sah ich ihn aus der Ferne nicht. Etwas hilflos sah ich mich auf meinem Wehrgang um. Was sollte ich tun? Hier oben des Endes der Schlacht harren? Fliehen? Oder gar selbst in die Schlacht eingreifen?

„Heda, du Christenlümmel!", rief mich plötzlich eine Stimme an. Ich sah mich um, konnte aber niemanden entdecken.

„Hier unten bin ich, Brictius, Bischof von Nirgendwo!"

Ich senkte meinen Blick, und dann sah ich ihn. Er stand in der Aufstiegsluke zum Wehrgang, so dass gerade einmal sein Kopf zu sehen war. Es war Raven, der mich grinsend anstarrte.

„Raven!", stieß ich freudig hervor und lief auf den weißhaarigen Kopf zu. Dann verschwand der Kopf wieder in der Luke.

„Komm, es ist Zeit!", rief er mir zu. Ich kletterte von der Palisade hinab zu Raven, der mich auf seinem weißen Schimmel erwartete. Für mich hielt er einen großen, dunkelroten Fuchs bereit. Ich wollte noch fragen, woher er wusste, wo ich zu finden war und dass ich ein Pferd benötigte. Und überhaupt wollte ich Vieles mit ihm bereden. Siegfried war verschwunden, der Ausgang der um uns herum tobenden Schlacht war ungewiss. Raven aber ließ es nicht zu einem Gespräch kommen. Er forderte mich auf, ihm zu folgen. Und schon sah ich seinen Schimmel über das Schlachtfeld fliegen. Ich schwang mich auf den Fuchs und ritt ihm nach.

Er führte mich am Rande des Schlachtfelds an diesem vorüber. Wir nahmen denselben Weg, den zuvor Brünhild mit ihren Wolfskriegern genommen hatte. Und wir kamen gerade noch rechtzeitig, um die letzten der Wolfskrieger die Opferplattform erstürmen zu sehen. Irgendjemand hatte ihnen von oben Seile herabgeworfen, sodass sie sich an diesen hinauf und damit ins Innere der Burg ziehen konnten. Jetzt stand das Tor zum großen Saal offen, und auf der Opferplattform tobte ein erbitterter Kampf zwischen Brünhilds Kriegern und Fafnirs Haustruppe, die aus seinen besten, kampferprobtesten Kriegern bestand.

Raven hielt seinen Schimmel an und wies mich an neben ihm innezuhalten. Sein weißes offenes Haar flatterte im Wind, sein Bart, der von einem silbernen Ring unter dem Kinn zusammengehalten wurde, wehte ihm um den Hals, und seine stahlblauen Augen funkelten vor Begeisterung, als er mit seinem Speer hinauf auf die Felsplattform wies und rief:

„Dort, Brictius, entscheidet sich jetzt das Schicksal der Nibelungen. Wenn dieser Kampf dort oben verloren wird, wird sich niemand mehr an die Nibelungen erinnern. Alle werden sterben. Und Fafnir wird unsterblichen Ruhm als Heidenschlächter ernten. Wenn aber Siegfried und Brünhild den Sieg erringen, dann werden ihre Namen niemals vergessen werden. Unsere Nachfahren werden ihr Lied singen, und noch in tausend Sommern wird man Siegfried den Drachentöter kennen!"

Ich folgte der Richtung seiner Speerspitze mit dem Blick. Und da war Brünhild. Ihr dunkelblondes Haar mit den weißen Strähnen flog ihr um das Haupt. In beiden Händen hielt sie Schwerter und stürzte sich mit einem gellenden Schrei auf einen Krieger, der sie um zwei Kopfeslängen überragte. Der Mann schwang ein riesiges Langschwert gegen sie. Ich glaubte ein Zischen zu hören, als er mit dem Schwert einen gewaltigen Hieb ausführte, der Brünhilds Kopf abgetrennt hätte, wenn er sie voll getroffen hätte. Sie aber bewegte sich schnell wie eine Schlange und focht wie ein Todesengel. Blitzschnell war sie unter dem Hieb weggetaucht und hatte mit einem ihrer beiden Schwerter dem Hünen das linke Wadenbein aufgeschlitzt. Hinter Brünhild stand Odo, ihr Leibwächter, der ihr in keiner Schlacht von der Seite wich. Und in demselben Augenblick, da der Krieger nach der Verletzung des Wadenbeins sah, fuhr ihm Odos gewaltiger Eschenspeer mitten durch das Kettenhemd in die Brust, und er starb mit einem kümmerlichen Schrei.

Brünhild hatte sich bereits dem nächsten Gegner zugewandt und Odo, der von großer behäbiger Statur war, hatte seine Mühe ihr zu folgen. Dann hörte ich einen lauten Schrei, und mein Blick zuckte nach rechts zum Rand der Felsplattform. Gerade noch konnte ich sehen, wie ein Mann in die Tiefe gestoßen wurde. Ich hörte, wie er mit einem markerschütternden Knacken unten im Tal, wo der Rhing an einem steinigen Ufer schäumte, aufschlug. Der Krieger, der den Mann gestoßen hatte, riss die Arme in die Höhe und schrie seinen Sieg in den bewölkten Himmel.

Der Anblick dieses Kriegers ließ mich erschauern. Denn er war bis auf ein um die Hüften gebundenes Tuch und eine riesige Streitaxt in den Händen völlig nackt. Sein langes, blondes Haar flog im Wind, und die nackte, helle Haut seines muskulösen Oberkörpers schien zu strahlen. Es war mir, als könnte ich das wilde Funkeln und das spitzbübische Grinsen des Mannes bis hierher sehen. Und war das auch unmöglich, so bin ich mir dennoch sicher, dass beides da war. Denn ich sah das Zaudern unter seinen Feinden. Ich sah die Angst vor diesem Mann, der den Kampf liebte wie andere das Reiten oder Jagen. Ich fühlte eine Art Hochgefühl in mir aufkommen, das ich nicht mehr im Zaum halten konnte. Und unweigerlich riss ich die Arme hoch und rief:

„Heil Siegfried! Siegfried! Siegfried! Heil!"

Bis heute weiß ich nicht, welcher Geist mich in diesem Augenblick besaß. Unmittelbar nach meinen Rufen zuckte ich vor mir selbst zusammen. Raven, der mich verwundert ansah, schrie plötzlich ebenfalls:

„Siegfried! Heil Siegfried!"

Und dann hörte man es aus allen Richtungen. Und ich sah, wie der Feind zurückwich, und ich hörte, wie das Burgtor geöffnet wurde und Radumars Krieger mit lautem Jubel das Innere der Burg stürmten.

Die Schlacht hatte den ganzen Tag getobt. Und jetzt schien es, als sei sie mit einem Male, ganz plötzlich, entschieden worden. Aber das täuschte. Denn immer noch wüteten vor der Burg, auf dem Burghof im Inneren und auf der Felsplattform die Kämpfe. Noch war hier nichts entschieden. Aber die Zeichen standen nun gut, besser als je zuvor, für einen Sieg der Nibelungen. Denn die Krieger der Nibelungen fühlten ihre Götter an ihrer Seite, und sie fühlten den Sieg nahen. Und Siegfried war das fleischgewordene Symbol dieses Gefühls. Solange er stand, solange er kämpfte, solange würden auch sie stehen, kämpfen und schließlich siegen.

So empfanden die Krieger. Diese Stimmungslage allein würde den Nibelungen den entscheidenden Vorteil bringen, den es braucht, um eine Schlacht nicht nur zu einem Ende, sondern zu einer Entscheidung zu bringen. Das spürte ich damals ganz deutlich. Und heute, nachdem ich zahllosen Schlachten als Priester beigewohnt, ja in einigen sogar selbst gekämpft habe, weiß ich, wie wichtig für einen Krieger der Glaube an den Sieg ist. Er allein kann einen Mann zu unvorstellbaren Taten antreiben. Wenn er indes fehlt, kann das dazu führen, dass ein überlegenes Heer die Flucht ergreift.

Auch Fafnir schien zu spüren, dass der Glaube des Feindes an den Sieg gebrochen werden musste, wenn er diese Schlacht noch für sich entscheiden wollte. Er ließ die Hörner zum Zeichen blasen, dass die Kämpfe unterbrochen werden sollten. Und nach einigen Wiederholungen und wütenden Rufen aus seiner Haustruppe hielten die Krieger wirklich inne. Den meisten unter ihnen, die bereits fast einen ganzen Tag gekämpft hatten, war jede Form der Unterbrechung nur allzu recht. Die Krieger ließen sich keuchend und ächzend auf den Boden fallen oder lehnten sich an die Palisaden- oder Burgwände. Fafnir aber trat hinaus auf die Felsplattform, auf der auch Siegfried stand.

„Krieger Gottes!", rief er die seinen an. „Krieger des Drachen! Ihr kämpft tapfer gegen diese Eindringlinge. Und wahrscheinlich werden wir siegen! Aber zu welchem Preis? Und zu welchem Preis werdet ihr weiterkämpfen, Nibelungen? Ich sage euch, was der Preis ist: der Preis ist das Leben zu vieler tapferer Männer!"

Er hielt einige Herzschläge inne. Dann sah er sich unter den Kriegern um. Als er mit einem Nicken feststellte, dass er die ungeteilte Aufmerksamkeit aller Anwesenden hatte, fuhr er fort:

„Ich biete euch einen Ausweg! Ich werde hier und jetzt gegen Siegfried kämpfen. Er hat sich wie eine Schlange in mein Haus geschlichen und führt nun den Feind an. Er hat die Herrschaft über die Nibelungen durch den feigen Mord an Schilbung, ihren wahren Herzog, an sich gerissen. Und nun will die Schlange den Drachen genauso feige durch eine List unterwerfen. Doch wie stark ist euer falscher Herzog in einem Zweikampf gegen den Drachen Gottes? Ich fordere dich heraus, Siegfried, so wie du da stehst gegen mich zu kämpfen. Denn so hast du dich in mein Haus geschlichen, hast meine Gastfreundschaft missbraucht und kämpfst mit meiner Axt. Nimmst du die Herausforderung an, feiger Siegfried?"

Ich sah Siegfried an und versuchte in seinen Zügen zu lesen. War das ein Zornesblitzen in seinen Augen oder das Leuchten, das immer dann in seinen Augen zu sehen war, wenn er sich auf eine Herausforderung freute, vor der sich viele Männer gefürchtet hätten? Ich konnte es nicht mit Gewissheit sagen. Aber ich hörte, selbst trotz der Entfernung, ein lautes Knurren von Siegfried.

Ich hoffte sehr, dass er die Herausforderung Fafnirs ablehnte. Denn während Fafnir in voller Kriegsrüstung vor ihm stand, trug er nichts als das Leinentuch, das er unter der Mönchsrobe getragen hatte, mit der bekleidet er sich als Hilfspriester ausgegeben und in Fafnirs Burg gelogen hatte. So ausgerüstet hatte er nicht den Hauch einer Siegeschance im Zweikampf gegen einen voll gerüsteten Krieger wie Fafnir. In der Schlacht hatte er zwar auch Männer getötet. Aber hier wurde er immer wieder von den Schilden seiner Nibelungen gedeckt. Das war in einem Zweikampf mit dem Drachen ausgeschlossen. Und so hoffte ich inständig, Siegfried würde die Herausforderung ablehnen.

„Ich nehme die Herausforderung an", knurrte Siegfried. Er tat einen Schritt auf Fafnir zu, baute sich breitbeinig vor ihm auf und hob die Axt, mit der er in der Schlacht gekämpft hatte, mit beiden Händen hoch über seinen Kopf.

„Ja, ich bin durch eine List in Fafnirs Burg gelangt. So wie der große Donar durch eine List in die Heimstatt des Riesen Trümm gelangt war, als dieser ihm seinen mächtigen Hammer Mjölnir gestohlen hatte. Und auch ich bin gekommen, um mir etwas zu holen, das mir genommen wurde. Diese Axt hier ..." Er streckte die Arme durch und schloss seine Hände so fest um den langen Eschenschafft der Axt, dass sie kurz zu zittern schienen.

„... diese Axt gehörte meinem Vater Siegmund. Er war der Gaufürst hier im Drachengau, bis Fafnir ihn vor vielen Jahren feige während des Raunächtefriedens tötete. Ich selbst habe als Knabe den Mord gesehen. Nur weil mein Vater sein Haus mit dieser Axt verteidigt und dafür sein Leben gelassen hat, konnte ich überleben. Und hier stehe ich, bereit meine Familie zu rächen. Diese Axt gehörte meinem Vater. Und dies ist die Axt, mit der sein Vater Siegwolf, mein Großvater, hier am Rhing den Drachen erschlug, der dem Drachengau seinen Namen gab. Und jetzt werde ich mit dieser Axt, die mein Großvater ‚Lebenräuber' genannt hat, ein weiteres Leben rauben. Ich werde, so wie er vor mir, einen Drachen töten. Den da!"

Siegfried wies mit der Axt auf Fafnir, der kurz zusammenzuckte. Mit dieser Geschichte hatte der Drache offenkundig nicht gerechnet. Aber Fafnir war ein erfahrener Krieger, dem so eine Geschichte nur ein kurzes Stutzen abringen konnte.

„Siegmund war dein Vater?", knurrte der Drache. „Er hat gewinselt wie ein Hund, als ich ihm die Hände abgeschnitten habe. Er wollte doch so gern in euer Heidenparadies, das ihr Walhalla nennt. Aber das habe ich zu verhindern gewusst. Und auch du wirst ohne Waffe in der Hand sterben. Du wirst in meinen Flammen sterben. So wie all die Heiden, die ich vor dir im Namen Gottes gerichtet habe. Du wirst brennen, Siegfried! Und du wirst winseln wie dein Vater!"

Für einen unendlich langen Augenblick standen sich die beiden Männer schweigend gegenüber. Drei Schritte vor dem Tor zum großen Burgsaal stand Fafnir. Er trug sein Langschwert in mit Gold und Silber verzierter Scheide und ein Kurzschwert in einer an sein Bein gebundenen Lederscheide. Auf dem Rücken hatte er ein drittes, sein riesiges Beidhänderschwert geschnallt. Sein Helm war mit eingearbeiteten Silberkreuzen verziert. Unter ihm hing sein langes dunkles Haar über seine breiten Schultern. Fafnir sah aus wie ein Kriegsdämon. Das Prächtigste an seinem Anblick aber war sein Kettenhemd. In dieses waren in Feuer gehärtete, daumennagelgroße Metallschuppen eingearbeitet. Sie bestanden aus besonders leichtem und dünnem Stahl und waren nach der Feuerhärtung nicht geschliffen worden, so dass sie in dunklem Schwarz schimmerten.

Siegfried dagegen stand ihm fast nackt entgegen. Wäre er nicht so groß und muskulös gewesen, er hätte fast verletzlich wirken können. Bis auf die Axt in seinen Händen und die Entschlossenheit in seinem Blick, fand sich nichts an ihm, was Fafnir hätte gefährlich werden können.

Man muss wissen, dass in einer Schlacht oft nicht das Kampfgeschick oder die Kraft des Kriegers über sein Überleben entscheidet, sondern schlicht seine Waffen und seine Schutzbekleidung. Ein gutes Schwert und ein gutes Kettenhemd sind sehr teuer. Die Mehrheit der Krieger in einer Schlacht kann sich nur mindere Qualität leisten. So kommt es, dass Edelleute stets einen Vorteil auf ihrer Seite haben. Den Vorteil der besseren Ausrüstung.

Siegfried besaß beides: Er besaß mit Balmung ein großartiges Kampfschwert. Und er besaß eine vollständige Kampfausrüstung samt Kettenhemd, Helm und Lederschutz für Beine und Arme. Ich verstand nicht, warum er sich auf diesen Kampf eingelassen hatte, ohne auch nur zu fordern, zumindest sein Kettenhemd anlegen zu dürfen. Was hätte Fafnir dagegen tun können? Nichts hätte er tun können.

Aber nun war es zu spät. Nun standen sie sich im Zweikampf gegenüber, und Siegfried - da war ich mir sicher - würde unterliegen. Ich sandte ein stilles Gebet zu unserem Herrn, in dem ich darum bat, Siegfried trotz seines Heidentums zu beschützen. Selbstverständlich war mir bewusst, dass Gott keine Heiden beschützt. Aber ich mochte Siegfried, und ich wollte nicht, dass er starb.

„Donaaaar!", rief Siegfried. „Gib mir deine Kraft! Donaaar!"

Dann ging er mit entschlossenen Schritten auf Fafnir zu. Dieser zog sein riesiges Langschwert, das er auf dem Rücken zu tragen pflegte, und schritt seinerseits Siegfried entgegen.

Ein angespanntes Schweigen füllte die Luft in diesen Augenblicken vor dem Kampf. Jeder der umstehenden Krieger schien den Atem anzuhalten. Es war die Ruhe vor einem drohenden Unwetter, die wir in diesen Augenblicken fühlten. Und wirklich: der Himmel schien sich zu verfinstern, und ganz in der Ferne meinte ich das leise Grollen des Donners zu hören.

Fafnir und Siegfried beschleunigten ihre Schritte. Ein erneuter Donnerschlag war zu hören - diesmal ganz deutlich und näher als der erste. Ein Gewitter nahte.

Fafnir sprang und stieß mit seinem riesigen Schwert zu. Siegfried wich zur Seite aus und ließ seine Axt niederfahren. Fafnir parierte den Angriff mit dem Schild. Es klirrte laut, als die Axt den eisernen Schildbuckel traf. Dann gingen die Männer auseinander. Der Himmel über ihnen wurde dunkler. Erneut grollte der Donner, diesmal zuckte fast zeitgleich ein Blitz durch den Himmel.

Siegfried rannte auf Fafnir zu. Dabei schlug er Haken, täuschte mehrmals einen Richtungswechsel vor. Kurz bevor er Fafnir erreichte, riss dieser den Schild hoch, Siegfried schlug einen erneuten Haken, drehte sich um die eigene Achse und hakte seine Axt mit einem gewaltigen Hieb hinter dem Schildrand ein.

Der Hieb spaltete das Lindenholz des Schildes, und die Axt verhakte sich auf der Innenseite des Schildes im Holz. Fafnirs Arm wurde durch den Schwung nach außen gerissen. Siegfried schlug mit der Faust zu, erwischte jedoch nur den Helm des Gegners. Dann zog Siegfried mit aller Gewalt an der Axt und verdrehte den Schildarm Fafnirs. Dieser versuchte Siegfried mit seinem Langschwert von der Axt zu trennen. Siegfried drehte sich und zog Fafnir an dessen Arm wie einen Mehlsack hinter sich her. Der Arm hing fest in der Unterarmschlaufe des Schilds, die Axt war im Holz verkeilt, und Siegfried zog und riss mit beiden Händen an der Axt.

Der Himmel verfinsterte sich, und es begann zu regnen. Donner und Blitze erfüllten die Luft. Und die beiden Krieger tanzen miteinander einen wütenden Tanz des Hasses über die Felsplattform. Fafnir stach auf Siegfried ein, dieser wandte sich zur Seite, zog an seiner Axt, riss dadurch den in seinem Schild verkeilten Fafnir aus dem Gleichgewicht, der wiederum versuchte, Siegfried mit dem Schwert zu verletzen. Und so tobte der Tanz der beiden Krieger, die miteinander rangen wie zwei mit den Geweihen ineinander verkeilte Hirsche, fort und fort. Und das Gewitter wurde heftiger und heftiger.

Dann, ganz plötzlich, traf Fafnirs Schwert, und eine klaffende Wunde zog sich schräg über Siegfrieds Brust. Der Nibelunge schrie auf. Doch der Schrei klang in meinen Ohren mehr nach Wut denn nach Schmerz. Und wie zur Bestätigung meines Gedankens brüllte Siegfried einen hasserfüllten Kampfschrei und riss mit einer solchen Gewalt an der Axt, dass zunächst Fafnirs Schild und dann sein im Unterarmgurt gefesselter Arm brach. Fafnir schrie auf vor Schmerz. In demselben Augenblick, da er aufgrund des Schmerzes die Augen zusammenkniff, wirbelte Siegfried wie ein Dämon herum und trennte mit einem kurz ausgeführten Hieb die Schwerthand des Drachen von dessen Arm.

Fafnir stand mehrere Herzschläge lang regungslos da. Ungläubig starrte er abwechselnd auf den Stumpf seines rechten Arms und auf seinen in einer unnatürlichen Krümmung herabhängenden, gebrochenen linken Arm. Dann fiel sein Blick auf sein Langschwert, das einige Schritte von ihm entfernt auf dem felsigen Boden lag. Seine rechte Hand, die nun nicht mehr seine Hand war, umklammerte immer noch den Schaft des Schwertes, so als weigerte sie sich das Geschehene zu akzeptieren. Und Fafnir erschauerte bei diesem Anblick. Und vom Himmel fiel der Regen. Und Siegfried – Siegfried lächelte.

Aber dies war nicht sein offenes jungenhaften Lächeln, das ihn so unweigerlich sympathisch machte. Nein, dieses Lächeln war grausam, kalt und seelenlos. Mir glitt eine eiskalte Hand den Rücken herunter, als ich Siegfrieds Gesichtsausdruck sah.

Raven, der immer noch neben mir im Sattel seines Schimmels saß, hatte wie irre gekichert, als Siegfried Fafnir die Hand abgeschlagen hatte. Jetzt aber starrte er mit einer hochgezogenen Braue in Siegfrieds Gesicht. Offenbar hatte auch er etwas in diesem Lächeln gesehen, das ihn zumindest überrascht hatte. Dann beugte er sich zu mir herüber und raunte leise und mit heiserer Stimme:

„Diese Sache, mein christlicher Freund, diese Sache dort oben ist noch nicht vorüber. Siegfried wird Rache im Angesicht der Götter üben."

Raven sollte Recht behalten. Diese Sache war noch nicht vorüber. Und was nun geschah, werde ich vermutlich mein Leben lang in der Erinnerung mit mir umhertragen. Niemals werde ich wohl verstehen, wie ein Mensch wie Siegfried, den ich bereits damals als wohlmeinend, als freundlich, ja als liebenswert kennen gelernt hatte, zugleich so grausam und herzlos, so ganz ohne Mitleid und Gnade sein konnte. Bis heute, bis in meine Tage als alter Mann, ist mir die Spannweite von Siegfrieds Charakter ein Rätsel geblieben. Und wie weit diese Spannweite ins Dunkle und Grausame, ja ins Böse reichen konnte, das musste ich an diesem Tag am Rande der Steinplattform des Drachenfelsens bitter erkennen.

Blut schoss in kleinen Stößen aus dem Stumpf von Fafnirs Arm. Siegfried, der den Verwundeten in langsamen Schritten umkreiste, wurde von den ersten, heftigen, nahezu fontänenartigen Blutstößen auf Gesicht und

Oberkörper von Fafnirs Blut besprengt. Während Siegfried Fafnir in immer schnelleren Schritten umkreiste, sammelte er dessen Blut, das auf seinem Körper haftete, mit zwei Fingern auf und zeichnete wie mit einem Pinsel etwas auf seine Brust.

Plötzlich blieb er stehen, und ich erkannte, was er auf seiner Brust mit dem Blut des Feindes gezeichnet hatte: Gemeinsam mit der eigenen Wunde, die ihm Fafnir zugefügt hatte, ergab sich das germanische Zeichen der Esche, Ansuz. Raven raunte mir zu, dass ihr hart zurückfederndes Holz das Symbol der Rache war. Und Ansuz war die Rune des Wodan. Des obersten und ältesten der heidnischen Götter, den die Krieger vor dem Kampf um Wildheit, Raserei und Siegesheil baten. Und dann fiel mir etwas ein, das mir Siegfried vor vielen Monden gesagt hatte. Ich hatte ihn gefragt, ob er Fafnir nicht vergeben und seinen Frieden mit dem Geschehenen machen könne.

„Wir Nibelungen glauben daran, dass Rache die Pflicht ist, etwas ins Gleichgewicht zu setzen, was aus der Waage gebracht worden ist", hatte Siegfried geantwortet. „Deshalb kann ich Fafnir nicht, wie du empfiehlst, vergeben. Sein Tod muss so grausam, so besonders, so laut werden, dass alle Götter ihn hören, dem Schauspiel beiwohnen und mir der Göttervater selbst dafür seinen Beifall spendet. Nur wenn wir die Götter gut unterhalten, erfüllen sie uns vielleicht einen Herzenswunsch. Verstehst du das?"

Nun, ich verstand Jetzt, warum Siegfried die Rune des Wodan, des Göttervaters, auf seiner Brust trug. Jetzt war der Augenblick seiner Rache gekommen. Der Rache, durch die er, wie er mir erklärt hatte, seine Götter dazu bewegen wollte, seine Familie aus dem Totenreich der Hel in das andere Totenreich zu bringen, das die Heiden Walhalla nannten. Indem er seine Götter durch Grausamkeit beeindruckte! Mich schüttelte es bei diesem Gedanken.

Siegfried hob die Axt. Vom Himmel zuckte ein Blitz hernieder. Dann fuhr die Axt in Fafnirs rechtes Wadenbein. Mit einem Schmerzensschrei sank der Drache auf die Knie.

Inzwischen versammelten sich immer mehr Krieger im großen Saal der Burg und quollen aus diesem hinaus auf die Felsplattform. Längst war kaum noch zu unterscheiden, wer zu Fafnirs und wer zu Siegfrieds Kriegern zählte. Alle standen sie beisammen und harrten der Entscheidung durch Zweikampf. Diejenigen unter ihnen, die den Kampf mitangesehen hatten, starrten jetzt fassungslos auf das Geschehen, das sich ihnen darbot. Die Krieger, die weiter im Inneren des Burgsaales standen und keinen Blick auf die Ereignisse hatten, forderten hektisch und lautstark Auskunft über das Geschehen. Aber die Zeugen der Ereignisse starrten nur fassungslos auf die beiden Krieger auf der Plattform. Niemand wusste, ob der Kampf beendet war oder was Siegfried als nächstes tun würde.

Siegfried trat dem knieenden Fafnir in den Rücken, so dass dieser nach vorne überkippte. Dann setzte er sich auf den Rumpf des Feindes und löste dessen Kettenhemd. Nachdem er ihm dieses schließlich vom Oberkörper gerissen hatte, benutzte er die Schneide seiner Axt, um den Lederwams und die Hosen aufzutrennen. Als schließlich auch diese entfernt waren, lag Fafnir mit bloßem Oberkörper und bloßen Beinen mitten auf der Felsplattform.

Fafnir hatte das Entkleidungsgeschehen ohne eine Regung über sich ergehen lassen. Ich hatte es nicht genau erkennen können, aber ich vermutete, dass ihn seine starken Verwundungen und die Schmerzen in eine kurze Ohnmacht hatten fallen lassen.

Jetzt aber begann er sich heftig zu schütteln, stemmte sich auf die Knie und rutschte auf diesen vorwärts in Richtung des Randes der Felsplattform, der den Blick auf den tief unter ihm fließenden Rhing freigab. Den linken Arm zog Fafnir wie einen Kadaver hinter sich her, während der Stumpf des rechten eine dünne Blutspur hinterließ. Beide Arme waren nutzlos. Fafnir bot einen schrecklichen Anblick, der Mitleid in mir erregte.

Ich versuchte mir auszudenken, was Fafnir wollte. Glaubte er, kriechend vor Siegfried entkommen zu können? War es nur ein zielloser Bewegungsablauf, getrieben von Schmerz und Qual eines schwer Verwundeten? Je mehr ich darüber nachdachte, desto deutlicher drängte sich mir ein Gedanke auf: Fafnirs Mitleid erregendes Kriechen war keineswegs ziellos. Fafnir wollte den Rand der Felsplattform erreichen. Dort fiel der Felsen steil in die Tiefe. Jeder Mensch, der die Felskante überstieg, würde lange und sehr tief fallen, bis sein Körper auf den Steinen des Rhingufers zerschellen würde. Und das war Fafnirs Plan. Er wollte sich in den Tod stürzen, um der Rache Siegfrieds zu entgehen.

Dieser indes schien das Vorhaben vorauszuahnen. Denn mit wenigen raschen Schritten eilte Siegfried an Fafnir vorüber und baute sich breitbeinig zwischen ihm und dem rettenden Abgrund auf.

Der Regen wurde stärker. Blitze und Donnerschläge ertönten. Das Gewitter stand nun unmittelbar über der Felsplattform.

Siegfried bewegte sich schnell wie eine Schlange. Mit einem tief ausgeführten Hieb hatte er innerhalb eines Herzschlags die unbedeckten Oberschenkel Fafnirs aufgeschlitzt.

Fafnir fiel nach vorne. Aber Siegfried fing ihn auf und zerrte ihn auf den Rücken. Blut schoss in kleinen Fontänen aus den klaffenden Beinwunden. Siegfried warf sich rittlings auf den Brustkorb Fafnirs und fing das spritzende Blut mit Händen, Gesicht und Oberkörper auf. Das Blut vermischte sich mit dem Regen und verteilte sich wie rotes Taufwasser auf dem nackten Oberkörper des Nibelungen. Fafnir stöhnte und ächzte laut. Ich schüttelte mich in meinem Sattel.

Raven, der immer noch dicht neben mir auf seinem Schimmel saß, folgte den Ereignissen sichtlich erregt. Es lag nichts von Freude in seiner Miene. Das war es nicht. Wenn ich heute nach all den Jahren darüber nachdenke und die Bilder betrachte, die meine Erinnerung mir bietet, so lässt sich Ravens Ausdruck, ja seine ganze Haltung noch am ehesten mit derjenigen von Gläubigen vergleichen, die sich an einer der Heiligen Wunderquellen, die bei uns im römischen Gallien neuerdings so häufig vorkommen, mit dem Wasser übergossen haben und nun ganz andächtig auf eine Wunderheilung all ihrer Gebrechen hoffen.

Als das Blut nicht mehr mit einem sichtbaren Druck aus den klaffenden Wunden in Fafnirs Beinen drang, erhob sich Siegfried. Sein Gesicht und sein Oberkörper waren über und über mit dem Blut des Drachen bedeckt. Fast wirkte es, als sei eine zweite, dunkelrote Haut über seinen Körper gewachsen.

Siegfried baute sich mitten auf der Felsplattform auf. Er streckte die Arme gen Himmel, in der Rechten die Axt seiner Vorfahren, den Kopf in den Nacken geworfen. Zu seinen Füßen wand sich in einem grauenvollen Todeskampf das Wesen, das einmal der stolze Burgherr Fafnir gewesen war. Über Siegfried bebte der Himmel in Blitzen und Donnerschlägen. Und die umstehenden Krieger starrten fassungslos auf das, was auf der Felsplattform geschah. Längst hatten die meisten unter ihnen vergessen, wer Freund und wer Feind war.

Siegfried rief:

„Wodan! Wodan! Wodaaan! Das ist für dich. Und jetzt hole meine Mutter Jordi, meine Schwester Gida und meinen Vater Siegmund an deine Tafel nach Walhalla. Sieh, ich habe sie gerächt! Und jetzt erfülle du meinen Wunsch, oder ziehe ohne mich in die Schlacht gegen das Heer der Toten, wenn die letzten Tage anbrechen!“

Das Heer der Toten, erklärte mir Raven, seien all jene, die nicht ehrenvoll gestorben und dazu verdammt waren, in den letzten Tagen vor dem Weltenende unter dem Befehl der Totengöttin Hel und ihres Vaters Logi gegen das stolze Heer des Wodan und der anderen Götter zu ziehen. So laute jedenfalls die Prophezeiung.

Siegfried stieß einen schrillen, kehligen Schrei aus. Dann wandte er sich Fafnir zu. Dieser hatte sich, Gott allein weiß wie, herum gewuchtet und den Oberkörper aufgerichtet, so dass er nun mitten auf der Felsplattform in einer Lache aus seinem eigenen Blut saß.

Ein Donnergrollen ertönte. Aber es war nicht mehr unmittelbar über uns. Ein leichter Wind hatte eingesetzt und ließ das Unwetter weiterziehen.

Der Wind wirbelte durch Siegfrieds blutverklebtes Blondhaar, das eingefärbt von Fafnirs Blut fast wie rotes Feuer wirkte. Alte Laubblätter, die sich am Rande des Burggebäudes gesammelt hatten und vom Regen nicht durchnässt waren, wurden vom auffachenden Wind emporgewirbelt.

Und dann geschah etwas Merkwürdiges, das ich mir bis heute nicht erklären kann. Unter den alten, braunen Blättern hatte sich offenbar auch ein frisches, tiefgrünes und herzförmiges Lindenblatt befunden. Dieses löste sich als einziges aus dem Wirbel der Blätter und landete unter Siegfrieds linkem Schulterblatt. Dort blieb es an der von Blut und Regenwasser überzogenen Haut Siegfrieds haften. Dies war die Stelle des Rückens, wo man das Herz eines Menschen am deutlichsten schlagen hört.

Siegfried bemerkte das Blatt nicht. Sein Blick galt Fafnir, der vor ihm saß und sein Schicksal zu erwarten schien. Aber Raven hatte genau wie ich die

Landung des Lindenblatts beobachtet. Er starrte unverwandt auf Siegfried. Dann wandte er sich mir zu und flüsterte:

„Es ist unbemerkt hinterrücks auf seinem Herz gelandet. Von hinten und unbemerkt, Brictius. Das ist das Zeichen des Verrats. Die Nornen werden seinen Lebensfaden vielleicht bald durchschneiden."

Zunächst jedoch kappten sie den Lebensfaden eines anderen Mannes. Denn Siegfried trennte mit einem gewaltigen Schlag den Kopf des vor ihm sitzenden Fafnirs vom Rumpf fast vollständig ab. Der Kopf wurde durch den gewaltigen Hieb nach hinten geschleudert und hing nun an einigen Resten der Nackenmuskulatur am Rücken des Drachen herunter, während das Blut stoßweise aus dem geöffneten Hals schoss. Siegfried fing das Blut mit seinen Händen auf und warf es über sein Haupt, seinen Oberkörper und seine Beine. Bis das Blut ihn vom Kopf bis zu den Füßen wie eine zweite Haut bedeckte.

Fafnir, der große Krieger, Fafnir, der Schreckensherrscher, Fafnir der Christ und selbsternannte Drache Gottes, war tot.

Und Siegfried? Nun, Siegfried lebte. Er stand wie ein Wesen aus einer anderen Welt, wo die Menschen eine rot glänzende Haut besaßen, inmitten der Krieger. Viele der Männer und wenigen Frauen, die sich versammelt hatten, starrten ihn entsetzt an. Gewiss, Fafnir war kein beliebter Herrscher gewesen. Aber die mitleidlose Grausamkeit, deren Zeuge sie geworden waren, hatte die Anwesenden dennoch beklommen und verstört gemacht.

Siegfried baute sich inmitten der Blutlache, die um Fafnirs leblosen Körper entstanden war, auf und streckte erneut die Arme mit der Axt gen Himmel. Dann entsandte er einen dröhnenden Triumpfschrei in den sich aufklärenden Himmel.

„Bei allen Asen und Vanen, ich habe gesiegt. Ich habe den Drachen getötet", rief er. „Zu Ehren der Götter, zu Ehren Donars, Wodans, Freyrs und Freyas, zu Ehren Heimdals und Balders!" Dann streckte er die Hand mit der Axt erneut gen Himmel. Diesmal erscholl tosender Beifall durch Rufe und das Schlagen der Waffen auf Schilde.

DER DRACHENTÖTER

Die Jahre nach der Schlacht auf dem Drachenfels waren gute Jahre für den Stamm der Nibelungen und ihren Herzog, der jetzt auch Gaufürst des Drachengaus war. Die Winter waren mild, die Ernten des Sommers waren gut. Die Früchte des Waldes waren reichhaltig, und die Jagden erfolgreich. Am allerwichtigsten aber war, dass endlich Frieden herrschte. Kurzum: Die falschen Götter schienen es gut zu meinen mit den Heiden des Nibelungenstammes. Doch dann – im vierten Jahr nach der Schlacht auf dem Drachenfels – wurde es den Göttern langweilig, und sie beschlossen, dass es Zeit wäre für neues, großes Leid.

Bevor ich dazu komme, über dieses Leid zu berichten, will ich von den drei Jahren erzählen, die ich als Mann des christlichen Glaubens nach dem Tod des Drachen im heidnischen Germanien an Siegfrieds Seite zubrachte.

Es waren für mich erkenntnisreiche und durchaus bemerkenswerte Jahre, die mit dem Triumph Siegfrieds auf dem Drachenfels begannen. Und ein Triumph war es wirklich gewesen, dass Siegfried den Drachen getötet und – ja auch das! – dass er in seinem Blut gebadet hatte. Denn dieses grausame Schauspiel hatte nicht nur die falschen Götter beeindruckt, sondern vor allem auch die anwesenden Krieger.

Nach dem Sieg über Fafnir und dessen grausamen Tod hatte Siegfried sämtliche Gaufürsten und die Kriegerführer des Feindes zu sich rufen lassen. Ihnen hatte er erklärt, dass sich zum Sonnenuntergang sämtliche Krieger vor der Burg zu versammeln hätten, weil er etwas zu sagen habe. Bis dahin schärfte er ihnen ein, dafür zu sorgen, dass die beiden Lager einander zwar meiden sollten, bei Begegnungen einander jedoch mit Höflichkeit und Respekt behandeln müssten. Dann verfügte er, dass sich Fafnirs Sklaven und alle der Heilkunst fähigen der Verwundeten beider Lager annahmen. Für die Totenfeuer ließ er Holz heranschaffen.

Ich ritt mit Raven durch die Reihen der Krieger. Dabei mussten wir die Pferde vorsichtig zwischen den vielen, vielen Toten und Verwundeten hindurch steuern. Schließlich ließen wir uns bei Radumar, der die Schlacht überlebt hatte, und seinen Kriegern im Gras nieder.

„Wir sollten sie alle töten", knurrte Radumar in Ravens Richtung, nachdem wir eine geraume Weile still nebeneinander gesessen hatten. Das Gewitter war inzwischen vollständig abgezogen, und die letzten Sonnenstrahlen des Tages blitzten durch kleine Lücken in der Wolkendecke. Radumars blonder Bart war blutverklebt und glitzerte rot wie Feuersglut, wenn die Sonnenstrahlen ihn trafen.

„Jetzt haben sie keinen Anführer. Wir könnten sie abschlachten und ausweiden wie einen Haufen Hühner."

„Ja, das könntet ihr", versetzte Raven trocken. „Aber wollt ihr sie anschließend dann auch essen wie Hühner?"

Radumar sah Raven an, als habe der den Verstand verloren. Ich musste unweigerlich lachen.

„Was?", fragte Radumar schlicht.

„Nun, solange Hühner noch Eier legen, braucht man sie nicht zu schlachten", erklärte Raven.

„Der Feind legt keine Eier", versetzte Radumar und stampfte den blutverkrusteten Kopf seines Kriegshammers in das nasse Gras, so dass es laut platschte.

„Manche Feinde legen nach ihrer Niederlage die größten Eier", versetzte Raven. Dann erklärte er mir: „Brictius, wir reiten zur Burg". Damit war das Gespräch beendet.

Wir ritten jedoch nicht. Wir führten unsere Tiere an den Zügeln langsam zur Burg. Dabei wurde ich mich des ganzen Ausmaßes der Schlacht erst wirklich gewahr.

Allenthalben schrien die Verwundeten. Ausgewachsene Männer, kriegserfahren und kampferprobt, weinten wie Kinder. Der Geruch verbrannten Fleisches lag in der Luft. Er stammte von den Wunden, die mit glühenden Axtschneiden verschlossen wurden, um die Blutung zu stillen, die eine tiefe Wunde oder eine Amputation hinterlassen hatte. Der Regen war verschwunden, und die blutrote Abendsonne färbte den Himmel. Es lag angesichts des Leids auf dem Schlachtfeld eine seltsame, ja fast schon empörende Ruhe in dem Licht dieses Frühlingsabends.

Als wir uns dem Tor zur Burg näherten, kam plötzlich Bewegung in die Reihen der Krieger hinter der Brustwehr. Zwei riesige Fackeln wurden jeweils seitlich über dem Tor entzündet. Dann wurden zwei Hörner geblasen. Die Krieger versammelten sich vor dem Tor.

Nach einer Weile blies jemand abermals in ein Horn. Ein einziges Mal erscholl das Horn mit einem lauten, langen und klaren Ton. Und als der Ton verebbte, stand Siegfried da. Er stand genau zwischen den beiden Fackeln auf der Brustwehr. Einen Augenblick lang stand er einfach nur da und blickte in die Ferne. Ein germanischer Kriegsherr nach einer gewonnenen Schlacht, ein Herrscher, ja ich weiß noch, dass ich unweigerlich an den Erzengel Michael selbst denken musste, der die göttlichen Heerscharen der Engel gegen die Dämonenbrut des Satans in den Kampf führte. Dann verbot ich mir diesen ketzerischen Gedanken angesichts Siegfrieds Heidentums. Siegfried ahnte von diesen Gedanken natürlich nichts. Er stand einfach nur da. Ein Kriegsherr in all seiner Pracht. Er hatte das Blut des Drachen abgewaschen und das als unzerstörbar geltende Schuppenkettenhemd Fafnirs angelegt. Er trug ein dunkles Wams und dunkle Hosen aus weichem Leder. In der rechten Hand hielt er Lebenräuber - immer noch blutverkrustet. In der linken hielt er Balmung, das prächtige Langschwert der Nibelungenherrscher. Sein blondes Haar schimmerte rötlich in den letzten Strahlen der Abendsonne, die jenseits des Rhings erstarb.

Nach einigen Herzschlägen, während derer sowohl die Kampfgefährten als auch die Feinde den Atem anzuhalten schienen, rief er mit lauter und kraftvoller Stimme:

„Ich bin Siegfried, Herr der Nibelungen. Ich habe im Dreikampf die beiden Brüder Schilbung und Nilbung getötet, weil die Götter wollten, dass ich die freien Nibelungen anführe. Ich bin Siegfried, der Fafnir den Drachen getötet hat. Ich bin Siegfried der Drachentöter!“

Er riss die beiden Arme hoch und ein Sturmgewitter aus Waffen, die auf Schilde geschlagen wurden, und Jubelgeschrei erscholl. Nach einigen Augenblicken verebbte der Lärm, und Siegfried fuhr fort:

„Meine Vorfahren herrschten über dieses Land hier. Eure Väter dienten meinem Vater Siegmund. Und ich bin nicht zurückgekommen, um das Land meiner Vorväter oder den Stamm meiner Vorväter zu zerstören. Ich bin hier, um euch, Krieger des Drachen, zurück zu euren Wurzeln, zurück zum Stamm der Nibelungen zu führen. Und ich bin hier, um euch und unseren Stamm in eine Zukunft aus Freiheit von römischer Knechtschaft und dem Schrecken der Hunnen zu führen. Ich bin hier, um unser gemeinsames Erbe, so wie es Urd am Fuße des Weltenbaumes für uns vorsieht, aufleben zu lassen! Wir werden gemeinsam den Ruhm der Nibelungen mehren, wir werden unsere Freiheit nicht gegen römische Sklaverei eintauschen. Und wir werden uns grausam an den Hunnen rächen, wenn sie den unsrigen schaden. Jeder von Euch, der mit mir den Weg der Freiheit, den Weg des Kampfes gegen Römer und Hunnen, den Weg zur Bewahrung des Nibelungenstammes gehen will, soll mir in dieser Nacht bis zum Morgen die Treue schwören. Alle anderen müssen fortgehen. Sie dürfen ihre Waffen, Pferde und Kettenhemden mitnehmen. Aber sie müssen das Land der Nibelungen verlassen. Meine Krieger werden euch ziehen lassen. Die anderen aber, die mir Treue schwören, sind mir als freie Brüder und Schwestern lieb und teuer."

Damit war zunächst alles gesagt. Siegfried sprang von der Brustwehr zurück auf den Wehrgang und verschwand im Inneren der Burg. Auf dem Schlachtfeld hoben die Gespräche darüber an, ob es besser sei Siegfried dem Drachentöter zu folgen oder sein Glück als Söldner bei den Römern oder den Franken zu versuchen.

Als die Sonne untergegangen war, verabschiedete sich Raven von mir. Er wolle zu Ehren der Götter die Nacht im Wald zubringen, verkündete er feierlich und ritt davon. Später, als ich bei den Gaufürsten in der großen Burghalle saß, erwähnte ich Raven und fragte, wie er die Götter wohl ehren würde. Die Gaufürsten saßen auf Bänken und tranken Bier. Siegfried nahm den Feinden, den Treueschwur ab. Die Aufgabe der Gaufürsten war es, diesen zu bezeugen. Wobei ich bezweifelte, dass sie angesichts des reichlichen Bieres, das die Sklavinnen heranbrachten, gute Zeugen würden abgeben können.

Arwin, Radumar und Hartwin brachen angesichts meiner Frage über Ravens Götzendienst in schallendes Gelächter aus, Brünhild rollte verärgert mit den Augen und nahm einen großen Schluck Bier aus ihrem Holzkrug.

„Nun er wird wohl ein wenig pflügen", sagte Arwin.

„Ja und auch ein wenig sähen", ergänzte Brünhild trocken. Wieder lachten die Männer schallend, während sie den Blick scheinbar um Hilfe suchend gen Himmel wandte.

„Ich verstehe nicht...", sagte ich. „Er wird ein Feld bearbeiten?"

Jetzt prusteten die Männer vor Lachen, und Brünhild kicherte.

„Dort unten", hob Arwin schließlich, immer noch grinsend an und wies mit der Hand in die Richtung der Felsplattform, unterhalb derer der Rhing das Land teilte. „Dort unten liegt ein kleines Holzboot. Mit diesem wird Raven über den Rhing setzen. Auf der anderen Seite des Flusses liegt ein kleines Dorf. Und in diesem Dorf wohnt die blinde Lore. Sie ist eine Völva. Eine Seherin. Aber was viel wichtiger ist: sie ist eine Hure."

„Sie ist die einzige Frau, bei der Raven...", unterbrach ihn Radumar. Ich sah ihn fragend an.

„Du weißt schon", sagte er.

„Bei der sein Speer in seinem Alter noch zu Eschenholz wird", brachte Brünhild entnervt ein. Die Gaufürsten lachten.

„Dieses Gerücht", sagte Arwin, „hält sich zumindest hartnäckig."

„Was schwatzt ihr da wie die Weiber", rief plötzlich eine Stimme. Es war Siegfried, der gerade einem ehemaligen Feind den Treueschwur abgenommen hatte und sich nun im Saal umsah.

„Ich bin ein Weib. Aber diese Herren hier schwatzen nicht wie Weiber", entgegnete Brünhild und verwies auf uns. „Sie gackern wie die Hühner."

Siegfried lachte. Und ich wunderte mich darüber, wie anziehend dieses jungenhafte, offene Lachen selbst jetzt noch auf mich wirkte, da ich heute die dunkle, grausame Seite des Drachentöters kennengelernt hatte.

„Brictius!", rief er plötzlich. „Komm her zu mir. Ich muss mit dir sprechen."

Siegfried saß auf einem großen, erhöhten Holzstuhl, der sich auf dem Podest am Ende der Halle befand. Es war die Stelle, wo Fafnir gesessen hatte, als wir ihm das erste Mal begegnet waren. Die Krieger Fafnirs kamen - einer nach dem anderen - in den großen Saal, schritten an uns, die wir an der großen, sonst für die Ehrengäste des Hauses und den Herrn vorgesehenen Tafel saßen, vorüber. Sie bestiegen jeweils einzeln das Podest und knieten vor dem großen blonden Mann, der ihren Herrn grausam verstümmelt und schließlich getötet hatte, nieder und schworen ihm Treue bis zum Tod. Und Siegfried schwor, ihnen ein guter Herr zu sein und ihnen Schutz zu bieten. Danach versammelten sie sich an den Tischen des Saals, und die Sklavinnen brachten Ihnen Bier und etwas zu essen aus Fafnirs Vorräten.

Ich schätzte, Siegfried hatte bereits um die fünfhundert Kriegern den Treueschwur abgenommen, als er mich zu sich auf das Podest rief.

Er winkte mich ganz nahe zu sich, so dass wir im Vertrauen sprechen konnten. Und dann sagte er etwas, das ich nicht im Traum gewagt hätte zu hoffen. Er sah mich einige Herzschläge lang an und zog mich schließlich dichter an seine Lippen, so dass er unmittelbar in mein Ohr flüstern konnte.

„Du weißt ja sicherlich, dass Fafnir ein Christ war. Er hat auch viele von diesen dort zu Christen gemacht", sagte er und wies mit dem Kinn in die Richtung derer, die ihm bereits Treue geschworen hatten. „Da müssen wir etwas unternehmen."

„Herr?", fragte ich verunsichert.

„Nun, ich will ihnen ein guter Herr sein. Und ein guter Herr muss die Entscheidung der seinen achten, richtig?"

„Ja, Herr", sagte ich.

„Also werden sie bis auf weiteres Christen bleiben. Und Christen brauchen einen Priester, der ihnen die Sünde verbietet."

Das war nicht unbedingt genau das, was ich unter Christentum, geschweige unter der Aufgabe eines christlichen Priesters verstand. Aber mir war nicht streitlustig zumute. Also murmelte ich etwas Unverständliches, das irgendwie nach Zustimmung klang.

„Deshalb wirst du ihr Priester sein, Brictius. Und damit wirst du der einzige und oberste Priester der Nibelungen sein."

Ich sah Siegfried verblüfft an. Das hatte ich nun wirklich nicht erwartet. Der aus meiner Sicht heidnischste aller Heiden machte mich zum Priester seines Stammes. Als ich diesen Gedanken schließlich fassen konnte, kam mich eine Welle der Dankbarkeit an. Ich würde endlich wieder ein Priester sein. Ich würde wieder meiner Bestimmung folgen und zurück auf den rechten Weg finden. Und das mitten im heidnischen Germanien. Tränen der Freude stiegen mir in die Augen.

„Nun?", fragte Siegfried.

„Das ist …", brachte ich schließlich hervor. „Das ist wunderbar, Herr."

„Gut", sagte er schlicht und schickte mich mit einer Kopfbewegung zurück an den Tisch der Gaufürsten.

Dann verkündete er kurzerhand, dass die Christen unter seinen neuen Gefolgsleuten nun einen eigenen Priester hätten und dass es nun keinen Grund mehr gebe, wegen dieser Sache herumzumurren. Die Sache war für Siegfried damit erledigt.

Und tatsächlich schworen ihm in dieser Nacht fast alle der ehemaligen Gefolgsleute Fafnirs die Treue.

Wie ich später erfuhr, waren die meisten seiner Krieger von Fafnir zur Taufe gezwungen worden. Aber ungefähr ein Drittel der Männer stand immerhin wirklich zum wahren Glauben. Auch diese Männer konnten nun ihren Treueeid ablegen und bildeten fortan meine kleine christliche Gemeinde innerhalb des Heidenvolks der Nibelungen.

Nach dieser Nacht der Treueschwüre wurden Boten ins Land geschickt. Siegfried würde von der großen Halle Schilbungs in die Burg des Drachens nach Süden umsiedeln. Er lud die Edelinge der Nibelungen aus allen Gauen zu einem gewaltigen Fest ein. Und dabei vergaß er nicht, nach Guasa, meiner ehemaligen Haussklavin und Geliebten, zu schicken.

Das Fest, das zum nächsten Vollmond begangen ward, war überwältigend. Zu Ehren der heidnischen Götter wurden zwei prächtige Bullen geschlachtet. Aus ihrem Blut sagten zwei weise alte Frauen, die Zwillinge Hilda und Gilda, dem Stamm der Nibelungen eine lange, ruhmreiche Zukunft voraus. Die Gäste jubelten ihnen zu. Lediglich Raven, der von seinem Ausflug ans andere Ufer des Rhings zurückgekehrt war, blickte finster auf die beiden blutbespritzten alten Weiber, die nach einem ekstatischen Tanz um die Feuerstelle der großen Burghalle das Schicksal des Stammes erkannt zu haben glaubten.

„Die größte Schändlichkeit unseres Gewerbes, Brictius", murrte er, „ist, dass nicht überprüft werden kann, ob jemand wirklich hört, was die Nornen sagen, oder nur Stimmen im Kopf hat. Wie diese verrückten alten Weiber da."

„Du magst Hilda und Gilda nicht?“, fragte ich übertrieben empört.

„Ich kann sie noch nicht einmal auseinanderhalten, so ähnlich sehen sie sich. Wie könnte ich sie da mögen?“, knurrte er und deutete mit seinem Speer, auf dessen Spitze sich wieder der Rabenschädel befand, eine Drohung an.

Ich lachte. Wenn wir damals gewusst hätten, welches Verhängnis Hilda und Gilda dem Stamm der Nibelungen bringen würden, so hätte ich nicht gelacht. Und Raven hätte sie vermutlich auf der Stelle mit seinem Speer durchbohrt. So aber blieb das Schicksal eine dumpfe Ahnung, die sich in Ravens Abneigung gegenüber den Zwillingen Ausdruck verlieh.

Von dem Verhängnis, das Hilda und Gilda den Nibelungen bringen würden, wussten wir alle noch nichts. Ganz im Gegenteil bildete das Fest in der Burg des Drachen den Auftakt zu einer langen Zeit des Friedens.

In dieser Zeit festigte sich nicht nur Siegfrieds Herrschaft im Drachengau. Auch sein Ruf festigte sich. Er war Siegfried, Herzog der Nibelungen, Siegfried der Gaufürst, vor allem aber war er nun Siegfried der Drachentöter.

Die Geschichte vom Sieg über den Drachen und vom anschließenden Bad in dessen Blute zog rasch ihre Kreise. Siegfried erfuhr Ruhm und Anerkennung weit über die Grenzen des Nibelungengebiets hinaus. Und es schien so, als würde sich die Weissagung erfüllen, die ihm vor vielen Jahren eine Seherin unterbreitet hatte.

Urd, die älteste der drei Schwestern, die laut der heidnischen Mythen das Schicksal bestimmten, hatte der Seherin gesagt, dass sich aus Siegfrieds Abstammung die Aufgabe einer gewaltigen Rache ergebe und er ein schreckliches Ungeheuer töten müsse. Das war eingetroffen. Er hatte seine Familie gerächt und den Drachen Fafnir getötet.

Verdanda, die zweite Schwester, hatte gesagt, er werde einen Freund finden, der ihm die Augen öffne, und eine Frau mit weißen Haaren, die für ihn wahre Liebe und reines Glück bedeute.

Dieser Teil der Weissagung war zumindest teilweise eingetroffen. Ich wusste nichts von einem Freund, der ihm die Augen öffnete. Aber seine wahre Liebe, die Frau mit den weißen Haaren, die kannte ich.

Es handelte sich natürlich um Brünhild, deren hellblonde Haarsträhnen für weißes Haar gehalten werden konnten. Sie lebte seit Siegfrieds Sieg über Fafnir mit ihm in der Burg auf dem Drachenfels. Und dass sie dabei glücklich waren, das konnte niemand übersehen. Denn sie verbrachten die Tage nicht selten gemeinsam. Und da für Brünhild weder ein Zelt noch eine Hütte errichtet worden war, ging man gemeinhin davon aus, dass sie auch die nächtliche Bettstatt mit Siegfried teilte.

Siegfried wirkte glücklich. Seit ich ihn das erste Mal gesehen hatte, wirkte er nun zum ersten Mal glücklich. Brünhild schien sein Glück vollkommen zu machen. Und er schien den Teil der Weissagung vergessen zu haben, der von der jüngsten der drei Schwestern an die Seherin ergangen war: Es sei nicht der Wille der Götter, hatte sie gesagt, dass er glücklich werde. Die Götter wollen, dass er große Taten vollbringe und unsterblichen Ruhm erringe. Aber glücklich werde er nicht.

Nun, den Ruhm hatte er errungen. Aber er war glücklich.

Freilich handelte es sich bei Weissagungen um heidnischen Aberglauben. Kein Mensch vermag den Willen unseres Herrn zu ergründen. So etwas wie Schicksal gibt es nicht.

Zumindest war es das, was ich mir damals ständig einredete. Ich wollte es so. Ich wollte, dass Siegfried glücklich war und blieb und sich die Weissagung zumindest bezüglich seines Unglücks nicht erfüllte.

Sein Glück war das Glück der Nibelungen. Denn diese Zeit nach dem Sieg über den Drachen war eine friedliche, freudvolle Zeit für den Stamm.

Auch für mich war es in gewisser Hinsicht eine glückliche Zeit. Ich lebte in einer eigens für mich errichteten Holzhütte auf dem Drachenfels ein wenig unterhalb von Siegfrieds Palas. Er hatte mir erlaubt alle sieben Tage in einem Heiligen Hain in der Nähe auf einer Lichtung eine Messe für die Christen unter den Nibelungen abzuhalten. Tagsüber betreute ich als Priester meine kleine Gemeinde, und nachts teilte ich meine Bettstatt mit Guasa. Es war eine gute, ja eine glückliche Zeit für alle. Und ich dachte wirklich, ich sei der einzige, den hin und wieder der Gedanke an die Weissagung der Völva quälte. Aber die Erinnerung verblasste auch bei mir mit der Zeit. Es vergingen ein Sommer und ein Winter, und ich hatte sie inzwischen als das abgetan, das sie auch wirklich war: heidnischer Aberglaube. Dann jedoch geschah ein Ereignis, das eine unglückselige Kette weiterer Ereignisse gebar, die auf grausame Weise dazu führten, dass sich die Erfüllung der heidnischen Prophezeiung Schritt für Schritt unaufhaltsam zu verwirklichen begann.

Es war das Frühlingsfest zu Ehren der heidnischen Göttin Freya. Freya, so glaubten die Heiden, erweckte bei allen Lebewesen die Kraft zu Heilung, Wachstum und Fruchtbarkeit. Sie erfüllte auch die Tiere und Pflanzen nach dem Winter mit neuer Lebenskraft. Und wenn der Frühling kam, dann kam er, weil Freya am östlichen Rand der Welt wandelte und die Sonne mit jedem Tag ein wenig früher auf die Tagesreise schickte. Dann nannten die Heiden Freya Ostara, die im Osten Wandelnde, und feierten ihr zu Ehren ein großes Fest.

Dieses Fest, das ausgerechnet in demselben Hain und auf derselben Lichtung stattfand, auf der ich alle sieben Tage die Heilige Messe abhielt, war ein Fest der Sünde.

Es herrschte der Brauch, dass Frauen Männern, die sie begehrten, heimlich in einer der drei Nächte vor dem Fest ein bunt bemaltes Hühner- oder Gänseei in die Stiefel oder vor die Tür legten.

Neben bunten Farben und Mustern ritzten die Frauen auch eine Kombination von drei Runen in die Schale des Eis. Dieselbe Kombination von Runen trugen die Frauen während des Festes als Holzschmuck an einem Lederband mal sichtbar, mal unter ihrem Gewand verborgen um die Hälser.

Es war vorderhand zwar eine Nebensache, recht eigentlich war es jedoch für viele Teilnehmer das wichtigste Ritual, dass die Männer, die ein Ei erhalten hatten, durch den Vergleich der eingeritzten Runenkombination mit dem Holzschmuck der Weiber herausfanden, wer die Verehrerin war, von der ihr Ei stammte. Hatte man sich gefunden, so führte man gemeinsam einen schrecklich anzüglichen Tanz um ein großes Feuer auf, um sich danach zur Sünde in das Dunkel des Waldes zurückzuziehen.

In diesem Jahr, einen Sommer und einen Winter nach Siegfrieds Sieg über Fafnir, hatte auch ich ein Ei erhalten. Ich hatte es auf der Türschwelle meiner Hütte gefunden. Einfach so hatte es dagelegen. Ich hob es auf und lächelte in mich hinein. Natürlich vermutete ich, dass Guasa mir das Ei vor die Tür gelegt hatte. Wer sonst sollte es gewesen sein?

Ursprünglich hatte ich nicht zum Ostarafest erscheinen wollen. Schließlich handelte es sich um ein Fest zu Ehren einer heidnischen Göttin. Jetzt, mit Guasas Ei in der Hand, war ich mir nicht mehr so sicher. Guasa hatte mich neugierig gemacht.

Der Herr möge es mir verzeihen. Ich war schwach. Ich redete mir ein, dass es keine Sünde war, das Treiben auf dem Fest zu beobachten. Ich musste ja nicht mitmachen. Sobald es unsittlich zuging, würde ich das Fest einfach verlassen.

Glaubte ich das wirklich? Heute bin ich mir nicht mehr so sicher. Wie auch immer dem war, gegen Sonnenuntergang fand ich mich auf der Lichtung des Heiligen Hains ein. Es war ein Frühlingstag. Die Vögel hatten tagsüber gesungen und sangen immer noch. Hellgrün sprossen die jungen Blätter der Bäume. Und überall roch es frisch und gut.

Ich fühlte ein Kribbeln in meiner Seele, das ich auf die Aufregung schob. Das entsprach jedoch nur zum Teil der Wahrheit. Ich kannte dieses Kribbeln und Prickeln nur zu gut. Es war die Stimme der Natur in uns, die uns sagte, dass es Zeit war sich ein Weib zu suchen. Es war die Stimme, die mich vor einigen Jahren in Sigunes Arme getrieben hatte. Es war die Stimme des Teufels.

Umso schrecklicher zuckte ich zusammen, als ich mich selbst auf Ravens Frage, ob auch ich spüre, wie Ostara uns kitzle, kurz, entschieden und mit einem Grinsen antworten hörte:

„Ja. Das tue ich."

Es war eine Sünde. Es war eine Sünde am Fest der Ostara teilzunehmen. Es war eine Sünde so zu empfinden, wie ich es tat. Und erst recht war es eine Sünde zu leugnen, dass dies alles das Werk des Teufels war.

Es war eine Sünde, und doch konnte ich nicht anders. Ich betrat voller widersprüchlicher Gefühle die Lichtung des Heiligen Hains. In der Mitte der Lichtung brannte ein großes Feuer, über dem an langen Spießen Hasen geröstet wurden.

„Sie verleihen Manneskraft und Fruchtbarkeit", erklärte mir Siegfried, der meinem fragenden Blick gefolgt war.

Er saß wie die anderen auch in einer kleinen Gruppe im Gras. Es waren insgesamt wohl um die hundert Frauen und Männer auf der Lichtung.

Oder waren es zweihundert? Ich hatte versäumt sie zu zählen. Niemand von ihnen trug ein Kettenhemd. Die Männer hatten bunte Gewänder und die Frauen Kleider mit reichem Zierrat angelegt. Wenn es Waffen gab, so konnte ich sie nicht sehen.

Ich sah Brünhild, ich sah Hartger und Radumar, und ich sah Arwin, der zu meiner Überraschung Ava, seine Tochter, mitgebracht hatte. Ich ließ meinen Blick über die Lichtung wandern. Ich entdeckte einige meiner Christen. Darunter auch Wolfger, ein stämmiger Riese, der ebenso dumm wie gutmütig war. Er sah, wie die anderen Christen auch, die mich erblickten, beschämt zu Boden. Mich, ihren Priester, hatten sie auf diesem heidnischen Fest zu allerletzt erwartet. Ich nickte ihnen freundlich zu. Vielleicht etwas zu freundlich, wie ich später dachte. Ein wenig Tadel – nicht viel, nicht verurteilend, nur ein wenig – hätte sicherlich nicht geschadet.

Ich sah mich weiter um. Doch Guasa konnte ich nirgendwo entdecken. So ließ ich mich denn neben Siegfried im Gras nieder. Ein Sklave reichte mir ein mit Bier gefülltes Trinkhorn. Ich stieß mit Siegfried an, und wir tranken und unterhielten uns. Er zeigte mir das Ei, das er von einer Verehrerin erhalten hatte.

„Fast hätte ich es nicht gefunden“, erklärte er mir. „Es war völlig im Stroh meiner Bettstatt versunken. Auf was für Ideen die Weiber kommen!
“

Er lachte laut auf. Dann senkte er den Blick und beugte sich zu mir herüber. So als wolle er mir ein Geheimnis anvertrauen raunte er:

„Ich hoffe, das Ei ist von Brünhild. Falls nicht, wird das kein schöner Abend heute.“

Er nickte zu Brünhild hinüber, die in einer anderen Gruppe saß und uns beobachtet hatte. Sie beantwortete sein Nicken mit einem liebevollen Lächeln.

„Wusstest du, Brictius, dass Kinder, die auf dem Ostarafest gezeugt werden, ein besonders gesundes und langes Leben haben werden?“

Ich schüttelte den Kopf.

„Das wusste ich nicht.“

„Nun Freya beschützt ihre Kinder ihr Leben lang.“

Natürlich war das ein Aberglaube. Dennoch nickte ich zum Zeichen, dass ich etwas gelernt hatte. Es gab unter Siegfrieds Herrschaft keinen Grund für religiöse Eiferei. Er selbst war ein Heide. Aber, so sagte er immer, ihm war es gleich, wenn die Christen unter seinen Gefolgsleuten einen anderen Gott anbeteten.

„Ich bete ja auch nicht zu allen Göttern“, hatte er einmal zu mir gesagt, „Diu zum Beispiel langweilt mich. Außerdem hat er nur einen Arm.“

Diu, so viel wusste ich inzwischen, war der Gott der Ordnung und des Gleichgewichts. Er sorgte für ein friedliches Miteinander der Menschen in Friedenszeiten und für Loyalität, Disziplin und Schlachtordnung im Krieg. Wer ihn verehrte, der wollte Ordnung und Gerechtigkeit.

Diu hatte einen Arm dafür gegeben, dass die Götter den riesigen Fenriswolf fesseln konnten. Diu hatte ihm seine Hand zwischen die Zähne legen müssen. Die Götter hatten den Fenriswolf mit einer unzerstörbaren Fessel bändigen wollen und ihn zu einer Kraftprobe herausgefordert. Der Wolf hatte zugestimmt. Weil er sich aber nicht sicher war, ob er die Probe bestehen und die Fessel zerreißen würde, hatte er zur Bedingung gemacht, dass ihm einer der Götter einen Arm ins Maul legte. So glaubte er, die Götter zwingen zu können, ihm die Fessel wieder abzunehmen, falls er sie nicht hätte zerreißen können. Nun, die Geschichte besagt: er konnte sie nicht zerreißen, und die Götter ließen ihn gefesselt, worauf es um Dius Arm geschehen war.

So hatte es Wodans Plan vorgesehen. Und Diu hatte darum gewusst. Er hatte seinen Arm gegeben, um die Welt von der unersättlichen Gier des riesigen Urwolfes zu befreien.

Von allen Göttern der Germanen schien mir Diu derjenige zu sein, der unserem Herrn Jesus am ähnlichsten war. Umso mehr ärgerte mich Siegfrieds Spott über den einarmigen Gott. Zugleich beeindruckte mich aber seine Duldsamkeit gegenüber uns Christen, und ich war froh einen Herrn wie ihn zu haben.

Ich ließ meinen Blick nochmals über die Lichtung wandern. Aber Guasa war nirgends zu sehen. Stattdessen sah ich etwas anderes.

In der Gruppe, in der auch Brünhild ihren Platz gefunden hatte, saß neben fünf weiteren Frauen, die ich nicht kannte, Ava.

Ava war die einzige Tochter des Gaufürsten Arwin, Oberhaupt der Adlersippe. Das erste Mal hatte ich sie vor zwei oder drei Wintern gesehen. Sie war während des Stammesthings der Nibelungen entführt worden. Siegfried war ihr Entführer gewesen und hatte dadurch den Kampf gegen die Brüder Nilbung und Schilbung provoziert. Diesen Kampf hatte Siegfried gewonnen und hatte den Herzog Schilbung samt seinem Bruder getötet. So war er zum Herzog der Nibelungen geworden.

Mein Verdacht war immer gewesen, dass Arwin und seine Tochter Ava mit Siegfried gemeinsame Sache gemacht hatten. Arwin selbst hatte so etwas mir gegenüber einmal angedeutet.

Wie auch immer dem sei, jetzt saß Ava dort auf der Lichtung zum Fest der Ostara. Ihr dickes blondes Haar wallte um ihr wunderschönes Gesicht. Ihre rosigen, wohl geschwungenen Lippen lächelten das süßeste Lächeln, das ich jemals gesehen hatte. Und ihre tiefblauen Augen sahen – sie sahen mich an!

Ich war immer groß und breitschultrig gewesen. Während meiner Zeit als Bischof von Tours war ich etwas zu fett geworden. Das raue Leben bei den Germanen, geprägt durch viel Bewegung und schwere Arbeit, hatte jedoch dazu geführt, dass das Fett verschwunden war. Nach und nach waren Muskeln an seine Stelle getreten. Auch mein braunes Haar trug ich inzwischen lang wie sie. Wäre meine Priesterrobe nicht gewesen, man hätte mich inzwischen fast für einen germanischen Krieger halten können.

Das seltsame daran war, dass ich mich gut fühlte. Irgendwie lebendiger, wirksamer als früher.

Vielleicht, so dachte ich damals, war das der Grund, warum mich die Tochter des Gaufürsten, des stolzen Arwin, so anlächelte. Denn in ihrem Lächeln lag mehr als nur ein freundlicher Gruß. Viel mehr. Das spürte ich ganz deutlich.

Siegfried bemerkte meinen Blickwechsel mit Ava und stieß mir seinen Ellbogen in die Rippen.

„Du wirst doch wohl die Tochter des Gaufürsten heute Nacht nicht unter deinen Pflug nehmen wollen, Christus? Da würde dein Gott aber vor Schreck vom Kreuz fallen!“, sagte er.

„Wie? … Oh Nein, Herr“, stammelte ich. „Das wäre eine Sünde!“

Siegfried seufzte und sah etwas zu sehnsüchtig, wie ich fand, zu Ava hinüber.

„Ja das wäre es – und was für eine!“

Er grinste mich an. Dann wurde er unwillkürlich ernst:

„Aber lass das. Diese Frau bringt Ärger. Ihr Vater würde es nicht dulden und nicht ungerächt lassen. Verstanden?“

Ich nickte. Hatte aber kaum zugehört. Denn Avas Blick hatte erneut den meinen gefangen.

Dann kam Bewegung in die Festgesellschaft, und ich vergaß Ava vorerst. Raven war aufgestanden. In der einen Hand hielt er einen angstvoll zappelnden Hasen, in der anderen ein langes, im Schein des Feuers blitzendes Messer. Siegfried stöhnte vernehmlich neben mir.

„Das musste ja kommen“, sagte er.

„Was hat er mit dem armen Tier vor?“, fragte ich.

Raven beantwortete die Frage selbst.

„Oh, große Freya, die am Ende der Welt wandelt und jeden Morgen die Sonne ein wenig eher zu uns schickt“, rief er. „Oh, große Ostara, die alles Leben wieder erstarken lässt und den Leibern Fruchtbarkeit schenkt! Schenke auch dem Stamm der Nibelungen viele Kinder …“

„… und lasse uns heute ein paar davon zeugen“, schrie irgendein Witzbold. Einige Männer lachten schallend. Raven aber beachtete den Störenfried nicht.

„Oh Ostara, nimm dieses Opfer von uns an“, rief er. Zwei Sklavinnen trugen eine Opferschale herbei. Raven hielt das vor Angst kreischende Tier hoch über die Schale.

Ich sah zur Seite. Siegfried stieß mich an.

„Du musst hinsehen, Christus“, sagte er. „Sonst kommt das arme Tier nicht zu Ostara, sondern zu Hel. Stell dir vor, Christus, Raven wollte eigentlich eine Jungfrau opfern.“

„Er wollte was?“, entfuhr es mir. Bislang hatte ich das Menschenopfer unter den Germanen nicht erlebt und war davon ausgegangen, dass es sich um eine jener Legenden handelte, die wir Christen manchmal erfinden, um die wahrhaft Gläubigen von den Versuchungen des Heidentums fernzuhalten.

„Der Hase war meine Idee. Ist doch besser als eine Sklavin, oder?", sagte Siegfried. Ich nickte. Denn, bei allen Heiligen, das war der Hase wirklich.

Dann schnitt Raven dem Tier mit dem Messer durch die Kehle. Der Hase starb schnell, und ich bekreuzigte mich. Wobei ich recht eigentlich nicht so genau wusste, worum ich unseren Herrn in diesem Augenblick bitten sollte. Ich stelle mir diese Frage noch heute und kann sie nicht beantworten. Gewiss, das arme Tier war tot. Aber Tiere zu töten ist nichts Besonderes. Und Tiere haben keine Seele. Mithin machte es keinen Sinn um Vergebung oder das Seelenheil zu bitten. Jetzt, viele Jahre später, da ich mich an jene Tage zu erinnern versuche, denke ich darüber nach, dass es womöglich mein Gewissen war, das mich daran erinnerte, dass meine Anwesenheit bei jenem Fest eine sündhafte Tat war. Ja, je mehr ich darüber nachdenke, desto überzeugter bin ich davon, dass dieses Gewissen mich angesichts des blutigen Rituals, das meine Sünde gleichsam besiegelte, dazu veranlasste das Kreuz zu schlagen. Es war ein verzweifelter Versuch, meine Seele vor der Schuld zu bewahren, die ich ihr in dieser Nacht auflud.

Ich schlug also das Kreuz. Dann sah ich Siegfried an. Seine Anteilnahme an dem Tod des Tieres und sein Einsatz für den Verzicht auf das Menschenopfer hatten mich berührt. Schlummerte am Ende doch die christliche Saat der Sanftmut in ihm? Wir alle wurden nach seinem Bilde geschaffen. Das musste auch für jene gelten, die noch auf den rechten Weg des Glaubens geführt werden mussten. Das musste dann doch auch für Heiden wie Siegfried gelten, oder etwa nicht?

Siegfried verzerrte das Gesicht als das Blut des Tieres in die große, hölzerne Opferschale troff. So verbunden mit ihm wie in diesem Augenblick hatte ich mich nie zuvor gefühlt.

„Das arme Tier", seufzte ich.

Siegfried sah mich an und runzelte die Stirn.

„Die armen Pilze", knurrte Siegfried.

Jetzt war es an mir, ihn stirnrunzelnd anzustarren. Einige Herzschläge später verstand ich jedoch, wie falsch ich gelegen hatte.

Die große Holzschale wurde herumgereicht. In ihr befanden sich getrocknete Pilze. Jeder der Anwesenden nahm sich einige davon und reichte die Schale weiter. Das frische Blut hatte die Pilze nun zu einem klebrigen Brei werden lassen. Und fast jeder, der in die Schale hineingegriffen hatte, hatte dabei das Gesicht vor Ekel verzogen.

So erging es auch Siegfried. Er empfand kein Mitleid für den Hasen. Er empfand Ekel vor dessen Blut auf den Pilzen.

Die Schale erreichte schließlich Siegfried und mich. Er nahm einige blutverschmierte Pilze und stopfte sie sich in den Mund. Kauend reichte er mir die Schale:

„Immer noch besser als Menschenblut. Das schmeckt wirklich wie Pferdepisse."

Ich starrte ihn entsetzt an. Er aber nickte mir zu, dass ich mir ebenfalls einige Pilze nehmen sollte. Vermutlich war es das Entsetzen, das mir kurzzeitig den Verstand geraubt hatte. Ich weiß es nicht sicher. Gewiss ist nur, ich nahm einige Pilze, stopfte sie in meinen Mund und reichte die Schale weiter.

Ich hätte Siegfried fragen sollen, was es mit den Pilzen auf sich hatte. Dessen wurde ich bereits wenige Herzschläge später gewahr, nachdem ich die Pilze hinuntergewürgt hatte. Aber, so seltsam es klingen mag, es war mir schlichtweg nicht in den Sinn gekommen. Zu sehr war ich damit beschäftigt gewesen, Siegfrieds Bemerkung über Menschenblut zu verdauen. Stimmten die Geschichten um menschenopfernde Heiden also doch? War Siegfried womöglich einer von ihnen? Ja, musste ich als Christ, der ich mitten unter den Heiden lebte, nicht damit rechnen, früher oder später selbst geopfert zu werden?

Diese Gedanken füllten meinen Geist mit Angst. Und so aß ich die blutgetränkten Pilze, die mir dargeboten wurden, und trank das Bier, das mir gereicht wurde, ohne auch nur einen Gedanken an die Folgen zu verschwenden.

Nachdem die Holzschale die Runde gemacht hatte, nahm Raven sie wieder an sich. Dann hob er sein Trinkhorn, stieß einen schrillen Gruß an Freya aus und leerte das Horn in einem Zug. Die Männer johlten und tranken ebenfalls. Dann wurden die auf dem Feuer gerösteten Hasen angeschnitten.

Ich erhielt ein großes Stück auf einer kleinen Schale aus Holz. Als ich wieder neben Siegfried saß, starrte ich die geröstete Kruste des Fleisches an. Sie schien in rotrostiger Farbe zu leuchten. Das Fleisch wirkte wie eine felsige Insel, die sich schroff aus der braunen See meiner Holzschale erhob. Welche Insel sah ich dort? Und wo lag die Insel, deren Abbild ich sah?

Noch bevor ich diese Fragen beantworten konnte, hörte ich Siegfried neben mir kichern. Ich sah ihn an. Auch er starrte auf seine Mahlzeit. Plötzlich wandte er mir sein Gesicht zu und sprach mit entsetzter Miene:

„Mein Fleisch sieht genau aus wie der Haufen, den ich heute Morgen geschissen habe."

Wir prusteten beide los vor Lachen.

„Nur hat der nicht so geleuchtet wie der hier", setzte Siegfried in einem nachdenklichen Ton hinzu. Jetzt wieherten wir vor Lachen.

Es waren die Pilze. Wie ich später erfuhr, waren es Zauberpilze. Es waren diese Zauberpilze, die uns albern werden ließen. Denn mit jedem Herzschlag, während dem die Pilze in unseren Leibern wirkten, wurde unser Verstand schwächer. Immer schwächer.

Und noch etwas geschah. Die Welt um mich herum begann seltsam zu leuchten. Während der Verstand immer schwächer wurde und schließlich schwieg, begannen meine Sinne und mit ihnen die Welt um mich herum zu sprechen.

Die Glut des Feuers wirkte wie eine seltsame Bergwelt, in die meine Gedanken hineintauchten und wie Adler hindurch schwebten. Dann erhob ich mich aus der glühenden Landschaft und flog in den Nachthimmel.

Dort hatte Gott eine geheime Botschaft aus Sternen für mich verfasst. Ich verstand, was Gott mir sagte, und ich nickte, ohne in Worte kleiden zu können, was Gott in die Sterne geschrieben hatte.

Dann landete ich im tiefen, nachtgrünen Gras. Es war wie ein geheimer Wald, in dem ich mich jetzt kriechend bewegte.

Ein Huhn hüpfte vor meiner Nase auf und ab. Dann verschwand es ganz unvermittelt. Statt seiner sah ich eine Hand vor mir. Es war meine Hand, und sie hielt das Runenei. Mein Runenei, das, wie ich glaubte, von Guasa stammte. Die Runenzeichen auf dem Ei leuchteten. Sie leuchteten so grell, dass ich die Augen schließen musste. Und als ich sie wieder öffnete, war da ein noch helleres Licht. Dieses Licht kam auf mich zu. Es schritt auf mich zu. Eine weibliche Gestalt schritt auf mich zu. Eine leuchtende weibliche Gestalt. Jetzt glühten die Runen auf dem Ei rot wie die Glut des Feuers. Ich sah die Frau an, die jetzt nur noch wenige Schritte von mir entfernt war. Sie trug ein Amulett um den Hals. Auf diesem Amulett glühten dieselben Runen, die auch auf dem Ei glühten. Aber die Frau vor mir war nicht Guasa.

Sie war blond, sie hatte tiefblaue Augen und einen rosafarbenen Mund. Ihre Haut leuchtete hell. Und ihre nackten Brüste starrten mich wie zwei herausfordernde Augen an. Ihre Hüften waren wohl geschwungen und weiblich. Geschmeidig trugen sie ihre nackten Füße in meine Richtung.

Das war keine gewöhnliche Frau. Eine Frau, die so schön, so anmutig war, so leuchtete, konnte keine Sterbliche sein. Es musste eine Heilige sein. Eine Göttin. Kein Zweifel: Bei dieser Frau konnte es sich nur um Ostara selbst handeln.

Ich sah ihre helle makellose Haut, die in dieser warmen Frühlingsnacht leuchtete, ich sah ihre wirbelnden blonden Haare, ich sah ihre rosigen, wundervoll geschwungenen Lippen, ich tauchte hinein in das tiefblaue Meer ihrer Augen, und dann sank ich ganz in sie hinein. Und nachdem wir uns lange und innig geliebt hatten, erfasste mich ein tiefer, traumloser Schlaf.

THING

Die Luft war kalt und feucht, als ich erwachte. Ich lag auf einer Lichtung in einem Wald und war in eine Decke aus Schafswolle gehüllt. Einige Schritte entfernt von mir dampfte die Asche eines ausgebrannten Feuers. Um mich herum lagen Menschen, die wie ich in Decken gehüllt die Nacht auf der Wiese zugebracht hatten.

Nur langsam begann ich zu begreifen, wo ich mich befand. Die Erinnerung an die letzte Nacht, an das Fest der Ostara, kehrte langsam und schwerfällig zurück. Es waren diese vermaledeiten Pilze mit dem Hasenblut! Sie hatten mir den Verstand geraubt. Und jetzt kämpfte er sich langsam zurück in meine Seele.

Ich hörte ein tiefes Seufzen neben mir. Mein erster Gedanke war: Guasa. Sie hatte es irgendwie doch noch geschafft, mich gestern auf dem Fest zu finden. Dann sah ich den dicken Haarschopf aus der Decke neben mir herausquellen, und die Erkenntnis traf mich wie ein Hammerschlag. Es waren nicht Guasas dunkle Haare, die ich dort sah. Dieser Haarschopf hier bestand aus dicken, lockigen, blonden Haaren! Was hatte ich nur getan? Was, um der Mutter Gottes Willen, hatte ich mir nur gedacht?

Mit einem Mal wurde mir das ganze Ausmaß dessen bewusst, das ich noch Augenblicke zuvor für einen harmlosen Fehltritt aufgrund einer Pilzvergiftung gehalten hatte. Ich durchlebte in wenigen Herzschlägen den gestrigen Abend. Das Gespräch mit Siegfried, Raven und das Opfer für die Götter, die Pilze, die Feier, das Festessen und dann die traumhafte Begegnung mit der Göttin Ostara. Nun, diese Begegnung war kein Traum, und die Frau war keine Göttin gewesen. Die Frau, der ich in dieser Nacht beigewohnt hatte und die jetzt leise schnarchend neben mir lag, war niemand anderes als Ava. Die Tochter des Gaufürsten Arwin.

Warum, bei allen Heiligen, musste immer mir so etwas geschehen? Unwillkürlich musste ich an Sigune denken. Eine Nonne, eine Frau Gottes. Und was hatte ich getan? Ich Narr hatte sie geschwängert. Unser Kind hatte ich nie gesehen. Zwar hatte ich sie in meine Dienste aufgenommen, um für sie zu sorgen. Aber meine Sünde hatte letztlich dazu geführt, dass ich den Bischofsstuhl in Tours hatte räumen müssen und als Missionar ins heidnische Germanien geschickt wurde. Und hier war ich nun, nur um denselben Fehler zum zweiten Mal zu begehen. Ich dachte an die Geschichte von Adam und Eva in der Heiligen Schrift. Sie waren der Verführung der Schlange erlegen und hatten die verbotene Frucht vom Baum der Erkenntnis gekostet. Daraufhin hatte Gott sie aus dem Paradies vertrieben. Auch ich war aufgrund der Sünde vertrieben worden. Nur war ich nun ein zweites Mal den Versuchungen der vermaledeiten Schlange erlegen gewesen. Konnte ein einzelner Mensch so närrisch sein?

Ich musste an Raven denken. Was hatte er gestern während seiner Zeremonie gesagt? „Oh, große Ostara, die alles Leben wieder erstarken lässt und den Leibern Fruchtbarkeit schenkt! Schenke auch dem Stamm der Nibelungen viele Kinder …“, etwas in dieser Art hatte er gesagt, und dann hatte irgendein Unhold dazwischengerufen:

„… und lasse uns heute ein paar von den Kindern zeugen!“

Ich lachte kurz, trocken und freudlos. Wie passend, dachte ich.

Ich erhob mich und zog mich an. Denn ich war immer noch nackt. Ein Umstand, der mir meine unverzeihliche Sünde nochmals ins Gedächtnis rief. Als ob das nötig gewesen wäre! Aber das Gewissen liebt es, wenn es einmal zugestochen hat, die Klinge in der Wunde zu drehen und in ihr zu sägen.

Dann packte ich meine Decke, sah mich verstohlen um. Und als ich feststellte, dass alle um mich herum zu schlafen schienen, stahl ich mich davon. Aus dem Augenwinkel sah ich, dass Siegfried sich aufgesetzt hatte. Sein eisiger Blick flog mir nach und bohrte sich in mein Gedächtnis, bevor mich der Wald verschlang. Und noch jemand hatte mich beobachtet. Aber das erfuhr ich erst einige Monde später.

Es war die Zeit der Sommersonnenwende. Die Zeit des Sommerthings der Nibelungen. Die Gaufürsten waren gemeinsam mit ihren Kriegerführern und Edelleuten zum Thing in die bewaldeten Hügel des Drachengaus am Rhing gekommen. Herzog Siegfried hatte jedem der vier Gaufürsten einen eigenen Hügel zugewiesen, auf dem sie ihr Lager errichtet hatten. Siegfried selbst lebte immer noch in der Drachenburg. Zum Thingplatz war die Lichtung in dem heiligen Hain bestimmt worden, auf der vor ungefähr drei Monden das Fest der Ostara stattgefunden hatte.

Bis auf Brünhild und Siegfried hatte ich die Gaufürsten und ihr Gefolge nach dem Fest nicht mehr gesehen. Ich hatte mich an jenem verhängnisvollen Morgen, da ich nackt auf der Lichtung des Hains erwacht war, unmittelbar in meine Hütte begeben. Dort hatte ich, versorgt von Guasa, drei Tage und drei Nächste zugebracht, ohne auch nur einen Fuß vor die Tür zu setzen. Ich war unbehelligt geblieben. Niemand hatte mich aufgesucht, niemand hatte nach mir geschickt. Am vierten Tag hielt ich es schließlich nicht mehr aus. Ich zog mein dunkles Priestergewand über, trat hinaus in den Regen und stieg den Hang zur Burg hinauf. Die Gaufürsten waren nebst ihrem Gefolge inzwischen in die Gaus zurückgekehrt. Weder Arwin noch seine Tochter Ava hatte ich verabschiedet. Jetzt wollte ich den Herzog sehen. Ich wollte hören, was er mir zu sagen hatte. Und ich wollte wissen, ob er mir grollte. Oder Schlimmeres.

Aber Groll passte nicht zu Siegfried. Ich fand ihn nicht im großen Saal, sondern an seiner neuen Esse. Er stand mit einer Lederschürze bekleidet vor der Glut und erhitze eine Eisenstange. Als er mich sah, leuchteten seine Augen.

„Brictius!", rief er. „Sieh dir an, was ich mir habe bauen lassen."

Er wies mit der glühenden Eisenstange, die er mit einer Zange hielt, in der Schmiede umher.

„Hier werde ich ganz wunderbare Dinge bauen", sagte er. „Ich werde ein Geschenk für Brünhild schmieden."

„Ah…", machte ich. Zu mehr war ich nicht imstande. Ich hatte Groll erwartet. Zumindest hatte ich erwartet, dass er mich mit Missbilligung ob meiner Sünde gestraft, mich getadelt hätte. Stattdessen hatte er mich überrascht. Er freute sich offenkundig mich zu sehen und mir seine neue Schmiede vorzuführen.

„Ich werde", hob er erneut an, „Ich werde aus diesem Eisen hier ein Messer für Brünhild schmieden, ein Jagdmesser."

Dann ließ er den Eisenstab in einen Metallkübel mit Wasser gleiten und warf die Schmiedezange in eine Ablage neben der Esse. Der Eisenstab zischte. Wasserdampf stieg geräuschvoll aus dem Kübel empor.

„Herr …", begann ich und wusste nicht, was ich ihm sagen sollte.

„Wir werden nicht darüber reden. Was geschehen ist, ist Schicksal. Die Götter wollten es, also ist es geschehen. In der Nacht der Ostara erfüllen wir immer den Willen der Götter. Dafür sorgen die Pilze. Und jetzt lass uns über diese Dinge schweigen. Manchmal, wenn wir nicht über eine Sache reden, vergessen die Götter, dass sie geschehen ist."

Das war natürlich Schwachsinn. Aber ich wollte diesen Schwachsinn nur allzu gern glauben. Also schwiegen wir. Wir schwiegen über das Geschehene bis zum Mittsommerthing der Nibelungen. Dort wurde das Schweigen gewaltsam gebrochen.

Es war am ersten Tag des Mittsommerthings, das wie alle Things der Nibelungen neun Tage und neun Nächte dauern würde. Ich erreichte die Lichtung in dem heiligen Hain, auf der das Thing stattfand, spät. Längst waren die Hörner geblasen, längst hatten sich all die Freien des Stammes, die von edler Geburt waren oder sich als Krieger einen Namen gemacht hatten, versammelt. Ich hatte gezögert. Ein mulmiges Gefühl hatte mir gesagt, dass ich mit einer bösen Überraschung rechnen musste.

Als ich den Thingplatz fast erreicht hatte, erlebte ich zunächst jedoch eine freudige Überraschung. Vor mir stand breit grinsend und heftig winkend ein junger Mann, den ich sehr gut kannte.

Sein Kinn war breit, sein bartloses Gesicht länglich und mit einer gebogenen Nase ausgestattet. Sein Lächeln war so offen wie das eines Kindes und zeigte eine Reihe gesunder weißer Zähne. Und seine Freude mich zu sehen war aufrichtig. Auch ich freute mich.

Unsere letzte Begegnung mochte nun gut und gerne drei oder vier Sommer zurückliegen. Es war damals gewesen, als Siegfried die Brüder Schilbung und Nilbung getötet hatte. Er war durch diesen Sieg zu einem Herzog und ich zu seinem Sklaven geworden.

Damals war der junge Mann, der jetzt vor mir stand, noch ein Junge gewesen. Er war vor jenem Thing, das mich zu einem Unfreien gemacht hatte, gelegentlich mein Dienstjunge gewesen, war aber nach jenen Ereignissen mit dem Gaufürst Hartger ins Eulengau gezogen. Jetzt war der Junge von damals auf dem besten Weg ein Mann zu werden.

„Notger!", rief ich ihn bei seinem Namen an. Dann umarmten wir uns, und ich freute mich ihn wiederzusehen.

„Ich werde zum Krieger geweiht", sagte er stolz, nachdem wir unsere Umarmung gelöst hatten und ich ihn musterte.

„Das wirst du gewiss", sagte ich lachend.

Dann sah ich das kleine Holzkreuz, das er an einem Lederband um den Hals trug. Ich runzelte die Stirn.

„Ich bin Christ, Herr", sagte er lächelnd.

„Wie ...?", fragte ich. Freilich hatte ich nicht vergessen, dass es die Taufe ist, die uns zu Christen macht. Ich konnte mir schlicht nicht erklären, wie der heidnische Junge von damals zu einem Christen hatte werden können. So viel ich wusste, war ich der einzige Mann Gottes in den Reihen der Nibelungen. Wer also hätte Notger taufen sollen?

Er schien meine Frage zu ahnen, denn er sagte:

„Fürst Arwin hat einen Priester, der alle sieben Tage das Eulengau besucht. Und mein Fürst Hartger hat befohlen, dass alle Jungmänner zu Christen werden sollen."

„Wer ist dieser Priester?", fragte ich.

„Sein Name ist Pater Bonifatius. Er wurde von seiner Heiligkeit Coelestin, des ersten seines Namens, zu Arwin gesendet."

Jetzt wurde ich wirklich neugierig. Coelestin hatte mich einst zu den Germanen geschickt. Es war Teil eines Bündnisses mit Rom gewesen, dass sich die Nibelungen würden bekehren lassen. Schilbung hatte dieses Bündnis, das in Wahrheit eine Unterwerfung unter die Gesetze und Verwaltung Roms bedeutet hätte, gewollt, während Siegfried dagegen gewesen war. Warum, so fragte ich mich, verhandelte nun ein Gaufürst und nicht der Herzog der Nibelungen mit Rom?

„Werde ich heute den Drachentöter sehen?", fragte Notger und wechselte damit unversehens das Thema unseres Gesprächs.

„Was? Ah, Siegfried? Wird der Herzog jetzt so genannt?", fragte ich.

„Oh ja, Herr", versetzte er. „Herzog Siegfried ist berühmt. Alle reden über ihn. Er ist der Drachentöter. Der Mann, der im Blut des Drachen Fafnir gebadet hat."

Er hielt kurz inne, dann fuhr er mit gedämpfter Stimme fort, so als wollte er mir ein Geheimnis verraten:

„Man erzählt sich, dass er seit dem Bad im Blute des Drachen im Kampf unbesiegbar sei."

Das war mir neu.

„Das ist mir neu", sagte ich. „Das erzählt man sich also im Eulengau?"

„Oh, nicht nur im Eulengau, Herr. Überall. Sogar in Burgund und in Rom."

Schließlich erreichten wir den Thingplatz. Ein aufbrausendes Getöse, das durch das Schlagen von Waffen auf Schilde entstand, beendete unser Gespräch jäh.

Mir hatten Fragen auf der Zunge gelegen. Fragen wie: Was hatte es mit diesem erneuten Verweis auf Rom auf sich? Was hatten Arwins Adlersippe und Hartgers Eulensippe mit den Römern zu schaffen? Woher kam das plötzliche, sehr begrüßenswerte Interesse am Christentum? Und woher wusste man in der Eulensippe, dass Siegfried auch unter den Burgundern Drachentöter genannt wurde? Aber diese Fragen gingen vorerst unter im Getöse der Waffen und im aufbrandenden Jubel, als Raven, der Ewart, das Thingfeuer entzündete.

Ich sah mich auf der Lichtung um. Mir viel auf, dass sich die Krieger der Eulensippe und der Adlersippe etwas abseits am Rande der Lichtung hielten. Während all die anderen Nibelungen, die sich zum Thing versammelt hatten, den folgenden Tagen allenthalben in ausgelassener Bierlaune entgegensahen, blickten die Adler- und Eulenkrieger mürrisch und missbilligend auf die Ereignisse.

Ich kniff die Augen zusammen und versuchte Ava irgendwo in den Reihen der Adlersippe zu erkennen. Aber ich konnte sie nicht entdecken.

Nach der Eröffnung des Things durch Raven und die Gaufürsten schloss sich Notger wieder den Kriegern der Eulensippe an. Das Festgelage begann. Raven und Siegfried kamen zu mir herüber. Raven kicherte über irgendetwas in sich hinein. Und Siegfried strahlte. Sein ganzes Gesicht schien zu lächeln und war das eines Menschen, der von Glück und Liebe erfüllt war. Und wieder fühlte ich diese unglaubliche Anziehungskraft, die dieser schreckliche Heide auf Menschen ausübte.

Er kam näher und zu meiner völligen Überraschung umarmte er mich. Dabei flüsterte er mir ins Ohr:

„Sie ist schwanger, Christus! Ostara hat ihr Werk getan."

Unweigerlich dachte ich an Ava, und mein ganzer Körper schien augenblicklich zu Stein erstarrt zu sein.

Siegfried schien das zu bemerken. Denn er löste die Umarmung und sah mich an. Dann legte er den Kopf schief und begann laut zu lachen. Ich zog die Brauen zusammen. Siegfried legte mir einen Arm wie zum Trost um die Schulter und sagte:

„Brünhild, Christus, Brünhild trägt ein Kind unter dem Herzen. Nicht Ava. Ich bin es, der Vater wird."

Dann strahlte er mich an. Meine Erleichterung über diese Erklärung muss so offensichtlich gewesen sein, dass er abermals laut auflachte.

„Das freut mich, Herr", brachte ich schließlich hervor.

„Darauf müssen wir trinken", sagte er und rief eine junge Sklavin herbei, die uns Bier einschenkte. Mein Blick suchte weiter nach Ava. Aber sie war nirgends zu sehen. Ich vermutete, dass sie sich im Lager der Adlersippe befand, das, wie ich wusste, auf dem Löwenberg, einem naheliegenden, bewaldeten Hügel, errichtet worden war.

Raven, der mit uns getrunken hatte, hatte bislang geschwiegen. Er hatte hin und wieder unvermittelt losgekichert, dann hatte er ein ernstes Gesicht zu ziehen versucht, nur um sich selbst über diese Versuche durch ein erneutes Kichern zu verspotten. Plötzlich riss er die Augen auf und starrte auf Siegfried.

„Was ist los, alter Hexer?", fragte Siegfried. „Habe ich Bierschaum im Bart hängen, oder warum starrst du mich so entgeistert an?"

„Die Götter haben zu mir gesprochen, Herr", sagte Raven. Dessen Stimme jetzt ganz gelassen klang. „Sie haben über dein Kind gesprochen."

„Hast du deshalb so wahnsinnig herumgegackert wie eine alterswahnsinnige Henne?"

„Was? ... Nein, Herr. Das war etwas anderes. Die Götter haben mir gesagt, dass euer Kind ein Mädchen wird. Sie wird gesund sein, Herr. Und sie wird einen König aus dem Norden heiraten. Sie wird ihm viele Söhne gebären, die berühmt sein werden. Sie werden so berühmt werden wie ihr Großvater, Siegfried der Drachentöter."

„Klingt gut", sagte Siegfried und nahm einen großen Schluck seines Bieres. „Hübsche Geschichte, Raven."

„Nein, Herr", versetzte Raven.

„Nein?"

„Nein."
„Warum nicht?"
„Nun, Herr …" Raven zögerte einige Herzschläge, dann fuhr er fort: „Es ist das, was mir Skuld gesagt hat. Die Schicksalsschwester, die den Faden dessen spinnt, was die Götter von uns erwarten. Sie hat mir auch gesagt, dass ihr etwas tun müsst, damit eure Tochter zur Königin wird."
„Oh ja?", sagte Siegfried und sah Raven aufmerksam an.
„Oh ja, Herr. Der König, der zum Ehemann eurer Tochter wird, stammt aus dem Norden. Ihr müsst eure Tochter in den Norden schicken, wenn die Zeit gekommen ist. Und ihr, Herr, werdet in den Süden gehen."
Siegfried sah ihn stirnrunzelnd an. Raven aber blickte nun mich an.
„Ich habe mit den Nornen gesprochen, Brictius. Aber Logi hat aus der Ferne immer wieder dazwischengerufen. Anfangs hat er nur anzügliche Witze gemacht, worüber ich lachen musste. Aber dann hat er mir auch etwas zu dir gesagt, Brictius. Und darüber musste ich auch lachen."
Er kicherte wieder auf die ihm eigentümliche Weise. Dann versetzte ihm Siegfried einen heftigen Stoß mit dem Ellbogen.
„Benimm dich nicht wie ein Tratschweib, alter Mann", knurrte er. „Sag unserem Priester, was der verschlagene Logi gesagt hat."
„Verzeiht, Herr, ich werde alt", sagte Raven mit übertrieben unterwürfiger Miene. Dann straffte er sich und sagte:
„Logi sagte, dass die kleine Königin nicht das einzige Kind war, das in der Nacht der Ostara gezeugt worden ist. Auch unser frommer Christ hier hat seinen Pflug in fruchtbaren Boden getaucht. Logi hat gelacht und gesagt, Brictius sei von seinem Gott dazu verflucht, die Frauen mit seinem kleinen Täufer ins Unglück zu stürzen."
Ich schluckte.
„Aberglaube", brachte ich heiser hervor. Selbstverständlich konnte Raven nur verrückt sein. Dennoch fasste mich ein Grauen. Denn der letzte Satz des Ewarts hatte so geklungen, dass er mein sündhaftes Verhalten gegenüber meiner Sigune andeuteten hätte wollen. Aber wie war das möglich? Siegfried wusste als einziger von Sigune. Er hatte aber Ravens Botschaft ebenso überrascht wie ich zur Kenntnis genommen. Nein, er war es nicht, der mein Geheimnis verraten hatte. Da war ich mir sicher.
„Logi betrügt", sagte Siegfried. „Er trägt die Lüge in seinem Namen. Er lügt."
„Mag sein", sagte Raven und nahm einen Schluck Bieres aus dem großen Holzbecher vor sich. „Mag sein."
„Wir feiern jetzt meine künftige Vaterschaft", entschied Siegfried. „Und wenn ich noch ein Wort von dir über die Götter höre, alter Hexer, dann werfe ich dich ins Feuer!"
Siegfried und Raven lachten und stießen ihre Becher aneinander. Ich aber blickte besorgt in die Richtung des Löwenbergs, auf dem ich Ava vermutete.
Ich versuchte damals auch, Siegfried von meiner Unterredung mit Notger zu berichten. Ich versuchte ihn zu warnen, obgleich ich nicht recht

wusste, wovor eigentlich. Aber Siegfried wollte von alledem nichts hören. Er feierte seine bevorstehende Vaterschaft, und das war alles, was für ihn an diesem Abend von Bedeutung war.

Ich verließ den Thingplatz noch vor Mitternacht. Die meisten der freien Nibelungen tranken und feierten noch, als ich meine kleine Hütte betrat und mich an Guasas warmen, weichen Körper drängte.

Für den Nachmittag des nächsten Tages waren Gespräche zu Stammesangelegenheiten vorgesehen. Und nachdem Raven Diu, den Schutzgott des Things, um Erhaltung von Recht und Ordnung angerufen hatte, begann das Chaos seinen Lauf zu nehmen.

Als Herzog Siegfried die Gaufürsten nacheinander aufrufen wollte ihre Ansinnen bezüglich des Stammes vorzubringen, drängte sich Hartger, Gaufürst der Eulensippe vor. Der schweigsame, sonst so zurückhaltende Hartger trat vor, strich sich seinen struppigen roten Bart glatt und fiel dem Herzog mit seiner rauen Stimme ins Wort:

„Die Sachsen greifen uns an, mein Herzog! Ich fordere Unterstützung durch den Stamm!"

Siegfried zog die Brauen hoch. Für die Dauer eines Herzschlags war nicht abzusehen, wie er auf diesen Vorstoß reagieren würde. Dann forderte er Hartger mit einem Nicken dazu auf, mehr zu berichten.

„Seit ich vom Fest der Ostara zurückgekehrt bin, plündern sie in meinem Gau. Sie brandschatzen, stehlen Vieh und vergewaltigen. Erst vor einigen Tagen haben sie zwei Kinder gestohlen, um sie zu versklaven."

Siegfried sah Hartger ernst an, während er sprach. Dann fragte er:

„Warum tun sie das?"

Hartger zuckte mit den Achseln. An seiner Statt mischte sich Arwin in die Unterredung ein.

„Auch in meinem Gau brennen Dörfer und werden Frauen angegriffen, Kinder verschleppt und Männer getötet."

„Warum tun sie das?", fragte Siegfried erneut.

Diesmal erhielt er eine Antwort. Es war der Gaufürst Arwin, der auf Siegfrieds Frage einging, jedoch so laut sprach, dass ihn alle Krieger auf dem Thingplatz hören konnten.

„Sie tun dies", hob er an, „weil wir schwach sind. Wir sind schwach wie Weiber."

Nachdem er sich der Aufmerksamkeit aller Anwesenden versichert hatte, fuhr er fort:

„Die Sachsen sind wie die Franken ein Großstamm. Chauken, Angrivarier und Cherusker haben ein Bündnis geschlossen und sich zu den Sachsen vereinigt. Wir, die Nibelungen, haben keine Bündnispartner. Wir sind ihnen ausgeliefert. Und das wissen sie. Und wir hätten das auch wissen müssen."

Siegfried legte den Kopf schief und sah Arwin eindringlich an, als könne er mit schrägem Kopf Dinge wahrnehmen, die ihm sonst verborgen blieben. Tatsächlich begann auch ich mich in diesem Augenblick zu fragen, worauf Arwin wirklich hinauswollte.

„Was wir erleben, sind nur die Anfänge", rief Arwin und wandte sich jetzt vollständig der Menge zu. „Die Sachsen dringen von Norden vor. Es wird nicht lange dauern, dann nehmen Sie uns unser Land. Denn sie merken, dass wir Ihnen nichts entgegenzusetzen haben."

„Pah", rief Radumar. „Ein Nibelunge ist so tapfer im Kampf wie drei Sachsen!"

Der Zwischenruf erntete donnernde Zustimmung durch die anwesenden Krieger, die ihre Waffen auf die Schilde schlugen und Kampfschreie ertönen ließen.

„Das mag sein", versetzte Arwin. „Der Gaufürst Radumar spricht die Wahrheit. Die Krieger der Nibelungen sind dreimal so tapfer wie die Sachsen. Unsere siebentausend Krieger kämpfen wie einundzwanzigtausend Sachsen. Daran besteht wahrlich kein Zweifel. Ebenso wenig kann jedoch bezweifelt werden, dass König Lüdeger nicht einundzwanzigtausend, sondern dreißigtausend Krieger hat."

Arwin ließ die Worte wirken und wartete das Raunen ab, das durch die Reihen der Nibelungen ging. Dann baute er sich vor den Kriegern auf. In seinem blank polierten Kettenhemd spiegelten sich die Flammen des Thingfeuers. Durch seine langen, schwarz glänzenden Haare ging ein leichter Wind. Das Kinn mit dem geflochtenen Bart war herausfordernd emporgereckt, und seine Augen funkelten angriffslustig. Aus dem Augenwinkel sah Ich, wie ein Zucken über Siegfrieds Gesicht ging.

Arwin holte tief und hörbar Atem und rief in die Menge:

„Wir sind den Sachsen ausgeliefert. Wir sind schwach! Wir sind schwach, weil wir kein Bündnis haben. Das Heil unseres Herzogs ist schwach! Wenn die Götter unseren Herzog liebten, hätten sie ihm ermöglicht Bündnisse zu schmieden, die uns die Sachsen vom Hals halten. Stattdessen wüten sie in unseren Gaus, weil sie wissen, dass wir schwach sind. Und weil sie wissen, dass Herzog Siegfried schwach ist."

Ich hörte Siegfried neben mir knurren. Auch Arwin schien etwas gehört zu haben, denn er zuckte kurz zusammen und blickte verstohlen auf Siegfried. Dann straffte er sich und rief mit lauter, fester Stimme:

„Den Herzog trifft jedoch keine Schuld. Selbst der mächtige Siegfried, selbst der Drachentöter ist dem Urteilsspruch der Götter ausgeliefert. Und sie wollten nicht, dass er Bündnisse schafft. Seine Aufgabe war es, den Stamm zu einen. Dafür gebührt ihm unser aller Anerkennung."

Arwin hielt inne und forderte die Krieger mit Handbewegungen auf, mit ihren Waffen auf die Schilde zu schlagen. Begeisterte „Siegfried, Siegfried!" Rufe erfüllten die Luft. Siegfried aber starrte mit versteinerter Miene auf Arwin.

„Siegfried der Drachentöter hat unseren Stamm geeint und ihm das Drachengau zurückgegeben", hob Arwin wieder an, nachdem der Waffenlärm und die Rufe abgeklungen waren. „Jetzt aber muss dieser Stamm Bündnisse schließen. Nur so werden wir unsere Feinde besiegen."

Es folgte eine etwas zu lange anhaltende Stille. Dann sagte Arwin mit ruhiger Stimme, aber doch laut genug, dass die umstehenden Krieger ihn hören konnten:

„Wir müssen auf diesem Thing die Grundlage legen, um starke Bündnispartner zu gewinnen. Dies ist unsere Aufgabe. Möge Diu mit uns sein!"

Dann verbeugte er sich kurz vor Siegfried und trat zurück in die Reihen der Krieger. Raven kicherte leise, Siegfried knurrte, und ich trat unbehaglich von einem Bein auf das andere, ohne zu wissen, wohin ich meinen Blick wenden sollte.

„Wir werden die Bündnisfrage besprechen", gab Siegfried schließlich zerknirscht von sich. Dann wandte er sich an die freien Nibelungen:

„Sonst noch weitere Angelegenheiten?"

Diese Frage war so voller Zorn gestellt worden, dass es niemand wagte, Siegfried weiter zu reizen. Dieser rief Arwins Jungen zu sich, einen dürren Jüngling mit blondem Bartflaum namens Argast.

„Sag deinem Herrn, dass ich ihn heute Nacht sprechen will. Ich werde zu ihm auf den Löwenberg kommen."

Dann trat Siegfried ab. Raven sah sich kurz ratlos um, schließlich zuckte er kichernd mit den Achseln. Nach einigen salbungsvollen Worten über die Heidengötzen Diu und Wodan, mit denen er ersteren um seiner Gerechtigkeit und letzteren um seiner Weisheit Willen pries, eröffnete er das Trinkgelage. So wurde der zweite Tag der Thingberatungen beendet. Die Krieger tranken und feierten und stießen an auf ihren Herzog Siegfried den Drachentöter und auf neue Bündnisse, wobei ich ihnen etwas ratlos zusah.

Ich stand abseits der Menge und nippte lustlos an einem warmen Bier, als Raven mich plötzlich am Arm packte und mit sich in Richtung der Burg fortzog. Als wir beim Herzog eintrafen, gurtete er sich gerade mit Balmung, dem mächtigen Schwert der Nibelungen. Seine Streitaxt „Lebenräuber" hatte er bereits auf den Rücken geschnallt. Und er trug den Drachenpanzer, das legendäre Kettenhemd aus Metallschuppen, das er Fafnir abgenommen hatte.

„Ich werde diesen Verräter mit Balmung durchbohren. An eine große Eiche werde ich ihn mit dem Schwert nageln, auf dass ihn die Wildschweine und Wölfe fressen", hörte ich ihn schimpfen.

„Du kommst mit", beschied er mir. „Und du auch, Raven!"

Wenig später befanden wir uns zu Pferde auf dem kleinen Pfad, der vom unteren Tor der Drachenburg in die hügeligen Wälder führte. Siegfried hatte neben Raven und mir zehn Krieger seiner Haustruppe und Brünhild mitgenommen, die wiederum selbst fünf Krieger mitbrachte.

„Herr, habt ihr denn wirklich vor, Arwin zu töten", fragte ich Siegfried, während wir wenig später einen kleinen Fluss überquerten.

„Natürlich nicht", knurrte Siegfried. „Aber ich will herausfinden, was Arwin will. Und vielleicht werde ich ihn dann aufschneiden."

Er lachte laut auf, aber ich war mir nicht sicher, ob diese Aussage wirklich nur ein Scherz war.

Es war eine herrliche Sommernacht. Die Grillen zirpten, unsere Fackeln tanzten in einem angenehm kühlen Wind und ganz in der Ferne hob eine Nachtigall mit ihrem Gesang an. Ich sandte ein Gebet zu unserem Herrn, dass in dieser friedlichen Nacht kein Blut vergossen würde.

Als wir das Lager auf dem Löwenberg erreichten, waren weder der Gaufürst Arwin noch seine Tochter Ava zu sehen. So hießen uns Arwins Krieger unter misstrauischen Blicken an dem kleinen Lagerfeuer auf einem Baumstamm, der an der Feuerstelle lag, Platz zu nehmen. Die Krieger bauten sich feindselig am Rande des Feuers auf. Unsere Männer stellten sich hinter uns. Noch befanden sich die Schwerter in ihren Scheiden. Aber ich sah viele Hände auf dem Schwertknauf ruhen.

Nach einer Weile entspannte sich die Stimmung etwas. Die Krieger der beiden Lager begannen miteinander zu reden. Viele kannten sich aus zahlreichen Schlachten, in denen sie gemeinsam gekämpft hatten. Sie redeten über die Schlacht gegen Fafnir und lobten gegenseitig ihre Tapferkeit und ihren Kampfesmut. Jemand ahmte einen um Gnade winselnden Gegner nach, und erstes Gelächter erscholl.

Die Zeit verstrich. Man brachte uns Bier und Trockenfleisch. Aber Arwin blieb abwesend. Sklavinnen kamen und schenkten uns Bier nach, und wir tranken. Die Stimmung wurde ausgelassener und die beiden Kriegerlager legten ihre Waffen ab und vermischten sich zunehmend miteinander. Nur Siegfried trank, wie ich bemerkte, sehr langsam und blickte bisweilen mit gerunzelter Stirn auf das ausgelassene Treiben der Krieger.

„Er will uns betrunken machen", raunte Siegfried mir zu. Ich sah ihn fragend an.

„Wer?"

„Arwin. Er will uns betrunken machen. Er hat irgendetwas vor", knurrte Siegfried und nahm einen großen Schluck aus seinem Holzbecher. Dann kippte er das Bier ins Feuer. Ein langgezogener Laut war zu hören, der wie das Zischen einer giftigen Schlange klang. Raven neben mir zuckte bei diesem Geräusch zusammen und spie aus, um, wie er mir erklärte, das Unglück abzuwenden, das sich in diesem Zischen ankündigte. Auch sein Speichel landete in den Flammen und verglomm mit einem Zischen. Dieses Zischen jedoch war ungleich leiser als das vorherige.

„Das wird nicht reichen", knurrte er unzufrieden.

Wir hatten lange auf dem Baumstamm gesessen. Mehrfach hatte Siegfried mir befohlen nach Arwin zu fragen. Aber ich hatte nichts als Achselzucken zur Antwort erhalten. Keiner seiner Krieger schien zu wissen, wo sich der Gaufürst aufhielt. Einer mutmaßte, er sei zum Thingplatz geritten, nur um von einem weiteren mit der Aussage berichtigt zu werden, Arwin sei mit seiner Tochter zum Rhing hinuntergeritten. Wieder ein anderer behauptete, dass Arwin wohl seinerseits Siegfried aufsuchen wollte und zu diesem Zweck zur Burg des Drachentöters geritten sei.

Uns blieb nicht viel mehr übrig als zu warten. Zu warten und zu trinken. Was soll ein Mann am Feuer auch anderes tun als trinken?

Wir tranken viel, viel zu viel. Und als der erste Grauschleier über das Land kroch, erhob sich Siegfried und befahl den Aufbruch.

Wir hatten kaum geschlafen, hatten zu viel Bier getrunken, und in kurzer Zeit begannen die Thingverhandlungen. Das würden nach solch einer langen Nacht sehr anstrengende Verhandlungen für uns werden. Und in mir keimte der Verdacht, dass Arwin es womöglich genauso geplant hatte.

Raven verkündete, dass einer seiner Gehilfen - ein junger Mann namens Gangi, den niemals zuvor jemand von uns zu Gesicht bekommen hatte - ihn als Ewart des heutigen Thingtages vertrete. Er selbst, Raven, müsse im Wald Zwiesprache mit den Göttern halten.

„Die Götter allein wissen, woher er diesen Gangi hat", raunte mir Siegfried zu, als wir uns zum höchsten Sonnenstand des Tages auf der Lichtung des Heiligen Hains zu den Edlen und Freien des Nibelungenstamms gesellten.

„Der alte Bastard will sich im Wald ausschlafen", zischte Brünhild. „Zwiesprache mit den Göttern - dass ich nicht lache!"

Gangi war ein sehr wortkarger und nervöser Ewart. Mit kurzen, abgehackten Sätzen und zitternder Stimme pries er die Götter und war sichtlich erleichtert als er die Verhandlungsführung schließlich an Siegfried übergeben konnte. Er sagte:

„Unser ehrwürdiger Ewart Raven, den man den Schicksalswanderer nennt, hat mir die Ehre übertragen, nun euch, ihr freien Nibelungen, mit Wodans Hilfe weise und mit Dius Hilfe gerecht über eine Frage des Stammes befinden zu lassen. Es geht um die am gestrigen Tage durch den Gaufürsten Arwin aufgeworfene Frage nach den Bündnismöglichkeiten der Nibelungen. Ich übergebe nun das Wort an Siegfried den Drachentöter, Herzog der Nibelungen."

So sprach Gangi, der Vertretungsewart. Und ich überlegte, bei welcher Gelegenheit ich Ravens Beinamen „Schicksalswanderer" schon einmal gehört hatte.

Siegfried trat in die Mitte der Versammlung. Er trug immer noch sein Kettenhemd und sein Waffengehänge, wirkte aber nicht halb so angriffslustig und respekteinflößend wie noch am Vorabend, da er ausgezogen war, um Arwin in die Grenzen zu weisen.

Die freien Nibelungen standen und saßen um Holztische verteilt, die wiederum um einen neun Schritte durchmessenden Steinkreis verteilt waren. Der Steinkreis bestand aus unzähligen faustgroßen und vereinzelten höheren Steinen in der Größe eines Wolfsrumpfes. In dessen Mitte war ein weiterer, kleinerer Steinkreis angelegt, in dem das Thingfeuer brannte. Hartger, Radumar, Brünhild, Arwin und Siegfried saßen auf den größeren Steinen des Äußeren Kreises, während Gangi nervös zwischen den Steinkreisen auf und ab lief.

Jetzt, mit der Übergabe des Wortes an den Herzog, blieb Gangi schlagartig stehen, sah sich kurz um und beeilte sich einen der größeren Steine des Äußeren Kreises zu erreichen, um sich dort niederzulassen.

Für einen langen Augenblick hörten wir nichts als das Knistern des Thingfeuers. Schließlich seufzte Siegfried vernehmlich und ergriff das Wort:

„Am gestrigen Tage hatte der Gaufürst Arwin uns mitgeteilt, dass er gerne Bündnisse schließen möchte. Ein Bündnis ist eine gute Sache. Denn im Kampf mit dem Feind macht ein gutes Bündnis stark. Wir haben gestern gehört, dass wir einen neuen Feind haben: die Sachsen. Nun sind wir umgeben von Feinden. Im Norden gibt es die Sachsen, von Osten dringen die Hunnen auf unser Land vor, und im Westen warten auf der anderen Rhingseite die Römer. So ist die Lage. Gibt es daran Zweifel?"

Ein junger Mann mit langem rotblondem Haar trat vor und hob seine Axt zum Zeichen, dass er sprechen wolle. Mit einer Handbewegung gestattete Siegfried das Ansinnen.

„Wir alle wollen unsere Tapferkeit beweisen", rief er und eine Reihe junger Krieger stimmte in ein langgezogenes Wolfsheulen ein. Siegfrieds Miene hellte sich auf. Zunächst wirkte er überrascht, dann belustigt. Er zog eine Braue hoch und nickte dem jungen Krieger zum Zeichen zu, er möge weitersprechen.

„Mein Herzog", fuhr er fort, „wir leben seit drei oder mehr Sommern in Frieden. Der Wald ernährt uns gut, und das Leben ist schön. Aber wie sollen wir Wodan und Frigg auf uns aufmerksam machen, wenn wir Ihnen unsere Tapferkeit nicht im Kampfe vorführen? Wir jungen Männer wollen uns im Kampf beweisen. Wenn wir alt werden, ohne dass die Götter von uns gehört haben, dann müssen wir nach unserem Tode zu Frau Hel in die Unterwelt. Deshalb schlage ich vor, dass wir kämpfen. Wir machen die Sachsen nieder. Dann machen wir uns an die Hunnen. Und zum Schluss kämpfen wir alle gemeinsam gegen die Römer. Wodan und Frigg werden unsere Namen nicht vergessen, und der große Donar wird uns seinen Hammer zur Hilfe schicken!"

Das Wolfsheulen der Jungmänner erscholl erneut, diesmal schlugen die Krieger zum Zeichen der Zustimmung die Äxte, Speere und Schwerter auf die Schilde. Aber es war auch ein lautes Murren unter den Versammelten zu hören. Und während beim Thing der Nibelungen das Waffenschlagen als Zustimmung galt, verlieh man durch lautes Murren seiner Missbilligung Ausdruck.

„Wie ist dein Name, Jungmann?", fragte Siegfried.

„Mein Name ist Vidar, Sohn von Windger dem Schmied."

Aus seiner Stimme klang Stolz, obwohl ein Schmied zwar ein angesehener Beruf war, aber doch keinen Adelstitel beschrieb.

„Ich kannte Windger", sagte Siegfried nachdenklich. Dann hellte sich seine Miene auf. „Er war der Schmied meines Vaters. Er war ein guter Mann."

Dann zog Siegfried die Brauen zusammen und sagte:

„Windger starb als Fafnir unser Gau überfiel. Er kämpfte tapfer, aber er starb. Ich selbst habe als Junge seinen Tod gesehen. Wie kannst du sein Sohn sein? Das ist unmöglich!"

„Ich wurde in dieser Nacht geboren. Meine Mutter gebar mich schreiend und blutend hinter unserem brennenden Haus. Und die Krieger, die sie sahen, dachten sie sei bereits ausgeweidet und des Todes. Aber was da blutüberströmt vor ihr lag, waren nicht ihre Eingeweide. Es war ihr Sohn. Ich war es, Herr. Und als Ihr vor drei Sommern Fafnir tötetet, sah ich zu, und ich lachte bis mir die Tränen kamen, und ich hörte Vater in Walhalla mit mir lachen."

Siegfried sah den jungen Krieger an. Ich wusste sofort, dass dieser Mann ganz nach seinem Geschmack war. Siegfried winkte Vidar in den Steinkreis. Er legte ihm den Arm um die Schulter und wandte sich an die Thingversammlung.

„Hier steht Vidar, Sohn des Windger", rief er. „Ein Jungmann, der auf sein Recht pocht, im Kampfe den Segen der Götter zu erwerben. Und er tut dies mit gutem Recht. Und er wird sein Recht zu gegebener Zeit erhalten. Als Herzog des Stammes der Nibelungen muss ich aber dazu raten, was das Beste für unseren Stamm ist. Ein Krieg gegen die Sachsen zu führen wäre eine tapfere Entscheidung. Aber wäre sie auch klug? Nun, vielleicht würden wir die Sachsen niederringen. Wer zweifelt daran?"

„Niemand", schrien die Krieger, und die Jungmänner heulten abermals auf.

„Ja wir würden die Sachsen niederringen. Aber wir würden hohe Verluste hinnehmen. Viele tapfere Nibelungen würden ihre Reise nach Walhalla antreten. Und unser Stamm? Unser Stamm wäre schwach. Die Hunnen würden unsere Gebiete nehmen, und die Römer würden uns versklaven. Nein, ein Angriff wäre nicht klug. Aber ich will Vidar und den anderen Jungmännern ein Versprechen geben. Bald, sehr bald werdet ihr die Möglichkeit erhalten, die Götter durch eure Tapferkeit zu beeindrucken. Vidar, Sohn des Windger, wirst du mir, deinem Herzog, auf dem Weg der Klugheit folgen und mit mir warten, bis die Zeit der Tapferkeit gekommen ist?"

„Ja, Herr, das werde ich!", rief Vidar. Donnernd erscholl darauf der Klang der Waffen auf den Schilden.

Die meisten Krieger sahen, wie Siegfried den jungen Vidar aus dem Steinkreis führte. Ich, der unmittelbar neben den beiden stand, aber hörte als einziger, wie Siegfried sich nach Vidars Mutter erkundigte. Und als er erfuhr, dass sie noch lebte, steckte er ihm eine goldene Spange als Geschenk für Sie zu. Ich sah Vidars überraschten Blick der Dankbarkeit, und ich sah Siegfried ihm zufrieden zunicken. Dann trat er zurück in den Steinkreis.

Arwin, der das Geschehen mit verdrießlicher Miene verfolgt hatte, richtete sich auf und bat den Herzog um das Wort. Siegfried nickte ihm zu und setzte sich auf einen der größeren Steine.

Arwin baute sich in der Mitte des Steinkreises auf. Sein Kettenhemd blitzte im Sonnenlicht, vom Wind wehten seine dunklen Haare wie eine Fahne. Sein Kinn mit dem sorgsam geflochtenen Bart war breit und stolz, seine Augen funkelten. Er sah gut aus. Er war ein Krieger, ein Herr und ein redegewandter Führer, dem die Menschen gerne zuhörten und folgten. Einige Herzschläge lang stand er da in all seiner Pracht, ohne ein Wort zu sprechen. Es war, als wollte er durch seine bloße Anwesenheit die Nibelungen in seinen Bann ziehen. Dann begann er zeitgleich zu reden und in gewaltigen, entschlossenen Schritten den Steinkreis abzugehen, um sich allen Anwesenden in gleicher Weise zuwenden zu können.

„Herzog Siegfried hat weise gesprochen", hob er an. „Der Weg der Klugheit führt uns nicht auf den Pfad des Angriffs. Wir haben die Stärke der Sachsen zu spüren bekommen, und seit Jahren spüren wir in den östlichen Gauen die Stärke der Hunnen. Wir, die Nibelungen, sind zwar tapfer, aber wir sind nicht zahlreich genug, um Lüdeger und seine Sachsen zu besiegen. Wir brauchen Bündnisse. Herzog Siegfried hat bei seiner Machtergreifung die ausgestreckte Hand der Römer abgeschlagen. Dieses Bündnis wäre die Möglichkeit gewesen mit einem starken Partner an unserer Seite und mit den Hunnen in Frieden zu leben. Und niemals würden es die Sachsen wagen, einen Bündnispartner des römischen Reichs anzugreifen."

„Friede mit den Hunnen?", entfuhr es Brünhild. „Da kann ich nur lachen. Sie brennen ganze Siedlungen nieder und vergewaltigen unsere Frauen, nur um dann auf ihren Pferden wieder abzuziehen. Sie wollen keinen Frieden!"

„Sie wollen Frieden", versetzte Arwin. „Sie wollen Frieden, aber sie finden ihn nicht, weil sie keine Heimat finden. Wenn wir ihnen diese Heimat bieten und uns mit ihnen gemeinsam dem römischen Recht unterordnen, dann werden wir Frieden haben. Unsere Frauen bleiben unversehrt, unsere Kinder werden nicht versklavt und unsere Höfe werden gedeihen, anstatt zu brennen. Wir werden in Freude leben können. Aber das geht nur, wenn wir uns nicht wie Barbaren aufführen."

„Du redest, wie ein Römer", fuhr Brünhild dazwischen.

„Ich rede wie jemand, der die Wahrheit erkannt hat", entgegnete Arwin. „Es ist verständlich, dass Jungmänner in die Schlacht ziehen wollen. Aber wir anderen wollen unsere Söhne und Töchter aufwachsen sehen. Wir wollen einen Stamm, der hier in unseren Gauen lebt und nicht einen, den man nur noch an Wodans großer Tafel antrifft. Deshalb müssen wir klug handeln. Und das Klügste wäre das zu tun, das unser Herzog nicht zu tun vermag. Das Klügste wäre ein Bündnis mit den Römern einzugehen."

Jetzt stand Siegfried ebenfalls auf. Er starrte Arwin einige Herzschläge aus seinen dunklen, funkelnden Augen an. Und einige Herzschläge lang erwartete ich, dass er sein Schwert zöge und Arwin niederschlüge. Ich glaube bis heute fest daran, dass er diese Möglichkeit ernsthaft in Betracht nahm. Aber er besann sich schließlich und richtete sein Wort an die Thingversammlung.

„Freie Nibelungen", rief Siegfried. „Die Römer sind kein Bündnispartner. Bündnispartner sind gleich. Ein Bündnis mit den Römern ist niemals ein Bündnis unter Gleichen. Die Römer geben die Gesetze, und wir müssen sie befolgen. Die Römer erheben Steuern, und wir müssen sie zahlen.

Die Römer urteilen und bestrafen, nicht wir. Für die Römer sind wir nur Barbaren ohne Bürgerrechte. Und das wird sich niemals ändern. Ein Bündnis mit den Römern ist kein Bündnis. Es ist Sklaverei. Und wenn Sklaverei der Preis dafür ist, nicht als Barbar zu gelten, so bleibe ich lieber ein freier Barbar als ein unfreier Sklave der Römer."

Die Männer schlugen ihre Waffen auf die Schilde und riefen Siegfrieds Namen. Arwin ließ sich jedoch nicht beirren. Als der Waffenlärm verebbt war, rief er:

„Nun, der Herzog hat vor einigen Herzschlägen selbst gesagt, dass er den Weg der Klugheit dem Weg der Tapferkeit vorzieht. Ohne einen starken Bündnispartner an unserer Seite werden wir untergehen. Unser Stamm wird zwischen Römern, Hunnen und Sachsen zerrieben werden, wie der Weizen durch die Mühlsteine. Der einzige, der kluge Weg führt uns in ein Bündnis mit den Römern. Aber es ist verständlich, dass Herzog Siegfried den Weg der Klugheit verschmäht. Denn er selbst war es, der durch den Mord an Schilbung und Nilbung die Römer zu unseren Feinden gemacht hat."

Ich hatte erwartet, dass Siegfried jetzt vor Wut schäumte, dass er wüste Beschimpfungen und Flüche ausstieß, dass er Arwin herausforderte, ja sogar, dass er sein Schwert zum Kampfe zog. Aber nichts dergleichen geschah. Stattdessen nickte Siegfried lediglich in Arwins Richtung. Es war das Zeichen an den Gaufürst, dass er verstanden hatte, was hier geschah. Arwin ging es nicht um den Stamm. Denn Arwin hatte Siegfried selbst dabei unterstützt, Schilbung und Nilbung zu stürzen, um ein Bündnis mit den Römern zu verhindern. Wie ich inzwischen erfahren hatte, war die Entführung von Arwins Tochter Ava, die zum Vorwand gedient hatte, um Schilbung zu stürzen, - diese Entführung war nur vorgetäuscht gewesen. Ava war niemals wirklich von Siegfried entführt worden, sondern sie hatte sich auf Geheiß ihres Vaters mit Siegfried davongestohlen.

Wer das alles wusste, und das tat Siegfried, der wusste auch, dass Arwin jetzt, da er Siegfried den Mord an Schilbung und die Zerstörung der Bündnismöglichkeit mit den Römern vorwarf, heuchelte. Er konnte nur heucheln. Denn er warf Siegfried eine Tat vor, an der er selbst ebenso schuldig war wie Siegfried. Aber warum tat er das? Siegfried berichtete mir später, dass er in diesem Augenblick erkannte, dass es Arwin um Macht ging. Macht über den Stamm der Nibelungen. Wie wichtig ihm diese Macht wirklich war und was er alles bereit war für sie zu opfern, das würde Siegfried freilich erst später erfahren.

„Der Gaufürst Arwin redet mit hübschen Worten gesüßten Ziegenschiss!", rief Siegfried. „Ich habe Schilbung nicht ermordet, sondern im Zweikampf besiegt. Das können viele von euch bezeugen. Und ebenso wenig führt uns der Weg der Klugheit in ein Bündnis mit den Römern. Aber wir brauchen ein Bündnis. Noch bevor die Eisriesen das nächste Mal unser Land heimsuchen, werde ich den Rhing hinauf in die Gaus der Burgunder reiten. Ich werde zu König Gunnuhar reisen. Und ich werde dort ein Bündnis mit einem großen Stamm schließen, der genau so frei und tapfer gegen die Römer steht wie wir Nibelungen. Gaufürst Arwin selbst war dereinst von dieser Idee überzeugt. Was ihn jetzt davon abgebracht hat, weiß ich nicht. Aber es kann nicht das Wohl unseres Stammes gewesen sein."

„Da hast du Recht, Herzog Siegfried. Es war nicht das Wohl unseres Stammes", versetzte Arwin. „Nicht das Wohl unseres Stammes hat mich davon abgebracht, sondern der Fluch deines falschen christlichen Priesters!"

Arwin baute sich breitbeinig inmitten des Steinkreises auf und wies mit einer Hand, die wie eine tödliche Waffe hervorschnellte auf mich. Ich erstarrte vor Schreck. Innerlich gefror ich innerhalb eines Herzschlags zu Eis. Ich sollte der Grund sein, für die missliche Lage der Nibelungen? Ich, dessen Wirkung auf den Stamm so gering war, dass ich es noch nicht einmal selbst wagte mir auch nur geringste missionarische Erfolge zuzurechnen?

Unzusammenhängende Gedankenfetzen blitzen in meinem Geiste auf. Unvermittelt musste ich an Notger denken. Notger, der jetzt bei der Eulensippe lebte. Und Notger, den ich nach so langer Zeit wieder getroffen hatte und der gewusst hatte, dass auch die Burgunder von Siegfried dem Drachentöter gehört hatten. Ich dachte zurück an den Tag, da Siegfried zum Herzog wurde und mich in seine Dienste befahl. Auch an diesem Tag wurde über die Burgunder und ein Bündnis mit ihnen gesprochen. Damals schien Arwin zwar überzeugt davon zu sein, dass ein derartiges Bündnis der beste Weg wäre, aber er schien auch sehr unglücklich darüber zu sein. In einem weiteren Gedankenfetzen musste ich an Ava denken. Dann holte mich Siegfrieds laute Stimme zurück in die Gegenwart:

„Was hat Christus damit zu schaffen?"

Arwin sah Siegfried fragend an.

„Was hat der Priester damit zu schaffen?", fragte Siegfried erneut.

„Eine ganze Menge, mein Herzog", sagte Arwin, wobei er den Titel durchaus mit dem gebührenden Respekt aussprach. Dann wandte er sich an die Thingversammlung und sprach mit lauter Stimme:

„Der Vorschlag ein Bündnis zwischen Nibelungen und Burgundern zu schaffen ist nicht neu. Und vielleicht wäre es dir, mein Herzog, auch gelungen, wenn du es vor zwei oder drei Sommern versucht hättest, anstatt die Kräfte des Stammes darauf zu verwenden deine Angelegenheiten im Drachengau zu regeln. Nun aber ist es zu spät. Freie Nibelungen, ihr sollt wissen, dass der Herzog und ich geplant hatten unseren Stamm durch eine Heirat an die Burgunder zu binden. König Gunnuhar, der über die Burgunder am Rhing herrscht, sollte meine Tochter Ava zur Frau nehmen. So wäre das Bündnis besiegelt worden."

Jetzt verstand ich das Unglück, das Arwin empfunden hatte, als zum ersten Male von einem Bündnis mit den Burgundern die Rede gewesen war. Der Preis für dieses Bündnis wäre seine einzige Tochter gewesen. Ich dachte an Ava. An ihre dicken blonden Locken, an ihre rosigen Lippen und an ihre wasserblauen Augen. Ich dachte an die Nacht der Ostara. Ein Gefühl plötzlicher, unbändiger Angst griff nach mir.

„Weigerst du dich, deine Tochter zu geben?", fragte Siegfried. „Ich kann das verstehen. Niemand gibt gerne sein Kind …"

„Ich mich weigern?!", schrie Arwin plötzlich und baute sich drohend vor Siegfried auf. „Ich soll mich weigern? Ich? Was bei Logi fällt dir ein?!"

Dann besann er sich wieder und setzte mit etwas ruhiger Stimme hinzu: „Was fällt dir ein, mein Herzog?"

Siegfried zog die Brauen zusammen und sah ihn mit gerunzelter Stirn in die Augen.

„Gaufürst, Arwin", sagte er mit fester Stimme und in gebieterischem Ton: „Erkläre dich. Jetzt!"

„Dein Priester dort", rief Arwin, und wieder zuckte sein Finger wie eine Schlange in meine Richtung. „Dein Priester hat die Nacht der Ostara mit meiner Tochter verbracht. Und nun taugt sie nicht mehr zur Friedenskuh. "

Eine Friedenskuh war ein Geschenk zur Besiegelung eines Bündnisses. In aller Regel verstanden die Germanen nicht eine wirkliche Kuh darunter, sondern die Tochter eines Stammesfürsten oder sonstigen Edlen eines Stammes, die dem Stammesfürsten des anderen Stammes zum Weibe gegeben wurde, um durch den Bund der Ehe den Bund der Völker zu besiegeln.

„Sie wäre immer noch eine wunderbare Friedenskuh. Gunnuhar muss nicht erfahren, dass …"

„Er wird es erfahren", versetzte Arwin. „Ava erwartet ein Kind von deinem falschen Priester."

Siegfried verdrehte die Augen. Später erzählte er mir, dass er in diesem Augenblick die Götter habe lachen gehört. „Sie lachen immer, wenn sie uns einen Strich durch die Rechnung machen", hatte er gesagt. „Sie wollen Unterhaltung. Sie wollen, dass die Menschen sie unterhalten. Wenn es zu friedlich zugeht, dann ist ihnen langweilig und sie werfen die Würfel. Und dann lachen sie, wenn der Wurf all unsere Pläne zunichte macht. Es ist, wie wenn Kinder eine Spinne in eine Schale mit Wasser werfen, um zu sehen, ob sie es schafft sich über Wasser zu halten. Sie lachen, und die Spinne strampelt."

Jetzt, da er die heidnischen Götter lachen hörte, lachte er selbst nicht. Er sah mich mit zusammengekniffenen Augen an. Dann sagte er trocken:

„Christus, du bekommst einen Erben."

Ich starrte ihn mit aufgerissenen Augen an. Ich wusste weder, was ich empfinden, noch, was ich sagen sollte. Einerseits wollte ich Ava wieder sehen. Andererseits bedeutete der Umstand ihrer Schwangerschaft großen Ärger. Ich musste an Sigune und die Reaktionen der gesitteten Bürger von Tours denken. Sie hatten mich, ihren Bischof, aus der Stadt gejagt, weil eine Frau unehelich mein Kind unter dem Herzen getragen hatte. Was würden sie erst tun, wenn sie erführen, dass ich auch im heidnischen Germanien nicht der Keuschheit fähig war? Oh, mein wunderbares Bischofsamt, würden wir jemals wieder vereint sein? Ich hatte damals meine Zweifel.

Viel stärker als diese Zweifel indes belastete mich die Angst vor dem, was Arwin oder gar Siegfried nun mit mir tun würden. Würden sie mich bestrafen? Mich davonjagen? Mich vielleicht sogar töten?

„Ich sollte dir deinen kleinen christlichen Schwanz abschneiden", knurrte Siegfried, als habe er meine Gedanken vernommen. Ein Lachen ging durch die Kriegerreihen. Einige Witzbolde begannen rhythmisch mit den Waffen auf ihre Schilde zu schlagen und dabei zu skandieren:

„Schwanz ab! Schwanz ab! Schwahahanz ab!"

Siegfried breitete die Arme aus zum Zeichen, dass die Menge sich beruhigen sollte. Dann erhob Arwin erneut die Stimme:

„Der falsche Priester hat meine Ehre und die meiner Tochter verletzt. Ich verlange seinen Tod!"

Siegfried bewegte nachdenklich den Kopf hin und her. Dann nickte er und sagte:

„Du bist zu Recht erbost, Gaufürst Arwin. Und du forderst zu Recht Rache. Allerdings solltest du auch bedenken, dass deine Tochter Ava eine freie Frau ist. Als solche entscheidet sie in der Nacht der Ostara gemäß unseren Sitten selbst und frei über ihre Ehre. Hat sie allerdings die Ehre ihres Vaters verletzt, so muss auch sie bestraft werden. Morgen, am dritten Tage des Stammesthing, werden die Gaufürsten Recht sprechen. Ich verfüge als Herzog und Vorsitzender des morgigen Gerichts, dass auch über Ava und den Priester geurteilt wird. Sollten die Gaufürsten für deine Rache entscheiden, so darfst du den Priester töten."

Arwin nickte zustimmend, ich aber verzweifelte innerlich.

„Nun gut, morgen also", sagte Arwin. „Heute aber müssen wir entscheiden, wie es mit unseren Bündnissen weitergehen soll. Während der Herzog sich gestern Nacht an meinem Feuer wärmte und mein Bier trank, erreichte mich ein Gesandter König Gunnuhars. Ich habe lange mit ihm gesprochen. Wir haben dich, mein Herzog, aufsuchen wollen, aber du warst nicht in deiner Burg. Also habe ich mit ihm gesprochen. Was er zu sagen hat, soll er dir – mit deiner Erlaubnis – nun selbst sagen."

Arwin sah Siegfried erwartungsvoll an. Dieser starrte ihm mehrere Herzschläge lang mit feindseligem Blick in die Augen. Schließlich seufzte er und sagte:

„Also gut. Lasst den Gesandten König Gunnuhars vortreten."

Ein Mann schob sich kurz darauf durch die Reihen der Krieger von hinten nach vorn, bis er den Steinkreis erreichte. Leichtfüßig, als handelte es sich um einen Wurzelstrang oder einen kleinen Wasserlauf, übersprang er den Steinkreis und landete ebenso beiläufig im Inneren des Kreises.

Der Mann trug ein blank poliertes Kettenhemd, in das kleine Silberkreuze eingearbeitet waren. Auf dem Rücken trug er in einer mit Silber verzierten Lederscheide ein mächtiges Langschwert. Er war außergewöhnlich groß, hatte langes, pechschwarzes Haar, sehr helle Haut und ein kantiges bartloses Kinn. Aber was am meisten an ihm auffiel war, dass er nur ein Auge besaß. Dort, wo sein rechtes Auge hätte sein müssen, befand sich eine kleine, erstaunlich ansehnliche Narbe. Das linke Auge war sehr dunkel. Seine Farbe konnte ich nicht erkennen, aber ich müsste mich schon sehr irren, wenn es sich nicht um ein sehr dunkles Braun, wenn nicht gar um Schwarz gehandelt hätte.

Dieser Mann, unbezweifelbar ein großer Krieger, verbeugte sich tief vor Siegfried, dann schritt er die auf den Steinen sitzenden Gaufürsten ab und verbeugte sich auch vor ihnen, wobei er sorgsam darauf achtete, dass keine Beuge so tief geriet wie die erste vor dem Herzog. Vor Gangi wirkte die Verbeugung eher wie ein Nicken. Aber Gangi schien das nicht sonderlich zu kümmern. Er rutschte unruhig auf seinem Stein hin und her und schien nichts sehnlicher herbeizuwünschen als das Ende der Thingverhandlungen an diesem Tage und damit seiner Dienste als Ewart des Things.

Nachdem er seine Runde beendet hatte, baute sich der Burgunder vor Siegfried auf und sagte - nichts. Er schwieg und sah den Herzog dabei unverwandt an.

Siegfried sandte einen fragenden Blick zu Arwin. Dieser zuckte nur mit den Achseln. Nachdem sie eine Weile schweigend verharrt waren, ergriff Siegfried schließlich das Wort:

„Ihr kommt von König Gunnuhar von Burgund?"

Der Fremde nickte.

„Nun, so sagt uns, Herr, wer ihr seid und was ihr zu sagen habt."

Der Fremde nickte dankend und sagte:

„Das will ich gerne tun, edler Herzog und Drachentöter Siegfried. Mein Name ist Hagen von Tronje. Ich bin der Kriegerführer der Burgunder, und ich bringe euch Grüße von meinem Herrn, König Gunnuhar von Burgund."

Siegfried sah ihn freundlich an und bedankte sich für die Grüße. Dann fuhr Hagen von Tronje fort:

„Mein König hat mich zu Euch gesandt, um den Bund zwischen dem Stamm der Burgunder und dem der Nibelungen einzuleiten. Besiegelt werden sollte dieser Bund durch eine Ehe. Nun hat mir der Gaufürst Arwin davon berichtet, dass diese Ehe durch .... Umstände ... nicht mehr stattfinden kann. Darüber war ich sehr betrübt. Ich weiß, dass unserem König Gunnuhar der Verbund unserer Stämme sehr am Herzen liegt."

Es folgte ein erbarmungsloser Lobgesang auf das gescheiterte Bündnis und das Bedauern der Burgunder über das Scheitern desselben. Dann jedoch machte Hagens Rede eine Wendung, die selbst Arwin nicht vorgesehen hatte. Denn er zuckte überrascht zusammen, als Hagen sagte:

„Aber die Heirat mit Ava, der Tochter des Gaufürsten Arwin, war nicht die einzige Heirat, die mein Herr zur Besiegelung des Bündnisses vorgesehen hatte. Und ich ward zu Euch geschickt, um euch von einer zweiten Heirat zu berichten."

„Eine zweite Heirat?", fragte Siegfried mit zusammengezogenen Brauen.

„Ja, Herr, eure Heirat", antwortete Hagen. Er klang dabei so gleichgültig als habe er über das Wetter des vergangenen Tages berichtet.

„Meine Heirat?", fragte Siegfried. „Was soll das heißen, Hagen von Tronje? Was schlägt König Gunnuhar vor?"

„Nun, der König wünscht, dass ihr, Herzog Siegfried, seine Schwester, die wunderschöne Kriemhild, ehelicht. Dies soll zum Zeichen der starken Verbundenheit unserer beiden Stämme geschehen."

Siegfried starte den großen dunkelhaarigen Mann mit geöffnetem Mund an. Damit hatte er nicht gerechnet - soviel war offensichtlich. Hagen indes fuhr nach einem kurzen Innehalten unbeirrt mit seiner Rede fort:

„Der König wünscht eine Verbindung der Stämme durch eheliche Vermischung ihrer Edlen. Blut ist das festeste Band für eine Verbindung. Nun sind jedoch Umstände eingetreten ..."

Hagen hielt kurz inne und sandte einen undeutbaren Blick auf Arwin. Dann sagte er:

„Gewisse Umstände bedrohen dieses Bündnis. Ja, ich würde fast sagen, sie verhindern es. Denn wenn auch König Gunnuhar euch, edler Siegfried, seine Schwester zur Frau gäbe, was vermochtet ihr noch zu geben?"

Nach einigen Herzschlägen unangenehmen Schweigens fuhr er fort:

„Unser Bündnis kann also vorerst nicht besiegelt werden. Daher werde ich morgen zu meinem König zurückkehren und ihm von den Entwicklungen im Nibelungenland berichten. Wir werden sehen, was der König sagt."

Damit trat er einen Schritt zurück, deutete eine Verbeugung in Richtung der Thinggesellschaft an, nickte Siegfried zu und verließ mit einem ebenso beiläufigen Sprung den Steinkreis wie der, mit dem er ihn betreten hatte. Es war alles gesagt, und die Botschaft seines Königs war überbracht. Für Hagen war die Sache damit vorerst erledigt.

„Da hört ihr es", triumphierte Arwin. „Es wird kein Bündnis mit den Burgundern geben. Aber wir brauchen ein Bündnis. Die freien Nibelungen werden untergehen ohne ein Bündnis."

„Was also schlägst du vor, Gaufürst Arwin?", fragte Siegfried sichtlich um Fassung bemüht.

„Da sich weder die Sachsen im Norden noch die Burgunder im Süden mit uns zusammenschließen wollen, bleiben nur noch die Römer. Ich habe bereits mit Aetius gesprochen und er ..."

„Du hast was?", zischte Siegfried.

„Aetius ist durchaus offen ..."

„Aetius ist offen?", rief Siegfried. Er brüllte jetzt regelrecht. Von seiner jungenhaften Spitzbübigkeit lag nun nichts mehr in seinen Zügen. Er wirkte wie ein Mann, der kurz davor stand einen anderen Mann zu töten.

„Du verhandelst mit den Römern ohne meine Einwilligung? Was glaubst du eigentlich, wer du bist?"

„Ich bin ein freier Nibelunge, der niemandem Rechenschaft schuldet", versetzte Arwin. „Schon gar nicht so einem aufgeblasenen Gockel, der sich viel zu viel auf seinen Herzogtitel einbildet. Es ist eine Wahl nicht dein Blut, die dich zum Herzog macht, Siegfried. Und die Wahl treffen wir freien Nibelungen. Und wir treffen sie, weil es das Beste für den Stamm ist. Und wenn ein freier Nibelunge meint, es sei das Beste für den Stamm mit den Römern zu sprechen, so hat er auch hier die freie Wahl. Denn wir alle hier sind freie Nibelungen. Frei!"

Das letzte Wort schrie er fast hinaus und forderte mit ausgebreiteten Armen die Menge auf ihm durch Waffengetöse beizupflichten. Der darauffolgende Waffenlärm fiel zwar merklich verhalten aus. Arwin jedoch ging darüber hinweg.

„Da hörst du es", sagte er stattdessen. „Die freien Nibelungen pflichten mir bei. Es muss immer um das Beste für den Stamm gehen. Und das Beste für den Stamm ist ein Friedensbündnis mit den Römern, das uns ein friedliches Zusammenleben mit den Hunnen und den Schutz vor den Sachsen bietet."

„Du schwafelst wirr wie ein Esel und falsch wie das Heilige Eichhörnchen Ratatösk, das den Weltenbaum auf und ab saust und die Botschaften, die es zwischen dem Drachen am Fuße des Baumes und dem Adler in seiner Krone überbringen soll, verfälscht, um beide gegeneinander aufzubringen", sagte Siegfried. „Ich spiele mit dem Gedanken, dich aufzuschneiden, um nachzusehen, ob unter der Hülle des Gaufürsten ein Eichhorn steckt."

Arwin griff nach seinem Schwert. Siegfried knurrte. Die anderen Gaufürsten sprangen auf und zogen ihre Schwerter. Gangi rannte wie ein aufgescheuchtes Huhn, dem ein Fuchs begegnet war, im Steinkreis umher und versuchte verzweifelt zu beschwichtigen:

„Bitte meine Herren! Bitte denkt an den Thingfrieden! Diu zu Ehren! Bitte! Die Waffen! Keine Waffen! Bitte!"

„Wir. Werden. Kein. Bündnis. Mit. Den. Römern schließen!", knurrte Siegfried abgehackt. „Und du wirst nicht mit Aetius verhandeln. Das können wir gerne im Zweikampf entscheiden."

„Nein, das können wir nicht", versetzte Arwin. „Es entspricht deinem barbarischen Wesen, dass du glaubst, dies sei eine Sache zwischen uns beiden. Es geht hier um den gesamten Stamm."

„Du bist für die Römer ebenso ein Barbar. Jeder, der die Freiheit ihren Steuern und Gesetzen vorzieht, ist ein Barbar", versetzte Siegfried.

„Das mag sein. Trotzdem geht es hier um den Stamm und nicht um uns beide."

„Ich sehe das wie der Gaufürst Arwin", warf Hartger plötzlich ein. Der Fürst der Eulensippe hatte bislang geschwiegen und sich nun mit gezogenem Schwert neben Arwin aufgestellt.

„Es betrifft alle Sippen und Gaus unseres Stammes, nicht nur die Adler- und die Drachensippe."

„Nun denn...", knurrte Siegfried. „Was ist dein Vorschlag, Hartger, Fürst der Eulensippe?"

Hartger fühlte sich sichtlich unwohl jetzt, da es an ihm war einen Ausweg zu zeigen. Er wand sich hin und her, sah Hilfe suchend zu Arwin hinüber. Dieser war jedoch nicht bereit, ihm beizustehen. Im Gegenteil nickte er ihm drängend zu – so, als wollte er sagen: „Nun mach schon! Sag es einfach!“

Dann sagte Hartger es:

„Edler Siegfried … unser … äh … mein Vorschlag wäre … ist …“

Dann gab er sich einen Ruck und rief:

„Es geht um den Stamm! Wir sollten die Götter befragen!“

„Die Götter?“, fragte Radumar, der bislang geschwiegen hatte.

„Ja, die Götter“, wiederholte Hartger seine Forderung. „Wir sollten die Götter befragen, was das Beste für den Stamm ist. Lasst uns die Götter fragen!“

„Das ist ein guter Einfall des Gaufürsten Hartger!“, rief Arwin. Ich sah Siegfried an, der mit den Augen rollte. „Mit deinem Einverständnis, Herzog Siegfried, sollten wir Hilda und Gilda bringen lassen. Sie sollen hier im Heiligen Hain die Götter um Rat fragen.“

Ohne Siegfrieds Antwort abzuwarten wandte Arwin sich an die Thinggesellschaft und skandierte: „Hil-da! Gil-da! Hil-da! Gil-da!“ Und die Menge skandierte mit ihm: „Hil-da! Gil-da! Hil-da! Gil-da!“

Nachdem die Rufe eine geraume Zeit über den Thingplatz erschollen waren, breitete Siegfried die Arme aus. Das war das Zeichen dafür, dass der Herzog seine Entscheidung verkünden wollte. Die Rufe verebbten daraufhin.

„Freie Nibelungen!“, rief Siegfried, „ihr habt mich zu eurem Herzog gewählt. Und ich hoffe, ihr habt dabei eine weise Wahl getroffen. Nun hoffe Ich, dass euer Wunsch die Götter zu befragen ebenso weise ist, und ich werde mich dem Wunsch der freien Nibelungen fügen. Also holt die Zwillinge Hilda und Gilda!“

Dann verließ er unter dem waffenklirrenden Beifall der Krieger den Steinkreis.

„Das ist ein so riesiger Ziegenschiss“, raunte er mir im Vorübergehen zu, „dass ich pissen muss.“

Mit einer Kopfbewegung forderte er mich auf ihm zu folgen.

Siegfried stellte sich vor eine große Buche, die am Rande des Thingplatzes stand und löste die Schnüre seines Lederbeinkleids. Ich wusste nicht recht, was ich tun sollte. Daher stellte ich mich neben ihn, hob mein Priestergewand und begann ebenfalls zu pissen. Nachdem wir eine Weile schweigend und pissend nebeneinander gestanden hatten, sagte Siegfried:

„Die verrückten Zwillinge werden irgendeinen Schweinemist von sich geben. Arwin weiß jetzt schon, was sie sagen werden. Er hat etwas vor, Brictius, und deshalb werden wir ihm ins Bier pissen.“

„Wir werden was, Herr?“, entfuhr es mir.

„Wir pissen in sein Bier, Christus“, sagte er und lachte.

„Herr?“

„Was das heißt, wirst du noch früh genug erfahren. Vorerst musst du nur folgendes wissen."

Dann erzählte er mir, dass Hilda und Gilda nun gemeinsam mit Gangi irgendeinen Zauber aufführen würden. Danach würden sie zur Verkündung des Spruchs der Götter rufen. Ich werde hingehen und die Stimmung zerstören. Ich werde darauf verweisen, so Siegfried weiter, dass das alles heidnischer Aberglaube sei. Dann werde ich erklären, dass mein Herr, der Herzog Siegfried, erst am Abend wieder dem Thing beiwohnen könne, da er seinerseits Zwiesprache mit den falschen Göttern halte und sich dazu in die Wälder zurückgezogen habe. Er sei zum Sonnenuntergang zurück und werde dann dem Spruch der Götter aus dem Munde der Zwillinge lauschen wollen. Bis dahin aber solle der Spruch unverkündet bleiben. Als Entschädigung und Zeitvertreib werde der Herzog zehn Fässer seines besten Bieres anrollen lassen, das - ich als Braumeister könne das bestätigen - wirklich gutes Bier sei.

Ich tat, wie mir geheißen. Und ich wunderte mich erneut darüber, wie gut Siegfried die Menschen seines Stammes kannte. Denn sie reagierten auf meine Ansprache auf dem Thingplatz genau so, wie er es mir beim Pissen an der Buche vorausgesagt hatte: Die Zwillinge gaben sich beleidigt, Hartger wirkte verunsichert, Arwin zerknirscht und Gangi begann hektisch ein und auszuatmen, während all die Krieger auf dem Thingplatz in Vorfreude auf das bevorstehende Gelage mit den Waffen und lauten Rufen das Heil des Herzogs und Drachentöters Siegfried priesen.

Siegfried indessen war verschwunden, und ich glaubte nicht den winzigsten Augenblick lang daran, dass er wirklich im Wald mit seinen Göttern sprach. Was er stattdessen tat, sollte ich schon bald erfahren.

Nach einigen hitzigen Wortgefechten entschloss man sich trotz offen bekundeten Missfallens über Siegfrieds Bitte dieser gerecht zu werden. Der Spruch der Götter würde erst am Abend des Tages verkündet werden. Allerdings bestanden die greisen Zwillinge darauf, auch die Befragung der Götter erst am Abend durchzuführen. Bis dahin sollten sich alle freien Nibelungen an Siegfrieds Bier gütlich tun dürfen.

Als die Sonne sich schließlich rot färbte, war nahezu die gesamte Thinggesellschaft betrunken. Siegfried trat grinsend aus dem Unterholz hervor und steuerte geradewegs auf Arwin zu. Es folgte ein kurzes, hitziges Wortgefecht zwischen den beiden. Ich meinte den Namen von Arwins Tochter Ava herausgehört zu haben. Viel mehr konnte ich nicht verstehen. Siegfried beendete das Gespräch schließlich und grinste die Thinggesellschaft an. Dabei funkelten seine Augen wie die eines Rotzjungen, der seiner Amme einen gemeinen Streich gespielt hatte.

„Lasst die Zwillinge die Götter befragen!", rief er.

Was dann folgte, war ein grausames Schauspiel heidnischen Aberglaubens. Und das Seltsame dabei war, dass selbst Gangi die Darbietung der greisen Zwillinge nicht gutzuheißen schien. Während der folgenden Ereignisse rümpfte er mehr als einmal die Nase und rollte gereizt mit den Augen.

Hilda und Gilda indes folgten unbeirrt ihrem Ablaufplan. Zunächst nötigten sie Gangi eine Trommel zu schlagen. Der Rhythmus musste dabei ständig beschleunigt werden. Dazu tanzten Hilda und Gilda, indem sie sich wie erschreckte Hühner gebärdeten. Sie rannten wild gackernd im Steinkreis umher und schlugen dabei mit ihren Armen. Dann - ganz plötzlich erstarb die Trommel, und die Zwillinge erstarrten mitten in der Bewegung. Zwei Sklavinnen trugen Säcke herbei, in denen sich etwas - Ich ging von mehreren Tieren aus - heftig bewegte. Gangi und die Zwillinge erhielten je einen der drei Säcke. Dann kamen weitere drei Sklavinnen und übergaben ihnen je ein großes Messer. Aus den Säcken zogen dann - die Zwillinge mit zeremoniellem Ernst, Gangi mit ängstlicher Verachtung in der Miene - je ein Huhn heraus. Das packten sie jeweils am Hals und bestiegen samt Huhn je einen der Steine des Heiligen Kreises.

Hilda und Gilda begannen laut zu kreischen. Die Thinggesellschaft starrte gebannt von den schrillen, langegezogenen Schreien auf das, was nun geschah. Hilda und Gilda wechselten sich zunächst mit den Schreien ab. Dann jedoch kreischten sie gleichzeitig so schrill, dass meine Ohren zu schmerzen begannen. Plötzlich verstarben ihre Schreie. Mit einer Schnelligkeit, die ich den greisen Zwillingen nicht zugetraut hätte, gingen sie und Gangi gleichzeitig in die Hocke, klemmten die Hühner je zwischen Schoß und Oberkörper und trennten ihnen mit einem einzigen Zug des Messers die Köpfe ab. Dann warfen sie die zuckenden Körper der Tiere in die Mitte des Kreises, wo die geköpften Leiber einige Herzschläge lang einen grauenerregenden Totentanz aufführten. Dabei spritzte das Blut wie Quellwasser aus ihren Leibern und malte ein Muster des Todes ins Innere des Steinkreises. Als die Leiber der Tiere erschlafften, packten die Sklavinnen sie zurück in die Säcke.

Gangi hob daraufhin erneut an die Trommel zu schlagen, und die Zwillinge tanzten auf den blutigen Spuren. Sie warfen ihre Fellumhänge ab und entblößten ihre dürren, vom Alter gezeichneten Leiber.

Irgendein Witzbold aus der Menge der Zuschauer schrie:

„Brüste! Endlich sehen wir Brüste!"

Daraufhin brandete kurz heftiges Gelächter auf. Dieses wurde jedoch durch einen schrillen Schrei eines der alten Weiber jäh beendet. Siegfried schien das plötzliche Ende des Gelächters fast noch mehr zu belustigen als dessen Anlass, denn er hielt sich den Bauch vor Lachen. Ich selbst starrte ratlos auf die tanzenden und kreischenden Zwillinge.

Ich weiß nicht, wie lange Hilda und Gilda zu Gangis Trommel tanzten. Ich erinnere mich nur daran, dass die Nacht hereingebrochen war, als sie endlich völlig erschöpft in sich zusammensanken.

Mit ihrem Tanz erstarb auch die Trommel. Für einige Zeit herrschte fast andächtiges Schweigen auf der Lichtung des heiligen Hains. Dann wurden von zwei Sklavinnen Umhänge aus Fell gebracht, damit die beiden greisen Weiber ihre Nacktheit bedecken konnten. Das taten sie, und im Anschluss zogen sie sich zur Beratung in die Wälder zurück.

Ich hatte kaum meinen Holzbecher mit Bier geleert, da bahnten sie sich schon wieder ihren Weg durch die Menge. Sie stellten sich am Thingfeuer auf, das in der Mitte des Steinkreises brannte. Die züngelnden Flammen ließen ihre alten Gesichter bedrohlich aufleuchten. Sie wirkten wie schemenhafte Masken, die aus einer anderen Welt zu uns sprachen. Eine der greisen Frauen warf eine Hand voll dunklen Pulvers in die Flammen, was lautes Knistern und starke Rauchentwicklung zur Folge hatte. Ihre flackernden Gesichter verschwammen nun fast vollständig mit dem Rauch des Feuers. Das ganze verfehlte seine Wirkung nicht. Die Nibelungen starrten wie gebannt auf die Zwillinge. Eine von ihnen hob an mit heiserer Stimme zu sprechen.

„Wir haben die Götter angerufen!"

„Angerufen!", rief ihre Schwester mit tiefer kehliger Stimme.

„Sie haben uns in Blut geantwortet", rief die andere.

„In Blut", krächzte die Schwester und wies mit den Händen auf das blutige Muster, das die geköpften Hühner innerhalb des Steinkreises hinterlassen hatten. Dass aufgrund der inzwischen aufgekommenen Dunkelheit nichts mehr von dem Blut zu sehen war, schien sie nicht zu beirren.

„Es waren drei heilige Runen, die sie uns zeigten."

„Drei Runen!"

„Die drei Schwestern, die Nornen, haben im Blut der toten Tiere zu den zwei Schwestern gesprochen."

„Die Schwestern!"

„Die erste Rune ist Thurisaz. Sie ist die Rune von Urd. Sie zeigt den Weg, der uns hierhergeführt hat. Der Weg von Kraft und Widerstand."

„Kraft und Widerstand!", schrie die andere Schwester und starrte auf Siegfried.

„Dies ist der Weg, der hinter uns liegt", sagte Hilda oder Gilda. Niemand wusste ganz genau, wer von beiden wer war. Da sie jedoch stets gemeinsam auftraten, war das in aller Regel auch gar nicht so wichtig.

„Verdanda, die zweite der drei Schwestern, hat uns gezeigt, wo der Stamm der Nibelungen steht und worüber wir auf diesem Thing befinden müssen. Berkano ist die Rune, die sie mit Blut in den heiligen Boden dieses göttlichen Hains geschrieben hat. Berkano bedeutet, dass wir über einen Neuanfang befinden müssen."

„Ein Neuanfang!", schrie die andere Schwester und sandte für alle vernehmlich einen giftigen Blick auf Siegfried. Dieser verstand sehr gut die Botschaft. Er schüttelte sich übertrieben ergriffen und sagte laut:

„Das ist ja gruselig!"

Schallendes Gelächter erklang. Das wurde jedoch schlagartig durch einen spitzen Schrei von Hilda oder Gilda beendet. Sie schrie:

„Die Gööööötteeeeer!"

„Die Götter", wiederholte die Schwester.

„Die Götter haben uns das, was sie von uns erwarten, von Skuld, der dritten Schwester des Schicksals, verkünden lassen. Sie hat die Rune Gebo mit Blut geschrieben. Die Götter wollen, dass die Zukunft der Nibelungen in Gebo, dem gegenseitigen Geben liegt. Wir geben, und andere geben uns!"

„Wir geben, und andere geben uns", rief die andere Schwester. Und dann setzte sie hinzu: „Wir müssen da, wo in der Vergangenheit Thurisaz, Kampf und Verteidigung, war, Berkano, den Neuanfang wagen, um Gebo, das gegenseitige Geben in starken Bündnissen, zu schaffen."

Dann verneigten sich die Schwestern wie die römischen Gladiatoren nach einem Kampf vor ihren Zuschauern und verließen ohne ein weiteres Wort den Steinkreis.

Die Deutung ihres Orakelspruchs war so naheliegend, dass ich erwartet hätte, Arwin oder zumindest Hartger hätten sie ausgesprochen. Es war mehr als offensichtlich, dass die erste Rune für den Weg Siegfrieds stand. Ein Weg des Widerstands gegen ein Bündnis mit Rom. Die zweite Rune sollte dann dafür stehen, dass dieser Weg hier auf dem Thing geändert würde. Vielleicht sogar durch die Wahl eines anderen Herzogs. Der angebliche Wille der Götter, den die dritte Rune offenbarte, bestünde dann darin, durch eine Neuwahl des Herzogs den Weg für ein Bündnis mit Rom zu ebnen. Ich war mir sicher, dass es die Deutung sei, die Arwin vorbringen würde. Ja, ich hielt es damals und halte es noch heute, so viele Jahre später, für möglich, dass Arwin sogar dafür gesorgt hatte, dass die Zwillinge die Blutspuren in diesem, in seinem Sinne gelesen hatten. Umso erstaunter war ich darüber, was dann tatsächlich geschah.

Siegfried meldete sich zu Wort:

„Die alten Weiber haben uns eine Denkaufgabe hinterlassen. Gaufürst Arwin, was hältst du von den göttlichen Worten der Schwestern?"

Arwin sah Siegfried sichtlich zerknirscht, zugleich aber - und das verwunderte mich wirklich - auch verunsichert in die Augen.

„Nun ich denke ...", hob er zögerlich an. „Ich denke ... ich denke, dass sie von einem Neuanfang sprachen. Und es ging um ein Bündnis, das die Götter wollen. Vielleicht ein Bündnis mit d..."

„Ganz recht, Gaufürst Arwin", fuhr ihm Siegfried dazwischen. „Die Götter wollen einen Neuanfang. Sie wollen, dass wir uns mit jenen verbünden, die wir zuvor bekämpft haben. Ist es nicht so?"

„Ja ...", sagte Arwin und nickte zögerlich. „Das ist so."

„Dann ist es eindeutig, was die Götter von uns erwarten", rief Siegfried freudig aus. Viele fragende Gesichter sahen ihn daraufhin an. „Die Götter wollen einen Neuanfang mit unseren Feinden. Sie wollen, dass wir ein starkes Bündnis mit jenen schmieden, die jetzt noch unsere Gegner sind. Die Götter erwarten von uns, dass wir gegen die Römer und gegen die Hunnen ein Bündnis mit unseren Feinden schließen. Mit König Lüdeger und seinen Sachsen."

Die letzten Worte schlugen ein wie die Blitze des heidnischen Donnergottes. Waren die Sachsen für die Nibelungen doch der Feind, gegen den Arwin am Vortag noch ein Bündnis mit den Römern schmieden wollte. Wie konnte der Herzog jetzt ein Bündnis mit dem Feind wollen? Wie konnten die Götter so etwas wollen?

„Das sollten wir tun, nicht wahr, Arwin?“, fragte Siegfried. Aber Arwin schwieg.

„Arwin?!“, rief Siegfried. Seine Stimme klang fordernd und drohend.

„Ja, mein Herzog“, entgegnete Arwin kaum vernehmlich, und Siegfried nickte. Ich fragte mich indes, wie bei unserem Herrn und allen Heiligen er Arwin gefügig gemacht hatte. Siegfried wandte sich nun mit lauter Stimme an die Thinggesellschaft:

„Wir schmieden ein neues Bündnis. Ein starkes Bündnis mit einem Stamm, der wie der unsrige im Norden lebt und der wie wir für die Römer ein Stamm von Barbaren ist. Die Sachsen sind uns ähnlich. Sie haben dieselben Götter. Donar heißt bei ihnen Thunar, und Diu hat den seltsamen Namen Saxnot. Aber die Sachsen stammen von denselben Göttern ab. Es sind unsere Brüder. Und darum wollen die Götter, dass wir gemeinsam mit ihnen kämpfen. Und ich werde ein Bündnis mit ihnen schmieden.“

Ein Raunen ging durch die Thinggesellschaft. Es war nicht jenes lautstarke Murren, durch das die Germanen auf ihren Things gewöhnlich die Ablehnung eines Vorschlags zeigten. Nein, dieses Raunen war dem Umstand geschuldet, dass Siegfried die Nibelungen mit seinem Vorschlag schlichtweg überrascht hatte.

Dann jedoch erklangen die ersten Waffenschläge. Schließlich stimmte das Thing durch begeistertes Schlagen der Waffen auf die Schildbuckel zu. Siegfried nickte zufrieden. Arwin hatte zerknirscht den Blick gesenkt, und Hartger, der Fürst der Eulensippe, stand auf, um das Thing sogleich zu verlassen. Entschlossenen Schrittes stapfte er in Richtung seines Lagers. Seine Krieger folgten ihm. Und als am nächsten Tag der Morgen graute, hatten die Adler- und die Eulensippe gemeinsam das Thing verlassen.

Siegfried hatte am Abend nach Hartgers Verschwinden noch einige Fragen der Thinggesellschaft beantworten müssen. Auch Brünhild und Radumar hatten zunächst Zweifel vorgebracht. Am Ende aber hatte das Thing Siegfried noch einmal zugestimmt. Und als Siegfried die Feier eröffnete, verließen Arwin und die Adlerkrieger schweigend den Thingplatz.

Am nächsten Tag fanden die Rechtsverhandlungen statt. Es sollten drei Sklaven zu Halbfreien und eine halbfreie Frau sollte auf Bitte ihres Mannes zu einer freien Frau werden. Darüber hinaus galt es einen Diebstahl, zwei Morde und meinen Fall zu verhandeln. Das Gericht setzte sich aus Raven, den Gaufürsten und einem von den Göttern erwählten Krieger aus der Thinggesellschaft zusammen. Der Erwählte wurde bestimmt, indem Raven ein glühende Stück Holz aus dem Thingfeuer blind hinter sich unter die Nibelungen warf. Wer getroffen ward, war damit erwählt. Ein Jungmann aus dem Wolfsgau namens Wulfger hatte das Holz auf der Stirn getroffen. Nachdem er eine Unzahl an Flüchen über den erlittenen Schmerz ausgestoßen hatte, gesellte er sich zu den Gaufürsten in den Steinkreis.

Raven, der das Thing an diesem Tag wieder leitete, erwähnte seinen Stellvertreter des gestrigen Tags mit keinem Wort. Überhaupt war Gangi vollkommen verschwunden. Niemand hatte gewusst, woher der Vetretungsewart gekommen war, und niemand wusste jetzt, wohin er entschwunden war.

Weder Raven noch Siegfried erwähnten den gestrigen Tag in ihren Ansprachen. Das Verschwinden der Adler- und der Eulensippe wurde ebenso übergangen wie Gangis Verschwinden. Da es jedoch Recht zu sprechen gab, und die einzelnen Rechtsfälle die Gemüter jeweils genug erregten, nahm niemand ein großes Interesse an den Verschwundenen.

Die Rechtsverhandlungen begannen am Vormittag und erstreckten sich bis spät in den Abend. Zwei der Sklaven wurden zu Halbfreien gemacht. Der dritte Sklave wurde zu einem freien Nibelungen erklärt, weil er nach Ansicht des Thinggerichts seine Schuld durch seine Dienste an seinem Herrn vollständig beglichen hatte. Darüber jubelte die Thinggesellschaft. Nur der Bauer, um dessen ehemaligen Sklaven es ging, murrte darüber, dass er seine Ernte nicht einholen könne. Daraufhin bot ihm der nun freie Nibelunge seine Dienste für dieselbe Gegenleistung, die er zuvor als Sklave erhalten hatte - zwei Mahlzeiten am Tage und einen Schlafplatz - an. Der Bauer willigte erfreut ein. Und so ward es beschlossen.

Dem Dieb sollte die rechte Hand abgehackt werden. Da er jedoch vorbrachte, dann nicht mehr für seinen Herrn, den Gaufürsten Radumar, kämpfen zu können, setzte dieser sich dafür ein, dass ihm lediglich ein Finger abgehackt werde. Der Verurteilte bekam weiterhin das Recht zugesprochen, sich vorher noch zu betrinken. Das wiederum freute eine Gruppe von Jungmännern, die sich sogleich bereit erklärten, im Dienste des Rechts und Diu zu Ehren ein Gelage mit dem Verurteilten vom Zaun zu brechen.

Bei den beiden Morden war die Lage etwas schwieriger. Denn absonderlicherweise bezeugten die beiden Mörder gegenseitig ihre Unschuld. Da das Gericht angesichts dieser neuen Wendung ratlos war, entschied man auf ein Götterurteil. Die beiden Verdächtigen mussten im Zweikampf auf Leben und Tod gegeneinander antreten.

Der Zweikampf und die Bestrafung des Diebes waren für den Abend vorgesehen. Inzwischen war es später Nachmittag geworden. Und es war nur noch ein Fall übriggeblieben, über den das Thinggericht zu befinden hatte: die Entehrung der Tochter des Gaufürsten Arwin. Mein Fall also.

Raven erklärte den Fall vor der Thinggesellschaft:

„Das Gericht wird nun darüber befinden, wie mit unserem christlichen Priester zu verfahren sei. Der Gaufürst Arwin hat schwere Vorwürfe gegen ihn erhoben, die geprüft werden müssen. In der Nacht der Ostara soll Bischof Brictius von Tours Ava, Tochter des Gaufürsten Arwin, entehrt haben. Auch sei der Ehre des Gaufürsten selbst dadurch Abbruch getan worden. Gaufürst Arwin hat den Tod des Brictius gefordert. Unser Herzog hat vorgeschlagen, ihm den Schwanz abzuschneiden. Diesen Fall gilt es nun zu verhandeln. Möge Wodan uns Weisheit für das richtige Urteil schenken, und möge Diu geben, dass Gerechtigkeit aus ihm folge!"

„Schwanz ab!", schrie irgendein Witzbold, was die Thinggesellschaft durch schallendes Gelächter und Raven durch ein leises Kichern belohnten. Siegfried aber hob die Arme, um die Menge zur Ruhe zu bewegen. Schließlich sagte er:

„Die Vorwürfe des Gaufürsten Arwin wiegen schwer. Und dennoch ist der Gaufürst nicht hier, um sie vorzubringen. Da die Beschädigung der Ehre eines Mannes aber ein schweres Vergehen ist, das beizeiten gerächt werden muss und die Angelegenheit somit drängt, will ich diese Sache heute dennoch verhandeln. Ich frage euch, freie Nibelungen, seid ihr damit einverstanden, die Verhandlung in Abwesenheit des Gaufürsten Arwin zu führen?"

Die Thinggesellschaft stimmte zu. Und ich hatte das ungute Gefühl, dass dabei die Aussicht eine gewisse Rolle spielte, an dem heutigen Tage nicht nur einen Zweikampf und das Abschneiden eines Diebesfingers, sondern überdies die hübsche Entfernung meines christlichen Schwanzes geboten zu bekommen.

„Nun gut", sagte Siegfried. „Bringe deinen Standpunkt vor, Christus!"

Ich trat vor, wobei ich mir alle Mühe gab, eine Zuversicht auszustrahlen, die ich nicht besaß. Dann berichtete ich, was in der Nacht der Ostara geschehen war. Ich berichtete von dem Ei, dass ich gefunden hatte. Sprach vom Nebel des Bieres und der Pilze, der verhindert hatte, dass ich Ava als die Tochter des Gaufürsten erkannt hatte, als ich mich mit ihr vereinigte.

„Wem, dachtest du denn mit deinem Pflug das Land zu bestellen?", fragte Siegfried. „Etwa der Mutter deines gekreuzigten Gottes?"

„Nein, Herr!", rief ich empört aus. „Die Heilige Mutter Gottes hat unseren Herrn Jesus Christus als Jungfrau geboren. Ich würde niemals … das wäre eine Beleidigung ihrer heiligen Keuschheit."

„Ja, ja, schon gut", drängte Siegfried. „Also wen dachtest du zu pflügen?"

Ich wand mich hin und her und wusste nicht recht, was ich antworten sollte. Schließlich kam ich zu dem Schluss, dass mir die Wahrheit wohl den geringsten Ärger einbringen würde. Der Herr allein weiß, welcher Dämon Besitz von mir ergriffen hatte, aber ich sagte:

„Nun, ich dachte, es wäre eure Göttin Freya gewesen."

Den Namen der falschen Göttin hatte ich so leise ausgesprochen, dass nur das Thinggericht ihn hatte hören können. Siegfried sah mich erst mit aufgerissenen Augen an, dann rief er:

„Wem, bei Donars Hammer, dachtest du deinen Pflug einzusenken?!"

Siegfried konnte sein schallendes Lachen gerade noch so lange zurückhalten, als ich brauchte, um den Namen Freyas zu wiederholen. Dann prustete zunächst er, dann die Gaufürsten und endlich die gesamte Thinggesellschaft los.

„Was für ein strammer Eber unser frommer Priester doch ist", sagte Brünhild schließlich, als das Gelächter allmählich abebbte. „Er verschmäht seine eigene Göttin und legt stattdessen einfach die unsrige aufs Lager."

„Das ist wahrlich beachtlich", ergänzte Raven, „da er geschafft hat, was selbst der Riese Trümm nicht geschafft hat. Die schöne Freya zu begatten."

Das Gelächter schwoll wieder an. Einige Thingteilnehmer wieherten geradezu vor Lachen, andere priesen lautstark meine Manneskraft, und selbst mir huschte trotz meiner zutiefst misslichen Lage ein Grinsen über das Gesicht.

„Nun gut", sagte Radumar Schließlich, „der Hund war besoffen und hat gedacht, er pflüge Freyrs Schwester. Was er tatsächlich gemacht hat, ist: Er hat die Tochter des Gaufürsten entehrt und muss also sterben. Ich schlage vor, dass ich ihn mit dem Hammer töte."

Er streichelte liebevoll den schweren Kriegshammer, der neben ihm an einem Stein lehnte.

„Aber mich trifft doch keine Schuld", warf ich ein. Radumar sah mich stirnrunzelnd an.

„Schuld?", fragte Siegfried. „Wer redet denn von Schuld?"

„Es geht um Rache", sagte Raven. „Ihr Christen denkt immer nur an Schuld. Euer Jesus war schuldig und musste ans Kreuz. Und ihr seid auch ständig schuldig. Da heult ihr rum und ein Priester muss euch wieder unschuldig machen. Wir kennen keine Schuld. Schuld ist für Sünder. Rache aber ist für die, denen etwas Unrechtes widerfahren ist."

„Deshalb müssen wir als Thinggericht Arwin und Ava ihre Rache ermöglichen", fuhr Siegfried fort. „Da der Gaufürst Arwin das Thing ohne Zwang verlassen hat, hat er das Recht auf Rache verwirkt. Aber seine Tochter ist noch hier. Sie kann ihre Ehre und die ihres Vaters rächen."

Siegfried gab ein Zeichen mit der Hand, auf das hin ein lautes Knacken im anliegenden Wald zu vernehmen war. Ich staunte nicht schlecht, als einige Herzschläge später ein kleiner Tross germanischer Krieger aus dem Unterholz hervortrat. Ihnen voran schritt, das Kinn nach vorn gereckt, die Brust geschwollen wie ein Gockel, Alberich der Zwerg. Ihm auf dem Fuße folgte Ava. Sie wurde von ungefähr zehn Kriegern umringt und hinter Alberich hergeschoben. Die ganze Situation erinnerte mich stark an damals, als Alberich und Ava schon einmal zur völligen Überraschung einer Thinggesellschaft aus dem Wald hervortraten. Damals hatten sie Siegfried der Entführung Avas geziehen, was den Dreikampf Siegfrieds mit den Brüdern Schilbung und Nilbung zur Folge hatte. Siegfried war als Sieger und seinem Plan gemäß als neuer Herzog aus diesem Kampf hervorgegangen. Ich zweifelte keinen Herzschlag lang, dass auch diesem Auftritt Avas und Alberichs wieder irgendeine Tollheit Siegfrieds zugrunde lag. Und als ich in seinem Gesicht das mir so bekannte Funkeln der braunen Augen und dieses spitzbübische Grinsen sah, dem ich immer wieder aufs Neue verfiel, da ward es Gewissheit. Siegfried hatte sich irgendeinen aberwitzigen Plan ausgedacht.

Erst Tage später erfuhr Ich, dass er in diesem Augenblick, da Ava aus dem Wald trat, seinen Plan bereits umgesetzt hatte. Denn dieses Mal hatte er Ava tatsächlich von Alberich entführen lassen. Ihren Vater Arwin hatte er mit dieser Entführung gefügig gemacht. Dieser hatte während der Thingverhandlungen am Vortag Siegfrieds Vorschlägen nur deshalb zugestimmt, da er um das Wohl seiner Tochter besorgt war. Und das war er, wie mir Raven kichernd erklärte, auch deshalb, weil er im Fall, dass ihr durch Siegfried ein Leid geschähe, dieses Leid in einem Zweikampf gegen den Drachentöter hätte rächen müssen.

Ava indes war in diesen Plan nicht eingeweiht worden und gebärdete sich deshalb verständlicherweise recht ungehalten, als die Krieger sie hinter Alberich her vor das Thinggericht drängten. Sie fluchte und drohte den Kriegern mit der Rache ihres Vaters, des mächtigen Gaufürsten der Adlersippe. Als sie den Steinkreis in der Mitte der Lichtung erreicht hatten, ebbte ihr Fluchen ab, und die krächzende Rabenstimme Alberichs erscholl:

„Hohes Thinggericht, ich bringe euch Ava, Tochter des Gaufürsten Arwin."

Siegfried nickte zum Dank. Raven kicherte, und die anderen Gaufürsten sahen Siegfried fragend an.

„Freie Nibelungen", hob Siegfried an. Er erhob sich von seinem Stein und durchmaß mit großen Schritten den Steinkreis, um Ava entgegenzugehen. Dann stieg er auf einen der großen Steine, breitete die Arme vor Ava und der Thinggesellschaft aus. So fuhr er fort: „Freie Nibelungen, dies hier ist Ava, die Tochter des großen Arwin, Fürst der Adlersippe. Ich habe sie zu ihrem Schutze von den tapfersten Kriegern meiner Haustruppe in den letzten Tagen schützen lassen, damit nichts und niemand verhindern konnte, dass sie heute vor dem Thinggericht aussagen kann."

Vor wem Ava geschützt werden musste, ließ er unerwähnt. Ava wollte die Stimme erheben. Aber Siegfried unterband das, indem er selbst seine Rede fortsetzte:

„Und hier steht sie nun. Edle Ava, du hast jetzt die Möglichkeit, hier vor dem hohen Thinggericht auszusagen und Rache für deine Ehrverletzung durch den christlichen Priester Brictius von Tours zu üben. Und so frage ich dich, Tochter des Gaufürsten Arwin, wirst du uns im Angesicht der großen Wara über deine Ehrverletzung berichten?"

Ava sah Siegfried einige Herzschläge lang schweigend an. Dann drehte sie sich zu der Thinggesellschaft um. Mich würdigte sie keines Blickes.

„Nein", sagte sie einfach nur.

„Nein?", fragte Siegfried.

„Ja", antwortete sie.

„Was nun?", knurrte Siegfried. Einige Nibelungen lachten leise.

Ava seufzte vernehmlich und sagte:

„Ich werde nicht über eine Ehrverletzung sprechen, weil es keine Ehrverletzung gab. Was mein Vater, der edle Gaufürst Arwin, als Ehrverletzung ansah, war in Wahrheit der Wille der Ostara. Sie hat den Christen und mich zusammengeführt und unsere Leiber mit ihrer Fruchtbarkeit gesegnet. Die einzige Ehrverletzung wäre es, den Willen der Ostara, den Willen der großen Freya, zu leugnen. Sie wollte und will es so, also soll alles, was daraus folgt, unser Schicksal sein."

„Heil dir, Freya!", rief Raven.

„Heil Freya! Heil Freya!", riefen die Krieger der Thingversammlung.

Siegfried sah Ava neugierig an. Dann sagte er:

„Ava, du forderst also weder ein Urteil noch Rache von dem Thinggericht?"

„Mitnichten!", rief Ava. „Was ich fordere, ist, dass der Wille der großen Freya geachtet wird. Dann gibt es keine Ehrverletzung und keine Rache."

Sie sah den kleinen Alberich an, der auf seinen Fingern herumkaute. Als er nicht auf ihre Blicke reagierte, trat sie ihm unsanft in die Waden.

„Au", krächzte der Zwerg. „Was bei allen Göttern ... ach ja", stieß er hervor. Dann wandte er sich mit seiner lauten Krähenstimme an die Thinggesellschaft:

„Es ist doch völlig klar! Was die Göttin Freya will, ist, dass dieses Kind geboren wird. Und das will sie nicht, damit es in Schande als Bastard aufwächst. Der Christ muss das Mädchen heiraten. Oder wir schneiden ihm seinen Schwanz ab!"

„Schwanz ab! Schwanz ab!", riefen die Krieger.

Mir war zumute, als wandere eine eiskalte Hand meinen Rücken herunter. Seit dem Concilium Eliberitanum war es allen Geistlichen verboten, einem Weibe beizuwohnen. Es hatte mich einiges an Anstrengung und Verhandlungsgeschick gekostet, meine geliebte Sigune in meinen Hausstand aufzunehmen, obwohl sie guter Hoffnung war. Endlich musste ich dann trotz eines von mir erbrachten Gottesbeweises meiner Unschuld an diesem Zustand meine Heimat Tours verlassen. Was würden die Bürger, die mich einst aus der Stadt gejagt hatten, wohl beginnen, wenn ich mit einem schwangeren, noch dazu heidnischen Eheweib erneut nach dem Bischofsamt griff?

Nun, diese Sorge würde sich erübrigen, wenn das Thinggericht den lautstarken Forderungen der Krieger, meinen Schwanz abzuschneiden, stattgeben würde. Meine Lage war also aussichtslos. Noch heute, viele Jahre später, schüttelt es mich bei der Erinnerung an diese schreckliche Lage, aus der es keinen Ausweg zu geben schien. Entweder ich verlor den geliebten Dienst an meinem Herrn, oder ich verlor ein Körperteil, das ich - ich gestehe es in Reue - manchmal zu sehr geliebt habe. Die Sache konnte kein gutes Ende nehmen. Und das tat sie letztendlich auch nicht. Ja, sie nahm ein grausames, ein schreckliches Ende - viel schrecklicher, als ich mir damals angesichts des Thinggerichts vorzustellen vermochte.

„Schwanz ab! Schwanz ab!", skandierten die Krieger. Ganz deutlich vernahm ich Alberichs krächzende Stimme:

„Schwanz ab! Schwanz ab!"

Schließlich breitete Raven die Arme aus. Die Rufe wurden leiser und verstarben schließlich.

„Nun, ich frage mich", hob er an, „warum ihr alle so neugierig auf den Christenpimmel seid. Habt ihr denn selbst keinen?"

„Das frage ich mich auch", erhob Siegfried die Stimme. „Ist euer Nibelungenpimmel so klein, dass ihr einen Christenschwanz braucht?"

„Nein!", riefen einige der Krieger.

„Also ist es beschlossen", sagte Siegfried. „Der Pimmel bleibt dran, und morgen wird geheiratet."

Ein Murren ging durch die Menge. Und ein großer, rotbärtiger Krieger rief:

„Das war keine Entscheidung! Der Christ muss sterben oder den Pimmel verlieren!"

Siegfried forderte den Rotbärtigen auf vorzutreten. „Wie ist dein Name, roter Mann?"

„Mein Name ist Wieland", versetzte er.

„Wieland wie der Schmied?"

„Ja, Herr."

„Gut, Wieland, ziehst du meine Macht als Herzog in Zweifel?", fragte ihn Siegfried. Zunächst leise. Doch bevor Wieland antworten konnte, brüllte Siegfried so laut, dass selbst der eher ungeschlacht wirkende Wieland unweigerlich zusammenzuckte:

„Zweifelst du meine Macht als Herzog an? Ich bin Siegfried der Drachentöter, Fürst des Drachengaus und Herzog des freien und stolzen Stammes der Nibelungen! Zweifelst du das an? Zweifelt irgendjemand das an?"

Siegfrieds Augen funkelten wild. Er zog sein Schwert und schrie:

„Irgendjemand? Trete vor, wer den Mut dazu hat. Er wird sterben, wie der Drache gestorben ist."

Diese Worte verfehlten ihre Wirkung nicht. Wieland senkte den Blick und trat zurück. Auch sonst wagte es niemand, die Herausforderung des Herzogs anzunehmen. Schließlich schob Siegfried das Schwert zurück in die Scheide, nickte zufrieden und sagte:

„So steht es also fest: heute Abend hacken wir den Finger des Diebes ab, und morgen feiern wir ein großes Hochzeitsfest."

Damit war das Thinggericht beendet, und ich war – nun so muss man es wohl ausdrücken – ich war verlobt.

Am Abend wurde zur sichtlichen Freude der Thinggesellschaft ein Diebesfinger abgehackt. Zu meinem Erstaunen schien der Dieb mit dem Finger auch vollumfänglich seine Schuld verloren zu haben. Nachdem Wolfger, ein Jungmann, der im Thinggericht gesessen hatte, ihm den kleinen Finger der rechten Hand mit einer Axt entfernt hatte, erhielt der Dieb von vielen Thingteilnehmern Zuspruch und Anerkennung durch Klopfer auf Schulter und Rücken. Er selbst präsentierte den blutigen Fingerstumpf wie eine Trophäe.

Bei den beiden Mördern verhielt es sich freilich etwas anders. Sie kämpften bis aufs Blut. Immer wieder, wenn einer der Kämpfer zu obsiegen schien, griffen Helfer des Thinggerichts ein. Das hatte zur Folge, dass am Ende beide Männer ihren Kampfverletzungen erlagen. Die Götter hatten gesprochen, und damit war das Thing vollbracht.

Und was für ein Thing es gewesen war! Siegfried hatte seinen Nibelungen die Erlaubnis abgerungen, ein Bündnis mit den Sachsen anzustreben, und er hatte erfahren, dass er die Tochter des Burgunderkönigs heiraten musste, wollte er ein Bündnis mit dessen Stamm schließen. Ich würde wohl ebenfalls heiraten müssen, ob ich wollte oder nicht. Und irgendetwas sagte mir, dass der Fürst der Adlersippe, mein künftiger Schwiegervater, nach diesem Thing endgültig zum Feinde Siegfrieds geworden war. War er auch mein Feind? Nun, das würde sich wohl zeigen.

An jenem Abend nach dem Thing schlief ich lange nicht ein. Es war die Zukunft, die mich um den Schlaf brachte. Meine Zukunft mit einem heidnischen Weibe und ihrem mächtigen Vater zum möglichen Feinde, aber auch die Zukunft Siegfrieds und der Nibelungen. Würde er sich als Herzog halten können? Würden die Sachsen wirklich ein Bündnis mit den Nibelungen eingehen? Oder würden die Nibelungen zwischen Römern und Hunnen untergehen? Und was würde der geliebte Herr in seiner grenzenlosen Weisheit bei all den Wirrungen für mich bereithalten? Ich fühlte mich, als befände ich mich auf einem Schiff inmitten des unendlichen Meeres. Am Horizont tobt ein grauenerregendes Unwetter. Und ein unwiderstehlicher Wind treibt mein kleines Schiff unaufhaltsam auf dieses Unwetter zu.

GLOSSAR UND ANMERKUNGEN DES AUTORS

Borbetomagus: Zentrum des Burgunderreichs am Rhein, dessen Zerstörung durch die Hunnen im Jahre 436 n.Chr. historisch belegt ist. Borbetomagus ist der lateinische und historische Name der Stadt Worms. Während im Nibelungenlied, das um 1200 n.Chr. entstand, bereits von „Worms" die Rede ist, dürfte zum Zeitpunkt der Ereignisse in „Nibelungenblut" eher der lateinische Name „Borbetomagus" gebräuchlich gewesen sein.

Brictius von Tours: Der historische Brictius wurde von dem berühmten heiligen Martin von Tours aufgezogen. Während Martin als sehr fromm galt, gestaltete Brictius sein Leben eher weltlich orientiert. Dennoch trat er die Nachfolge des heiligen Martins als Bischof von Tours im Jahre 397 n.Chr. an. Ungefähr 30 Jahre später bekam eine in seinem Haushalt beschäftigte Nonne ein Kind von ihm. Obwohl er die Vaterschaft abstritt und ein fragwürdiger Gottesbeweis ihm Recht gab, glaubten ihm die Kleriker und Bürger vor Ort nicht, und er musste Tours verlassen. Er trat eine mehrjährige Reise zum Pabst nach Rom an. In genau dieser Zeit spielen die Ereignisse von „Nibelungenblut". Historisch gibt es keinerlei Hinweise einer Verbindung Brictius' von Tours zu den Nibelungen. Der Ich-Erzähler von „Nibelungenblut" ist also nur im Kern eine historische Figur. In weiten Teilen hat der Autor diesen historischen Kern um eine erfundene Geschichte angereichert.

Flavius Aetius: Als Jugendlicher verbrachte Flavius Aetius mehrere Jahre als Geisel bei den Hunnen, wo er mutmaßlich gute Kontakte zu deren Führern aufbaute. Von diesen Kontakten profitierte er später im Laufe seiner Karriere. Aetius stieg zum Heermeister des Weströmischen Reiches auf und galt zeitweise sogar als dessen faktischer Regent. Mit Hilfe hunnischer Auxiliartruppen vernichtete er im Jahre 436 n.Chr. das Burgunderreich am Rhein endgültig.

Gunnuhar: Im Nibelungenlied trug der König von Burgund den Namen Gunther. Dies dürfte jedoch nicht die zeitgenössische Version seines Namens gewesen sein. Historisch ist ein König Gundaharius überliefert, der 436 n.Chr. bei der Zerstörung seines Reiches durch die Hunnen das Leben lassen musste.

Hagen von Tronje: Wir kennen Hagen von Tronje aus mehreren Quellen. In „Nibelungenblut" wird seine Rolle im Nibelungenlied aufgegriffen und neuinterpretiert. Dabei spielt „Nibelungenblut" auch auf die Walthariussage an. In dieser Versdichtung aus dem 10. Jahrhundert erfahren wir, wie Hagen im Kampfe ein Auge verliert. Dieser Kampf spielt als Vorgeschichte von „Nibelungenblut" eine gewisse Rolle, da auch König Gunnuhar an ihm beteiligt und bei ihm nachhaltig verletzt wird.

Nibelungenlied: Das Nibelungenlied ist eine in mittelhochdeutscher Sprache verfasste Versdichtung, die um 1200 n.Chr. entstanden und deren Autor bis heute unbekannt ist. Das Nibelungenlied erzählt die Geschichte um Siegfried und Hagen in zwei Teilen. Nur kurz erwähnt wird dabei, dass Siegfried einen Drachen getötet und zum Herzog der Nibelungen aufgestiegen sei. Im ersten Band von „Nibelungenblut" wird diese Vorgeschichte ausführlich erzählt. Der erste Teil des Nibelungenlieds beschäftigt sich im Wesentlichen mit den Ereignissen im Burgunderreich. Im Mittelpunkt des zweiten Teils steht die Reise der Burgunderkrieger rund um Hagen in das Reich der Hunnen, wo sie dann alle getötet werden. Der komplette zweite Teil des Nibelungenlieds weicht dergestalt vollumfänglich von den historischen Fakten ab. Denn auch wenn es die Hunnen waren, durch die das Burgunderreich vernichtet wurde, so geschah diese Vernichtung nicht, wie im Nibelungenlied, auf Geheiß Kriemhilds, sondern des Aetius' und nicht, wie im Nibelungenlied im Reich der Hunnen, sondern im Reich der Burgunder. Ferner wird Worms im Nibelungenlied als mittelalterlicher Hof und die Protagonisten Siegfried und Hagen als christliche Ritter dargestellt. Der historische Konflikt zwischen Christentum und Heidentum tritt im Nibelungenlied ebenso wenig auf wie der Konflikt der germanischen Stämme mit den Römern. Diese historischen Rahmenbedingungen dürften aber bei der Vernichtung des Burgunderreichs und für gegebenenfalls historische Nibelungen entscheidende Rollen gespielt haben. In „Nibelungenblut" bilden sie das politische Spannungsfeld der Ereignisse.

Rhing: Diese Bezeichnung für den Fluss Rhein stammt aus dem Althochdeutschen und wird noch heute im Rheinland verwendet. Es ist die älteste, überlieferte, aus dem Rheinland stammende Bezeichnung für den Fluss. Mutmaßliche germanische Bezeichnungen wie „Rinaz" oder „Renos" sind Rekonstruktionen aus dem römischen „Rhenus".

Band 2 „Der große Traum und die vier Stämme" erscheint im Winter 24

Verpassen Sie keine Neuerscheinung!

Tragen Sie sich in den Newsletter von *EK-2 Militär* ein, um über aktuelle Angebote und Neuerscheinungen informiert zu werden und an exklusiven Leser-Aktionen teilzunehmen.

Link zum Newsletter:
https://ek2-publishing.aweb.page

Über unsere Homepage:
www.ek2-publishing.com
Klick auf *Newsletter*

Oder via Google *-> EK-2 Verlag*

Als besonderes Dankeschön erhalten Sie **kostenlos** das E-Book »Die Weltenkrieg Saga« von Tom Zola.

Deutsche Panzertechnik trifft außerirdischen Zorn in diesem fesselnden Action-Spektakel!

Entdecken Sie weitere spannende Mittelalter-Romane von EK-2 Militär!

Kühles Bier, saftiger Wein, reichlich Kriegsbeute und natürlich Ehre – dafür verdingt sich Matthias von Altstetin als Söldner. Er steht unter dem Befehl von Hauptmann Hans Waldmann aus Zürich. Gemeinsam mit dem Streitaxt-schwingenden Hünen Sven wohnen Sie der Hinrichtung des Landvogts Von Hagenbach bei. Als dessen Kopf rollt, ist Matthias klar, dass dies Krieg bedeutet. Der gierige Herzog Karl der Kühne schielt ohnehin schon lange auf die Ländereien der Schweizer Städte und hat nur auf eine solche Gelegenheit gewartet.

Im Jahr 1419 wird das Leben des jungen Säumerknechts Prato durch einen tödlichen Überfall am Gotthardpass drastisch verändert. Unschuldig auf der Flucht, sucht er seinen Platz in einer Welt, die vom Machthunger und der Gier der wachsenden Eidgenossenschaft geprägt ist.

Impressum

Eine Veröffentlichung der EK2-Publishing GmbH
Friedensstraße 12, 47228 Duisburg
Handelsregisternummer: HRB 30321
Geschäftsführerin: Monika Münstermann

E-Mail: info@ek2-publishing.com
Website: www.ek2-publishing.com

Cover/Umschlag: Mario Heyer
Autor: Patrick Klein
Lektorat: Heiko Piller
Buchsatz: Heiko Piller

1. Auflage, September 2024

Printed in Poland
by Amazon Fulfillment
Poland Sp. z o.o., Wrocław

43763118R00099